日本人は神を発見できるか

日本国家と宗教をめぐる考察

茶谷好晴
Yoshiharu Chaya

たま出版

本書を、霊師手島郁郎先生に謹んで捧げる。

わが霊師　手島郁郎先生
師は、しばしば天界に入界されながら、
死を超克して、われわれ後続の弟子達を指導された。

島郁郎先生を通して、神の御前に提出されることになっている。師は神秘な祈りの人であって、その祈りはまことに無私であり、神に聞き届けられる力と内容を持っていた。

そして、そのとき師の指導の要諦として、「祈誓表」をしたためるに当たり、自分独りの独力ではなく神の佑助があって初めて達成できるべき、真の生涯をもって達成すべき本願を記す、ということが肝要であるということであった。

それで、私はこの場合、常に、

「私をして、日本国家の元勲たらしめたまえ」

と書き込むことにしていた。

もちろん、この「日本国家の元勲」というのは、江戸幕府末期活躍した志士、明治の元勲たちのことを想定したものであったが、自分の力では到達できる世界ではないことはよく承知していた。

しかし、私はこのときすでに、インド教古代ヨーガシステムで言われている「クンダリーニ」

を体験しており、神の御心にあるのならば必ず実現することを信じ、かつ師の指導要綱とも全く一致していることを確信し、毎年このことをしたため、師を通じ「天」に提出してきたわけである。

私の若き日というのは、二十歳のころのことで、昭和三十年頃のことである。日本は経済の高度成長時代をまっしぐらに進もうとするときで、吉田茂内閣から、鳩山一郎内閣、岸信介内閣へと移行する時代、所謂五五年体制が青々と繁り、実り豊かになりつつある頃であった。

ただし、当時の政界の状況は、ただの一般市民の身分では、到底政界に入る間隙があるはずもなく、評論家、広瀬隆氏著『私物国家　日本の黒幕の系図』、榊東行氏著『三本の矢』にあるように政、官、財の強力なネットワークで構成される閨閥と学閥、財閥が支配する世界であり、まさに「禁断の園」のように思われた。

ところが、一九九一年十二月、ソ連が解体し、十一の共和国で独立国家共同体（ＣＩＳ）が結成され、いわゆる冷戦構造が崩壊を開始した頃、一つの不思議な風が世界に流れ始め、遂に一九九二年九月、バブルが破裂、経済破綻が発生すると共に、佐川急便事件が発生。一九九三年三月には金丸前自民党副総裁の脱税逮捕事件が起こり、一九九三年六月、内閣不信任案が可決。自民党が分裂し、同年八月、細川護熙首相率いる非自民連立内閣が発足した。

私はちょうどその頃、化学装置のプロジェクト・エンジニアとしてインドネシア共和国の首都、ジャカルタの東方約二〇〇キロメートルにある、バロンガンで日産処理量十三万バーレルの石油精製装置を建設中であったのであるが、日本に帰国すると友人の一人が、「茶谷さん、日本は変わったよ、コロッと変わったよ」と話しかけてきた。

そのとき、私には、彼のその〝コロッと〟と言う言葉の響きが何か心地よく響いてきた。私は歴史の変革期に時々その姿を見せるという、歴史の女神「クリオ」のあの裾の衣擦れとその足音を聞く思いであった。

キリスト教学上の師、手島郁郎先生は一九七三年十二月二十五日、クリスマス祝賀祭で全世界が沸き立っているその日、地球に接近するＫＯＨＯＵＴＥＫ彗星に跨るようにして、天に召天された。

それからおよそ七年後、手島郁郎先生の畏友《いゆう》であり内村鑑三の高弟、藤井武の直弟子であった元東京大学教授の小池辰雄先生の塾に入門し、大学を卒業した人間がさらに大学院の博士コースに入り専門の研究に専念するように、キリスト教学上の研修に従事することができた。さらにそれから十七年後、一九九六年の六月のある日曜日、篠突《しのつ》く雨のなかを集まった、私を含めた門下生わずか二名の前で小池先生は聖書講義をされたわけであるが、その聖書講義の後、「茶谷君もそろそろ自分の使命に自覚しなさい」というご指示であった。

自室にこもり独り瞑想していると、若き日のかの「祈誓表」の記述を思い出した。すると心内より一つの想いが湧き上がってきた。「政治家たること」ことの意志である。

そして、一つの神の声が、かのジャンヌ・ダルクに響きわたったように、私の心霊に響きわたってきた。それは、キリスト教旧約聖書の出エジプト記第一三章、七節から一〇節にわたる記事である。「私は、汝と共に、地上に下るであろう」というお言葉である。

私は、次の小池辰雄先生宅における、キリスト教学の集会で私は「政治家たること」を、キリスト教学上の教友に告白し、了解をもとめた。

小池辰雄先生によると、世界に真に評価できる政治家が三名いると言う。その一人は、米国の第十六代大統領アブラハム・リンカーンであり、二人目はドイツの鉄血宰相といわれたビスマルクであり、三人目は英国の首相、ウィリアム・エヴァルト・グラッドストーンである。すべて十九世紀の政治家であるが、彼らに三人の特徴とするところは、神に聞きつつ、政治を行ったということである。

アブラハム・リンカーンは、一八〇九年米国ケンタッキー州に生まれるが、彼の大統領としての在職期間は、一八六一年から一八六五年である。

ところで、彼は少年時代、継母のセイラ・ブッシュ・ジョンソンから深い宗教的感化を受けたといわれている。彼の演説は主として、シェクスピアと聖書から引用されていることは有名なところで、一八六三年一月、黒人奴隷解放宣言を行い、同年十一月にかの有名なゲティスバーグの演説を行い、民主主義の定義を行った。

オットー・フォン・ビスマルクは、プロシャ王国の貴族ユンカースとして、一八一五年、シェーンハウゼン村（エルベ河東岸）に生まれている。(1) 彼の宰相としての在任期間は、一八六二年から一八九〇年までである。

彼は鉄血宰相として極めてドライな感じを与えているが、実は若き日、生涯彼の親友となる友人モーリッツ・フォン・ブランケンブルグの許嫁マリー・フォン・タッデン家のキリスト教家庭集会に導かれ、神に触れるという神秘な体験を経験しており、そこで次のような告白的な手紙を、将来彼の妻となるヨハンナ・フォン・プットカマーの父親に送っている。

「お祈りが理性的であるかどうかなどと思案することなく、全く私の心からの、生まれて初めての熱心なお祈りでした」

彼の政治家としての立場には、基本的なこのような立場があり、一九九八年、ドイツ全土を、「ヴァルザー＝ブービス論争」に巻き込んだ、ドイツ文壇大御所のマルチン・ヴァルザーも、『諸君！』二〇〇一年七月号で、「ビスマルクの後にはドイツには政治家と言うる人物はいませんでした。一八九〇年から一九四五年までドイツには、政治家はいなかった」

とビスマルクを評価している。

ウィリアム・エヴァルト・グラッドストーンは一八〇九年、英国のリヴァプールに生まれた。彼の在職期間は一八六八年の第一次グラッドストーン内閣から、一八九四年の第四次グラッドストーン内閣までである。(2) ちょうどヴィクトリア女王の時代に位置する。

彼は裕福な商家の出であるが、オックスフォード大学時代に例の有名なオックスフォード運動に参加し、多くの友人をその中から得ている。オックスフォード運動は、当時のオックスフォード大学に端を発したキリスト教の霊的覚醒運動で、大学のキャンパスを越えて、一般の社会に広く及び、英国社会に大きな影響を与えた。

彼は英国政界に帝国主義に抗する自由主義を導入し、そして今日のアイルランドの問題に引き続くアイルランド自治の問題に関し戦うのである。彼は、アイルランド人、ブルガリア人、アフリカ人など、抑圧された民族に対する真摯な同情を持っていたという。

小池辰雄先生が強調するのは、政治において神の御心を質す心の姿勢である。確かに政治的原則として政教分離ということがあったとしても、いやしくとも一国家を政治家として動かす者はその精神の底面に、生ける神と直接接触する平面を持っておらなければならぬということである。小池辰雄先生は政治家および政治を志すものには、前述の三人をよく研究するのが重要であることを強調された。

この後、大略二カ月後、小池辰雄先生は忽然と天国へ回帰されるわけになる。

二〇〇一年正月に放映されたNHK放送番組に、NHKの音楽総監督として活躍した、シャルル・デュトワール氏を主人公にする「若者におくる音楽番組」という放送がある。藤代知沙扮する「響子」という日本の一女性とともにデュトワール氏が西洋音楽の歴史的スポットを訪問しながら「響子」に一つずつ、その歴史的意義を解明していくのである。そしてイタリアのヴェネチアで、パガニーニによってヴァイオリンの弦楽曲の作曲、演奏活動が発達するという説明の後、話題は突然ヴァイオリンの製作に移る。

場所はヴェネチアに近いクレモナである。そこに、アントニオ・ストラディヴァリウスが歴史的に有名な数々のヴァイオリンの名器、「ストラディヴァリウス」を製作した工房があり、その工房の模様が紹介される。このクレモナのトリエンナーレで現在でも、三年に一回の割合で、ヴァイオリン製作に関する世界的なコンテストが開かれている。

私はある音楽家の友人に、「ヴァイオリンはどこまで進化するのでしょうか」と質問したことがある。すると彼は直ちに「蝉ですよ」と答えた。私は彼の回答に驚きながらも、次の松尾芭蕉の有名な句を思い出した。

閑さや　岩にしみ入　蝉の声

極小点的にあくまで小さい「蝉」。しかしそれは生命を宿す物体、そして無機質で、あくまで大地の一部である無限とも思われる岩。そこに接触し浸透しつつも、無機質ながら、無限大の岩をあくまで振動せしめないではおかない「蝉」。そしてそこに、「閑さ」という空間を造り続けていく。

「そう、ヴァイオリンは蝉まで進化するのか」と思いつつ、もし、蝉まで進化した機能のヴァイオリンを、現代のヴァイオリン寸法まで拡大製作し、サラサーテの「ツゴイネルワイゼン(Zigeunerweisen)」を演奏したらどんな音色が出るのだろうか。どんな音色が世界に広がるだろうか。

世界は、「蝉」が岩を「ゆっささゆっさ」と揺すったように、同じく「ゆっさゆっさ」と揺すられるだろうかと思考を巡らす。

日本は過去二回、全世界の上で、サラサーテの「ツゴイネルワイゼン」を演奏したのである。第一回は、いみじくも上智大学名誉教授の渡部昇一氏が指摘するように、一九〇五年五月、ロシアのバルチック艦隊を壊滅せしめ日露戦争に勝利し、西洋列強に「東洋」が存在することを教えたときである。

二回目の演奏は、終戦の直後から五五年体制を確立し、GNPにおいてヨーロッパの強敵ドイツを抜き、アメリカに次ぐ世界第二位の経済大国になったときである。個人あたりのGNPでは、アメリカを抜いて世界一位になった。そして今までは、金持ちになれるのは欧米諸国のみであって、アジア人は特殊な王族以外は金持ちになれないという先入観を叩き潰した。

この演奏にも欧米諸国は驚いた。金持ちになれるのは、自分たちだけであると思っていたからである。アジア人は、自分たちの召し使いであると思っていたからである。事実、日本経済新聞の「私の履歴書」に掲載されたマレーシアのマハティール首相の回想記には、少年の日、物を英国人の足で手渡し（実際は足渡し）された経験を述べている。

現在でも欧米人の潜在意識にはアジア人に対し、この意識を濃厚に保有しているものである。この演奏にはアジア人も驚いた。

「東洋人も金持ちになれる」。

彼らは自覚した。マレーシアのマハティール首相は、「Ｌｏｏｋ Ｅａｓｔ」としてタクトを日本に指し示した。先ずＮＩＥＳ諸国が立ち上がった。次にＡＳＥＡＮ諸国が続き、日本を中心に雁行を形成し大空の滑空が開始する。そして、十五億の中国と、十三億のインドが連なった。

かくして、第二回目のサラサーテの「ツゴイネルワイゼン」の演奏は終了するのである。

やがて日本人は、必ずや蝉まで進化したヴァイオリンの名器、「ストラディヴァリウス」を顎にあて、日本人全員でキュウを高々と振りかざし第三回目のサラサーテの「ツゴイネルワイゼン」の演奏を世界に開始するであろう。

究極進化の蝉製の名器「ストラディヴァリウス」を顎に当て、新しく音色を弾き始めるとき、果たしてどのような音が、全世界に広がるだろうか。
しかし、その音色は語るだろう。

O Freunde, nicht diese Töne,
sondern lasst uns angenehmere
anstimmen, und freudenvollere.

おお友等よ、これらの調べにあらず
更に喜悦に充ち、更に歓喜に満てる歌を
我等は共に歌いなん！

と例のシラーの詩歌を声高らかに歌うであろう。そして各演奏者のユニフォームのゼッケンには、地下深くより取り出してきた先人、吉田松陰の歌、〝身はたとひ武蔵の野辺に朽ちぬとも留めおかまし大和魂〟と書いてあるだろう。そして皆で、合唱するであろう。
「留めおかまし　大和魂」と。

最近の月刊誌『Ｖｏｉｃｅ』平成十六年五月号の「巻頭の言葉」に国際日本文化研究センター所長の山折哲雄氏が「福澤諭吉と内村鑑三」と題して、福澤諭吉と内村鑑三と柳田国男の三者を鼎立させて、明治以降の日本の選択に与えた根本的な影響について論じている。もちろん、日本は「学問のすすめ」に提唱される路線を踏襲して現在に至っているわけである。

内村鑑三は、福澤諭吉がその後押しをした「文明開化」路線の欺瞞性を言葉鋭く批判したといわれている。内村鑑三は一九〇三年三月に『聖書之研究』誌に「日本人が基督教を採用せずして基督教的文明を採用したことである」と論じ、これが「日本国の大困難」であると指摘している。

本書は、今後、日本国家が内村鑑三の路線を選択した場合にどうなるか、これに対する回答の一つを与えたものが、その内容となっている。

◆日本人は神を発見できるか　日本国家と宗教をめぐる考察　目次

第一部　日本国家の宗教

第一章　日本と世界の宗教

筆者はあらためて、国民宗教としての日本的キリスト教の確立をここに提案致したく切願するものである。

もちろん日本の民族的宗教としてすでに我々は、仏教を有していることは論を待たないが、日本国家としてのアイデンティティーの確立のために、ここにあえて日本的キリスト教の確立をあらためて、提唱したいと思う。

現在日本の宗教分布を文化庁刊行の「宗教年鑑」によって当たると、次のようになる。

神道系　　一億一八三八万人

仏教系	八九〇三万人
キリスト教系	一五〇万人
諸教	一一五万人
合計	二億二〇七九万人

この宗教分布の合計が人口を上回っているのは二つ以上の宗教を信仰しているひとが多いためで、日本独特の傾向である。

世界の宗教分布は左記のとおりである。(1)(2)

キリスト教徒	三二・八%	(二〇億人)
カトリック	一八・五%	
プロテスタント	六・四%	
ギリシャ(東方)正教	二・八%	
その他諸派	五・一%	
イスラム教徒	一六・五%	(十三億人)

スンニー派	一三・九％
シーア派	二・四％
ヒンズー教徒	一三・三％（九億人）
仏教徒	六・三％（三億六〇〇〇万人）
ユダヤ教徒	〇・四％
儒教徒	〇・一％
その他	三〇・六％

これをロシアを入れた世界首脳会議G８で見ると、次表のようになる。(3)

アメリカ合衆国	
プロテスタント	五八％
カトリック	二五％
ユダヤ教	二％
その他	七％

無宗教　八％
イギリス
イングランド　英国国教会（聖公会）
ウェールズ　英国国教会（聖公会）
スコットランド　プロテスタント長老派
アイルランド　カトリック、プロテスタント長老派
カナダ
カトリック　四五％
プロテスタント（ユナイテッド・チャーチ）二〇％
英国国教会（聖公会）　一五％
フランス
カトリック　九〇％
ドイツ
プロテスタント　六〇％
カトリック　四〇％

イタリア　　カトリック　　九九%
ロシア　　ロシア正教会

これを見ても、キリスト教がG8の中で優勢であることが分かるであろう。仏教国はG8では日本のみである。

ここで当然一つの問いが発生する。これら諸国をG8までのし上げたのは、キリスト教がかつて力があったからではないのだろうかという単純な問いである。

第二章　日本へのキリスト教の伝達

筆者は実は、ここにキリスト教はグローバル・スタンダードであるばかりでなく、実はコズミック・スタンダードでもあるということを述べようとするものであるが、日本民族が歴史的に、キリスト教と邂逅したのは三回あり、残念なことに日本民族はその三回ともキリスト教の受託を拒否し、今日に至っているということである。

一つは、景教を通してである。

景教はネストリウス派キリスト教で、ネストリウスは現在の南トルコ生まれの人間であり、ＡＤ四二八年、ローマ皇帝、テオドシウス二世によりコンスタンチヌス総主教に任命される。

後、神学的論議により中央のローマ教会より分離独立し、彼の弟子たちによりペルシャ・キリスト教会が形成され、ネストリウス派キリスト教と呼ばれる。

中国、唐時代、六三五年イラン人阿羅本（アラボン）がその一団と共に長安に到来し、布教に乗り出し、当時の中国人から「光り輝く教え」という意味で、景教と呼ばれた。唐朝二代皇帝太宗は詔をもって布教を許可し、三代皇帝高宗は各地に、ネストリウス派の寺院、波斯寺、後の太秦（ローマ）寺を建立させて保護した。

彼らネストリウス派キリスト教徒は、仏教や老荘などの中国の伝統的思想の用語を多く取り入れ、中国人に親しみ易い物にしようと努めたとある。九代皇帝徳宗の時の七八一年、長安の太秦（ローマ）寺に「太秦景教流行中国碑」が建立された。

この景教徒の日本への渡来に関しては、内村鑑三の友人であり、東京文理大学長であった佐伯好郎氏の「景教の研究」がある。

「続日本紀」には天平八年（八三六年）十一月に、聖武天皇が、「中臣朝臣名代に従四位下を授け、景人（景教徒）・皇甫、ペルシャ人・李密医らに位を授けて差あり」と遣唐使の随員の労をねぎらい、叙位された記事がある。

佐伯好郎氏によると、古代キリスト教徒が秦一族として多数来日しているということである。

本件についてはわが師、手島郁郎先生による研究「太秦広隆寺をたずねて——日本在住のディアスポラのこと」[1]が存在する。また一九六八年に来日し、十年間、日本ユダヤ教団のラビとなったマーヴィン・トケヤー氏は、「日本・ユダヤ封印の古代史」（久保有政訳　徳間書店）の中で以下のように述べている。

「ペルシャがあった所はどんな所か。かつてイスラエル民族の父祖アブラハムがいたカルデアのウルという所は、のちのペルシャ帝国の領地内だった。また北王国イスラエルの十部族はアッシリヤ帝国に捕囚《ほしゅう》になったが（紀元前八世紀）、そこはのちにバビロン帝国に征服され、そののちペルシャ帝国に征服されたのである。

一方、南王国ユダのユダヤ人は、バビロン帝国の捕囚になったが（紀元前六世紀）、そこはそののちペルシャ帝国の領土となった。

ペルシャの王は寛大な政策をとり、ユダヤ人が祖国イスラエルに帰ることを許した。それでイスラエルに帰ったユダヤ人も多かった。しかし、旧約聖書のダニエル書やエステル記にみられるように、一方ではイスラエルに帰らず、ペルシャ国内に残るユダヤ人も多かった。

彼らユダヤ人の中には、その後シルクロードを通って東に向かった者も多かったのである。

実際、紀元前の時代からシルクロードを旅する人々の大半は、ユダヤ人であった。

ユダヤ人はシルクロードの実質的開拓者であり、その交易の大部分は彼らによって独占されていた。とくに、キリスト教徒とイスラム教徒の間に争いがあったときは、そうであった。絹の交易などもユダヤ人が独占していた。

シルクロードには、六日の道のりごとに、ユダヤ人コミュニティとシナゴーグがあったくらいだ。それは、ユダヤ人は七日目ごとに安息日を迎えるので、その日は旅ができず、シナゴーグで礼拝する必要があったからである。

中国の唐の時代には、シルクロードではラダン人（Radanites）と呼ばれるユダヤ人商人たちが活躍していた。彼らは、シルクロード周辺の地理と言語に通じ、頻繁《ひんぱん》に行き来していた。

したがって「古代ペルシャの日本への影響」というのは、ユダヤ人ぬきでは考えられない。古代ペルシャの影響が日本に多分にありながら、ユダヤ人の影響が皆無であったということはありえない。古代ペルシャの影響がもし多分にあったのなら、当然ユダヤ人による大きな影響も日本にあったと考えられるのである。

景教徒達も、ペルシャ方面からシルクロードを通り、中国を経て、日本にまでやって来た。

秦氏の人々は、手島郁郎の研究によれば、もともと弓月国《クンユエ》（現在のアラル海とアフガニスタンの間にあった。七世紀に滅亡）からシルクロードを東に来た。この弓月国はもともとペルシャ領地だった地である。シルクロードを知ることは、日本人と日本の謎を解明する近道なのである。」

もう一つ宗教的に面白いのは、「空海」の問題である。

空海については司馬遼太郎氏の小説「空海の風景」および、陳瞬臣氏の「曼荼羅の人」がある。八〇四年空海は遣唐使に随行して唐の首都「長安」を訪れ、景教の阿闍梨恵果に会って、密教の伝授を受けている。

当時唐においては、すでにインドから伝達された密教と景教とは宗教混交を起こしていたのではないかと思われる。密教の本尊は「大日如来」であるが、これは聖書の思想であり、使用する仏具の「独鈷」は十字架である。ただ司馬遼太郎氏によると、阿闍梨恵果より密教として金剛経と胎蔵経を伝授されたことになっている。

八〇六年、帰国した空海は高野山に真言宗を創設するが、この真言というのも本当は聖書の思想で、原文では「γλώσσαις λαλουσιν」、新約聖書では「Speaking with Tongue」と英訳されているもので、日本語では「異言」と訳されている。

この真言宗は全く新約聖書的には「異言宗」と言ってよいもので、当時の景教すなわち、ネストリウス派キリスト教の思想である。

筆者もこの「異言」を語る自由を与えられているが、手島郁郎先生は「預言霊修法」（キリスト聖書塾刊）を出版しており、この中で、この「真言」がキリスト教の使徒時代にすでに語りだされている異言に相当するものであることを明確に説明している。

一九六三年の夏、手島郁郎先生のキリスト教の原始福音運動グループの我々は、特に許されて、高野山の金剛峰寺で、プリンストン神学大学教授の世界的な新約学の泰斗、オットー・ピーパー博士を迎えて聖書講演会を開いたことがある。(2) そのとき高野山の僧侶の人々が我々の前に現れてきて挨拶し、「我々の仏教は普通の仏教と違いますよ」と言われたものである。そして手島郁郎先生の「預言霊修法」をはじめとするすべての書籍を買い上げられたものである。

この空海が伝えた真言宗は、インドから伝達された密教と景教とは宗教混交したもので、ネストリウス派キリスト教即ち、ペルシャ・キリスト教で日本人が初めて体験したキリスト教と言えなくはないのである。

ラビ・マーヴィン・トケヤー氏もこの件に関し、「実は景教は、フランシスコ・デ・ザビエルがカトリックのキリスト教を日本に伝えるずっと前に、すでに日本に入っていた。ザビエルが日本に来たとき爆発的にキリスト教徒が増えたのは、そうした景教という下地がもともと日本にあったからなのである。当時のイエズス会の報告をみても、自分たちが来るより前に、ある種のキリスト教信仰が日本にあったと書いてある」と述べている。

すなわち、「真言宗」は隠れたキリスト教であったのである。

第二回目はＡＤ一五四九年、イエズス会宣教師、フランシスコ・デ・ザビエルによる、ローマ・カトリック系キリスト教の到来によるものである。

フランシスコ・デ・ザビエルの活躍は、一九九九年一月十九日のＮＨＫの「堂々日本史」（ザビエルを確保せよ　戦国三大名）に紹介されたので、我々はすでにその内容に詳しい。

彼は、ＡＤ一五〇六年四月七日、スペイン、バスク地方に生まれたポルトガル人である。当時のナバラ王国の城主の息子である。ザビエルの伝記としては、ドイツのキリスト教史家、ゲオルク・シュールハンマー著の『フランシスコ・デ・ザビエルの生涯、その時代』が有名である。

ザビエルは、日本人の池端弥次郎、通称アンジロウとマラッカで出会い、彼の案内で、ＡＤ

一五四九年六月二十四日、マラッカを出港している。船は約三〇〇トンのジャンク船「ラドロン号」で、船長はアヴァンという名だったという。彼らは、ＡＤ一五四九年八月十五日、鹿児島湾に入港している。

当時の鹿児島の大名は島津貴久であるが、実際彼を温かく歓迎したのは、当時の鹿児島仏教会の最高位にあった八十歳を超える、福昌寺の十五代住職「忍室」であったという。「堂々日本史」によると、彼の日本滞在は二年三カ月で、七〇〇人の日本人を改心させたという。ＡＤ一五五一年十一月十五日、大友宗麟の君臨する大分を、ポルトガル船にて出港し日本を後にする。

その後、基督教徒は二〇万人までになり、ＡＤ一六〇〇年の最盛期にはほぼ、三〇万から四〇万の信徒数になったという。

当時の人口が二七〇〇万位といわれているから、人口比一・一%から一・五%で、この割合は、総人口一億二千万の現在でも日本のいわゆる基督教徒数は一五〇万人であるといわれているから、その人口比は一・二五%で、如何に当時大勢力であったかが分かる。

ラビ・マーヴィン・トケヤー氏が指摘するように景教の影響が背景にあったというべきであろうか。

大分にはイエズス会の日本布教区長が滞在し、キリスト教布教活動の中心地になったという。

このあと、フランシスコ会（AD一五九四年）、ドミニコ会（AD一六〇二年）、アゴスチノ会（AD一六〇二年）などと相次いで来日し布教活動を開始した。しかし、実はローマ・カトリックというカトリシズムというのは内在的に深い問題を有している宗教だったのである。特に日本民族が固有に保有している、民族特性を逆なでする幾つかの特性を具有していたのである。

興味を引かれるのは、書誌学の泰斗、関西大学名誉教授の谷沢栄一氏と上智大学名誉教授の渡部昇一氏の対談形式で書かれた、「聖書で人生修養」（致知出版社）という書籍についてである。

同書に、新約聖書マタイ伝第五章第三九節から四二節に関する解説が載せられている。

「しかし、わたしはあなたがたに言う。悪人に手向かうな。もし、だれかがあなたの右の頬を打つなら、ほかの頬をも向けてやりなさい。

あなたを訴えて、下着を取ろうとする者には、上着をも与えなさい。

もし、だれかが、あなたをしいて一マイル行かせようとするなら、その人と共に二マイル行きなさい。

求める者には与え、借りようとする者を断るな」

この箇所で、渡部教授は、シュペングラーの言を引用しながら、キリスト教がゲルマン諸国に許容される前提としての、キリスト教のゲルマン化について言及されている。この見解はまことに的を射た表現で、そのまま歴史的な事実を物語っているものであるが、これにさらに付け加えてもう一つ、古代ローマ帝国においても、一つの編曲、ローマ化の屈折ともいうべき編曲が行われていたことを指摘しておかなければならない。

それは実は、AD三二五年五月二十日、小アジア・トルコのビチュニア州のニケアで開催されたニケア公会議において実行された。この公会議には、当時の三一八名の司教とその他多数のキリスト教の聖職者を含め、全体で約二〇四八名の当時活躍する代表的キリスト教指導者が招待された。

この会議を司会したのは、かの有名な皇帝コンスタンチン一世自身でありこの招請にかかわる全費用も彼が負担したのである。この会議で討議されたのは特に「イエス・キリスト」の神聖に関する問題であった。

当時すでに「イエス・キリスト」の死後約三〇〇年経過し、主イエス・キリストの神聖が疑われだしていた。先ず疑義を提出したのが、アレキサンドリアの司祭アリウスであり、これに対抗したのが同じくアレキサンドリアの司教のアタナシウスである。

この会議で有害なアリウスの異端を滅ぼすために、この会議の出席者は「父」、「子」、「聖霊」の三神の神的人格が永遠から存在したのであり、その各々にそれ自身の、またそれ自身の中にある人格、存続、生存が属しているという考えを考案し、これを制定したのである。

これを通常「アタナシウス信条」と称する。このときから、神とキリストの人格に関して、多くの忌まわしい異端が起こり始め、神を三人格に、キリストを二人格に分割し、キリストがマタイ伝二一章、一一節、一五節に、

「多くの偽預言者起こりて、多くの人を惑わさん。汝ら預言者ダニエルによりて言われたる荒らす憎むべき者の聖所に立つを見ば、読む者、悟れ」

と言われ、その同章の後に、

「そのとき、大いなる艱難あらん、世の創めより今に至るまでかかる艱難なくまた永久になからん」

と言われる事体が発生したわけである。すなわちこの事実こそが、恐るべきキリスト教のローマ化の狼煙《のろし》を上げる、開始の合図であったわけである。

では原始キリスト教会すなわち、初代の使徒的教会ではどういう状況であったのであろうか。彼らは主キリストの十字架上の殉教の余波もあって、激しい迫害の中を生きていたが、天から下る強烈な超生命ともいうべき「聖霊」に霊縛されて生きていた。そもそも初代の使徒的教会の発生は、新約聖書の使徒行伝二章一節より四節にあるとされ、

「突然、激しい風が吹いたような音が天から起こってきて、一同がすわっていた家いっぱいに響きわたった。また、舌のようなものが、炎のように分かれて現れ、一人ひとりの上にとどまった」

とある事実に基づいて発生したのである。

もちろん、一、二世紀ごろに広められた、彼らの共通の信仰メモランダムとしての使徒信条には、

一、天地の造り主、全能なる父なる神

二、聖霊によって身ごもり、処女マリアより生まれた、父の独り子、我等の主
三、聖霊

と「異なった時系列の上で体験によって発生した神」を信じており、三人格すなわち、三神の三一性は何事も関知するところでなかったのである。

実は歴史的に、ＡＤ三一三年ミラノ勅令によるコンスタンチン一世のキリスト教信仰の公認により、迫害に次ぐ迫害を受けていた初代使徒時代のキリスト教は晴れて当時の国家から公認されたのであるが、そのときすでに、この恐るべき「キリスト教信仰のローマ化」という現象が一般に進行中であったのである。

この三分割された神観から、派生的に、「子なる神」は「父なる神」と人間の間を調停し、これに契約を結ばしめ、「聖霊なる神」は転嫁される「御子の義」を実際に人間の上に刻みつけ、人間を義となし、潔め、再生させることによってこれを人間に封印するという一つの「代罰説」が生まれてくる。

このような「代罰説」の思想は、一つの「誠なるもの」、「義なるもの」のためには切腹をもって正すという強烈な個性と意識を保有する日本人にはなかなか受け付け難いものである。

この内容は、ヨーロッパでは既に絵画としても表現されていて、米国のLibrary of Congress所蔵の「Trinity」画、[5]あるいはモスコーのトレチャコフ美術館にある、十四世紀から十五世紀にかけて活躍した天才画家アンドレイ・ルブリョフの有名な絵画「聖三位一体」はこの間のいきさつを如実に物語るものである。

事実、当時の日本において、恐れている事態が発生した。一五九七年にスペインのガリオン船「サンフェリペ号」がマニラを発し、メキシコに向かう途中、暴風で土佐浦戸に漂着し貨物を領主長宗我部元親に没収された。

D・S・ランデス著、竹中平蔵氏訳の『強国論』によれば、水先案内人は時の最高権力者である太閤秀吉に近づき、フィリップ国王の威勢を笠に着て脅してやろうと考えた。すると太閤秀吉が「どうして小国がこんな広範囲を征服できたのかと尋ねた」。

ところが驚くことに、水夫は不用意にも、「スペイン国王陛下は先ず神父を送り込んで人民をキリスト教化し、その後スペイン軍が征服する際これを利用するのだ、と答えてしまう」。

もちろん太閤秀吉は烈火のように激怒し「この話を聞いて決意を固めた秀吉は、船荷を返すことを拒み、二六人のキリスト教徒を磔にするように命ずる」。そして「このうち十七人が日本人で、残りはヨーロッパから来たイエズス会宣教師、フランシスコ会宣教師であった」という。

このキリスト教の禁令と鎖国に関する学術的文献としては、和辻哲郎氏の古典的名著『鎖国』と丸山真男氏の『丸山眞男講義録［第六冊］日本政治思想史　１９６６』がある。

秀吉は、キリスト教の布教禁止令を天正十五年（一五八七年）六月十八日と十九日と二回、九州博多陣中より天正禁教令として発布している。これに引き続き徳川家康は慶長十八年（一六一三年）五月に全国寺院に対して、宗門取締規則を発し、キリスト教の布教禁止令を行う。そして同年十月、高山右近らキリスト教徒百四十八人を現在のフィリピン共和国のマニラ市、マカオに追放する。

さらに徳川幕府はキリスト教徒の徹底的絶滅のために檀家の法制化と宗門改制を行い、全国仏教寺院を幕藩体制のスパイ組織として組み込み、それと共に溌剌《はつらつ》とした信仰のエネルギーを仏教から抜き取ってしまうのである。

丸山真男氏によるとこの間の経過は、

「超越的絶対者へのコミットメントに基づく共同体の形成が禁圧された上に、鎖国によって〝閉じた社会〟が人為的に二世紀にわたって維持されたことは、その後の日本文化のあり方に、見える形だけでなく、さまざまな見えない形において、ほとんど決定的といっていいほど重大な刻印を押したのである」と酷評している。

事実この檀家の法制化と、宗門改制は明治以降においても、大衆の思想的な展開に暗い影を投げかけ、特に日本国民へのキリスト教の導入には大きな抵抗線を暗黙のうちに形成した。平成の現代ですら、冠婚葬祭ではこの檀家の法制化と、宗門改制の影響をそれとなく受けているのである。

第三回目はペルー提督の浦賀沖への黒船での到来から始まる明治維新の時代と、第二次世界大戦終了によって始まる、マッカーサーの日本上陸のときである。

このときは米国が主力でキリスト教の内容は、プロテスタントを中心としたものであった。カトリックとプロテスタントとの相違は、マルチン・ルターにより、一五一七年、「Sola Fide＝信仰のみ」を中心とする「万人祭司主義」の旗印の下に遂行された宗教革命にある。

マルチン・ルターに関する伝記は、師であった元東大教授で、内村鑑三、藤井武の直弟子である、小池辰雄先生により『聖書の人ルター』（小池辰雄著作集　第七巻　昿野の愛社）として出版されている。

マルチン・ルターは一四八三年、ドイツのアイスレーベンに生まれている。父親は農家であった。彼が宗教革命に目覚めたのは、一五一二年から一五一三年に至る冬、ウィッテンベルヒ修道院において、使徒パウロの書簡「ローマ人への手紙」第一章、七節の「神の義はその福音のうちに顕れ、――」という一句の意味が初めて分かり、彼に天国の門が開かれた時である。

一五一七年十月三十一日、彼は有名な九十五箇条の質問を、ウィッテンベルヒの城教会の扉に貼り付けた。この九十五箇条は宗教改革の勇ましい産声であった。(3)

その上、彼は、繰り広げた宗教改革の最中に、今まで基本的には聖職者階級のみに読書が許されていたラテン語で書かれていた旧、新約聖書を、当時の民族言語の一つであるドイツ語に翻訳し、一般民衆のものとして奪還したということである。

そして聖書をよくよく読んでみると、当時のローマ教会が聖書に書かれてもしないことをいろいろ付加し信者へ非条理な要求をしていたことがよく分かり、特に、「ローマ人への手紙」第一章、七節の「神の義はその福音のうちに顕れ、――」という語句の中の「信仰による義人は生きる」（ハバクク書第二章四節）に対し、ルターはこの「信仰」という言葉の後に、更に「のみ」という文字をあえて付加し、「信仰のみ（Sola Fide）」といって当時のローマ教会すなわち、カトリックに抵抗して立ち上がるのである。

ドイツでは一四四五年ごろすでにグーテンベルグにより活版印刷術が開発されており、ドイツ語を中心に各民族言語に翻訳され、あっという間に全世界に広がるのである。したがってプロテスタントでは、聖書を最も重んじる。

アメリカ合衆国大統領が就任式に聖書の上に手を置いて宣誓するのもそのためである。

しかし、プロテスタントのキリスト教もヨーロッパでカトリックを経由して成立したものであるが故に、第一屈折の「ローマ化」と渡部昇一教授が指摘する第二屈折の「ゲルマン化」をその内部に保持しているのであり、使徒時代の原始キリスト教とは極めて異質のものである。

しかしプロテスタントの一つの良さは聖書をそのまま保有しているという現実があるということである。明治時代にこの米国のプロテスタントに触れた先駆者として、同志社英学校（同志社大学）を創立する新島襄がいる。それから、クラーク大佐を中心とする札幌農学校での新渡戸稲造、内村鑑三、日本の労働運動および生活共同組合運動を広める賀川豊彦らである。

彼らは、等しく米国のアマースト大学や、プリンストン大学に留学しキリスト教を学ぶわけであるが、日本民族として、前記の、存在する二つの屈折点に悩むのである。そして、一八九五年、遂に、この二つの屈折点を克服して、内村鑑三は『How I became a Christian』を発行し日本的キリスト教の必要性を世に問うことになる。

この明治期のキリスト教については、京都大学の中村博武氏による、『宣教と受容――明治期キリスト教の基礎的研究』という貴重な文献がある。また明治期の一信仰者としての痛烈な信仰告白書の一つとして、『親鸞よりキリストへ――ぞうり履きの伝道者升崎外彦物語――（賀川豊彦を巡る人々（一））』（田中芳三著　クリスチャン・グラフ社）がある。

そして第二次世界大戦終了後、マッカーサーが日本に上陸したとき、米国のプロテスタントの宣教に再び新しい動きが出る。その中の一つに皇室への接近がある。日本経済新聞紙上に平成十二年十月から平成十三年九月までの一年間連載された、工藤美代子氏による『マッカーサー伝説』（恒文社）によると、天皇のマッカーサーとの会見の後、会合を重ねるうち、キリスト教の問題が浮上してくるのを取り上げている。

内村鑑三の高弟の一人、塚本虎二の弟子が、筆者の師である日本における原始運動の提唱者である手島郁郎先生であるが、等しく彼の弟子の一人である吉村騏一郎氏が『わが師　手島郁郎』（キリスト聖書塾刊）という伝記を書いており、その中にマッカーサーのキリスト教伝道に関する問題が取り上げられている。

マッカーサーは、「日本の軍国主義は政治的、経済的勢力ばかりでなく、精神的な力の産物である。日本には精神的核、つまり超越者を受け入れる心が欠けている。したがって日本の新しい社会は、精神革命を起こすことにより、はじめて民主化の目標が達成できる。それにはキリスト教の伝道を必要とする」と公言して、自らをデバイン・ソルジャー（神の戦士）と称したということである。

終戦の翌月、東久邇首相は、キリスト教の指導者、賀川豊彦に対して入閣を要請し、そして翌年の正月、昭和天皇はキリスト教について進講を受けるため、賀川豊彦を宮中に招き、ほぼ二時間にわたってかなり多くの質問をされたという。また、塚本虎二の御前講義もあり、昭和

天皇陛下から、
「内村の説く無教会信仰は、日本人にわかるか」
との親しいご下問があったということである。ところが、吉村騏一郎氏の結論は、「しかし、昭和天皇も多くの日本人も回心しなかった。マッカーサーの意図した日本の精神革命は昭和二十四年になっても起こりそうにもなかった。昭和天皇と皇太子が日本をキリスト教へ導くであろうという非現実的な考え方は、次第に冷静な現実判断に変わっていった。GHQにとり、このことは誤算であった。マッカーサーの日本伝道の幻は路線転換をよぎなくされた。彼らは日本人を知っていなかった。彼らの教理的キリスト教を直訳的に伝道しても、また民主主義という、占領政策の道具としてのキリスト教を持ってきても、日本人の血液は受け付けなかった」ということである。

彼は日本国家をキリスト教化するために三千万冊の聖書をアメリカに発注したとのことである。当時の人口はおよそ九千万人であるから、幼児、少年などを除くと大人一人に一冊という割合である。その思い込みたるやいかに凄まじいかが判る。

もちろん皇室にも接近し、昭和天皇は賀川豊彦や塚本虎二の代表的キリスト者を宮中に招き、多くの御下問があった。しかし、その結果はうまくいかなかった。

確かに当時の日本は、敗戦という精神的打撃も大きく、アメリカという戦勝国に対する憧憬と、文明に対する期待があったのは事実かもしれない。しかし二〇〇一年に放映されたNHKスペシャル「日本人はるかな旅」にあるように、約一万年間の縄文時代（BC一万三〇〇〇—BC二三〇〇年前）を持ち、一五〇〇年間の弥生時代（BC二三〇〇年—BC一八〇〇年前）を持ち、かつ一八〇〇年間の記述的歴史を持つ日本人にとっては、米国から到来するプロテスタントは第一屈折の「ローマ化」を受け、第二屈折の「ゲルマン化」を経ており、使徒時代の原始福音からの相違をどうしても埋めることができない、とてつもない違和感を構成していたのである。

ともかく三神に分割された神を信ずるのは極めて困難であった。さらにカトリックはAD四三一年、エフェソス公会議でマリア崇拝を認め、第四神として聖母マリアを導入するのである。

一九八九年一月、昭和天皇が崩御され同年十一月に現在の天皇が即位されたとき、アメリカ合衆国の大統領就任式のように聖書の上に手を置くこともなかったのである。

本件については、塚本虎二の弟子であり、筆者のキリスト教学上の師であった手島郁郎先生が一九六一年九月、当時のインドの副大統領ラダ・クリシュナン（Sarvepalli Radhakrishnan）博士と対談した際、ラダ・クリシュナン副大統領がインド哲学者の立場で次のような見解を吐露されている。(4)

ラダ・クリシュナン官邸に着かれた手島郁郎先生はまず、次のように質問されている。

「自分は、宗教を問題にいている人間であるが、わけてもキリスト教の伝道者である。ここに、日本と印度の共通の問題があるのでお訊ねしたい。それは、日本は宣教百年になるが、クリスチャンの数は、一億の人口に対して五十万足らず、カトリック、プロテスタント合わせてわずか人口の〇・五％にしか過ぎない。しかも、非常に信仰弱きクリスチャンでしかない。私は、デリーに於て印度のキリスト教会も見た。日本よりもずっと熱心でよいと思うが、お国に於ても、総人口二億に対して、クリスチャン数は、わずか一％、二百万しか居ない。三百年以上も、キリスト教伝道が印度に行われながら、何故に、キリスト教は印度に喰い込めないのでしょうか？」

これに対して、ラダ・クリシュナンは次のように答えている。

「そういうことは、質問せんでも分かっているではないか！　レーニンは唯物共産主義者だけれども、彼は言った。『自分はキリスト教は嫌いである。キリスト教徒にはなりたくない。しかし、もし、イエス・キリストが今、地上に来たら、直ぐ、自分は彼の弟子になるつもりだ。もしイエス・キリストでなくとも、キリストの十二使徒が来てでもよい』というたが、その通りだ！　私達に必要なのは、イエス・キリストの如く、神を生きている人間であって、キリストの教派ではない。沢山の宣教師が印度に来て、イエス・キリストはこう言った、こんなに説いた、と色々教訓を説いて取次いでくれる。

　教えを取次ぐのなら、だれでもできる。どんな宣教師でも勝手に美しい事を言う。ドクトリン（教理）やドグマ（教義）は、私達インド人に必要でない。本当に真理に生き、神を生きている人間が、印度にも、日本にも必要なのである。

　一人のイエス・キリストが生まれたら十二使徒が出た。十二使徒が出るや、一人のパウロが生れた。一人のパウロが現われるや、全ヨーロッパが忽ちキリスト教に変ったではないか！　同様に、一人のキリストの弟子が印度に来さえするならば、印度は一変してキリスト教国となるだろう！　しかし乍ら、キリストの弟子らしくない者が、どのように数多く、物量をもって宣教しても、其の生活が真理を裏切っているから、我々は信じない。そのような宣教師はノー・

モア・サンキューだ」と激しい意気込みで言われました。「あなたはどう考えますか?」と私の意見を求められたが、「同感です」とのみ答えて、何も言いませんでした。

さらにラダ・クリシュナンは言葉を続けて、

「宗教にとって必要なことは、キリストやその弟子たちが入ったような高い宗教経験に、先ず自分が入ることにある。それだのに、自分は高い心境に入りもせずに、『キリスト教はこうだ。パウロの教はこうだ』と説くことは、経験もしない幼童が、勝手な理屈を言うのと同じで、それを聴く信者こそ大馬鹿である。

キリスト教徒は、自分の宗教のみが正しいと言って、印度人に改宗を迫る。しかし、宗教とは、正しい宗教概念であるよりも、正しく生きる生命にあるのだ。

もし、イエス・キリストが、印度教徒として生まれたら、最もよき印度教徒として死んだであろう。というのは、イエスは『ユダヤ教は邪悪だから、キリスト教に改宗せよ』とは唯の一度も言っていない。イエスは、ユダヤ教を純化し、その宗教を聖化完成しよう、としたのであって、新しく一宗一派を建てようと、努力した人ではなかったではないか。

真の宗教人は、宗派を問題にせず、人間の心を(回心を)問題にするのだ。しかるに、現今の宣教師は神の真理を愛することよりも、わが宗派を愛することに忙しい。

自分の宗派に他宗の人々をも吸収し、自分の宗教一色で塗りつぶそうと努める。これが間違いだ。

だが、地球は広い。神の世界は大きい。宗教は色々あってもよいではないか。あなたが世界一周しながら、処が変れば、人種も変り、風俗風習も変って、観光がおもしろい。もし、熱帯地方も寒帯も同じ風景で、何の変化もないというのなら、少しも面白くないでしょう。いや、熱帯の人種が裸体でいるのは不道徳だから、寒帯人のように、白人のように、厚い服を着ろ、と言って、彼らの道徳をおしつけられたら、印度人はやりきれぬ。宗教の外衣、しきたりはどうでもよい。

宗教は人々を、外的な戒律や儀式で統一する事であるよりも、先ず霊的な高い神秘に入らしめることを目的とすべきである。神秘な高嶺に上っている人間には、ふもとの道が千差万別であっても、それを気にしません。

神を崇めるのに、山に住む鳥類がそれぞれ違った調子の声色で歌い合っているように、それでも、少しも不調和に感じないように、天地の唯一の神も、多彩な讃美を喜び給うでしょう。

宣教師は、キリスト教の神を信じないと、地獄の永遠の刑罰を受けるぞ、と言って変んな教理で信者をおどかす。そんな愛なき刑罰の神が神なら、信仰なんて、苦しい事じゃないですか？」

　これに対して、手島郁郎先生が、

「そうです。たしかに西洋式のキリスト教は、神の愛を誤解しています。ですから、日本人もキリスト教にあこがれつつも、どうも入信しません。私の信じている神は、人間に愛と善意だけの神です。キリスト・イエスの御一生が、それの化身でした。私は西洋伝来のキリスト教の間違いに早くから気づいていましたから、〝昔の聖書の原始福音に帰れ〟と叫びつつ、何れの教会教派にも属せず、単独で伝道しています」と申上げると、老博士は「それはよい、それが正しい」と言って破顔一笑、お喜びになりました。

　ラダ・クリシュナンはなお言をついで言われます。

「日本から、アメリカから、ソ連から、ヨーロッパから来る人々は、みな『印度の国が成功する為に…』と物質的繁栄をば成功だと勘違いして親切そうに物質文明を語ってくれる。しかし乍ら、物質文明が成功すれば成功するほど、人間の心はいよ〳〵物質の法則に圧迫され、技術主義《テクノロジー》に卑しめられ、人間は奴隷の状態になりゆくではないか！　共産主義でも資本主義でも、両方とも同じだ！

　人間の精神が、より高くなって、物質の上に精神が立ち物質文明を踏みつけるような時代が来なければ、人間に真の幸福と自由は来ない。物質の法則は恐ろしい。人間に魂の力が覚醒しなければ、物質の法則（因果）には勝てない。人間は物質を生産するが、生産した物質に支配されるのも、人間だ、テクノロジーだ！　技術文明から人間を解放せよ！

欧米人は、成功、成功、と言って、物質的な獲得を成功と心得ているが、それだけ物質に心が縛られて来る。原爆を製作したのは人間だから、人間は偉いようでも、逆に世界中の人間が原爆戦に恐怖し、不安がっている。人間は機械を作ったが、今は全労働者が機械生産の法則に支配されて奴隷状態にある。人間が幸福で便利になるための発明が、却って人間を苦しめ貧しくするとは！　こんな文明は迷惑だ。真の成功は心の力にある。物質の引力（物慾）に越えることは、霊魂の力の回復からやり始めねばならぬ」

続いて偉大な哲人ラダ・クリシュナンは言います。

「現代の人々は、力を崇拝し、勝ち負けを重要視する。『勝った、勝った』ということは反面、誰かが負けることではないか。力というものは二つのものの対立から生まれる。そして一つの力が他を押し倒すまでは、静止しない。力は相対的なものだ、勝ち残っても、やがてその力は二つに分裂して、争うてきりがない。人間は力以上のものに抜け出さねばならぬ。

国際政局を見ても、米ソ、互にスプートニックの打上げや原子核力の開発競争をやり合って、力を誇示する。他国を威嚇する事を『成功』だ、と心得違いしている。それで国々の間に争いが絶えない。今の人類は、民族本位、国家第一主義であるから、自分の国さえ都合がよければよいので、力づくで『勝ったの、敗けたの』と争う。児戯に類する力《りき》みかたを止めよ。

個人に於ても、同じく相対的に勝敗を争う。相手を倒して喜ぶ戦争やスポーツに狂喜するのが、文明人というものだ。果してこれが文明か？

なさけ深い愛Charityで争うことを競争すれば、勝って喜んだり出来ぬ筈だ。もっと愛に向って人類は進化しなければならぬ。イエス・キリストの宗教目標は、愛にあった筈だのに。そうではないですか？

何故、相対的な争いが起こるのか？　それは絶対的なものが無いからである。各々が民族を、国家を至上のものとする。神を絶対的なものとするならば、一つの神の前に、凡ての国が、凡ての人間が、みな平伏《ひれふ》すであろう。神の心を至上とせずに、国家や民族至上主義の上に立つから、他を押しのけて、自分だけが残ろうとする。人類に平和が無いのは、神を絶対者として、神の心に帰一しようとしないからである。自国本位でしか物事を考えぬからである。今こそ宗教が、国家以上に尊い力である事を示さねばならぬ。

国家以上に至上のものがある。これは大宇宙を支配している主権者―神である。

神は一つである。一つの神のもとに、各民族、各国家がそれぞれ栄えるべきである。世界史を立て直す為には、我々はもう一つ高い標準の世界観――神による平和――を確立しなければいけない」

ともかくも日本人は、キリスト教については歴史上三回、キリスト教を受理するのを拒否している。

第一回目は、平安朝時代、ネストリウス派キリスト教、すなわち景教で、仏教化による拒否。

第二回目は、安土、桃山、江戸時代、ローマ・キリスト教、すなわちカトリックで、鎖国による拒否。

第三回目は、明治、大正、昭和時代、米国よりプロテスタントに対してであり、明治時期にあっては、富国強兵策および、第二次大戦後の産業立国いわゆる五十五年体制による拒否。

大和王朝時代および、平安朝時代に仏教および儒学をあれほど問題なく、古来の神道の上に導入し、定着させた日本民族がどうしてキリスト教についてのみ、かくも激しい拒絶反応を示したのだろうか。

この理由として、日本民族側にも、色々問題があったにしても、伝達されたキリスト教自体の中に、二千年前、イエス・キリストを中心に原始福音教会、すなわち初代の使徒時代教会が形成されたときの内容と比較した場合、特に神観において、著しく変形し、おおよそ別個のものになっているためではないだろうか。

その問題点はどこにあったのであろうか。

日本人としてのアイデンティティーの確立のためにも、この点に関し次に論じてみたい。

第三章　西洋キリスト教の問題点

日本に伝達されたキリスト教は、ネストリウス派キリスト教、ローマ・キリスト教、すなわちカトリックおよび、プロテスタントともすべてヨーロッパで確立されたもので、聖書が製作された中近東、すなわち古代ユダヤ人とか、アラビア人、アッシリヤ人、エジプト人らの国のものではない。

元々、旧約聖書の原語はヘブライ語で記述され、原語では「タナッハ（תַּנַ״ךְ）」と呼ばれ、「バイブル(Bible)」と呼ばれていない。新約聖書の原語は、「コイネー（κοινη）」と呼ばれ、かの有名なアレキサンダー大王が活躍して作り上げたマケドニア帝国の標準語となった古代ギリシヤ語の一種である。
言語システムがまずヨーロッパ言語、特にラテン語と異なっていることを承知しなければならない。それに人種系も、東洋人も大きくその中に包含されるセム系で、ヨーロッパ人に特徴とする論理的思考を行わず、経験的思考を特徴とする種族である。聖書を構成している種族はまずこういう種族であることを承知しておく必要がある。

したがって聖書の記述はヨーロッパ人に特徴とする論理的思考で書かれておらず、経験的思考を特徴とする種族、セム系、東洋人の思考で書かれているということである。
それで原語の聖書「タナッハ（תנ״ך）」を原語で読むと東洋人にはよく理解できる内容のものである。それで初代の使徒たちの原始福音に関し、新約聖書を原語のコイネー（κοινη）、あるいは、旧約聖書をヘブライ語の原語で読むと、そもそもどのようなものであったかが、よく理解されるわけである。

最初にヨーロッパで確立されたキリスト教はローマ・キリスト教、すなわちカトリックで、これは皇帝コンスタンチン一世によりＡＤ三一三年、ミラノ勅令によりキリスト教を公認し、三二五年にニケア公会議においてその教義を討議したときに生まれた。

そしてAD四三一年、エフェソスの公会議で、ローマ・キリスト教からネストリウス派キリスト教、すなわち景教が分離独立した。理由は、ネストリウスが第四神として聖母マリアの神格化「テオトコス（Theotokos＝神の母）」を認めなかったためである。当時ネストリウスは、コンスタンチノポリスの大主教であった。この後、ローマ・キリスト教によるこの断罪を不服とする弟子たちが四八四年、ペルシャ・キリスト教会を形成し、ネストリウス派キリスト教と呼ばれたものである。

プロテスタントは、マルチン・ルターにより一五一七年、「Sola Fide＝信仰のみ」を中心とする「万人祭司主義」の旗印の下に遂行された宗教革命である。

エマヌエル・スウェーデンボルグによると、ニケア公会議こそは、今までの使徒的教会に知られていなかった、永遠から存在する、三人格の三一性、すなわち神を三人格に、キリストを二人格に分割する神観が考案され、ローマ・キリスト教、すなわちカトリックに導入され、全教会に広められる発端になった会議であったのである。

そしてそこからプロテスタント教会にも導入された。

このことこそ、イエス・キリストがその生前中、ひそかに最も恐れていた事態だったのである。イエス・キリストがマタイ伝第二一章、一一節〜一五節に、

「多くの偽預言者起こりて、多くの人を惑わさん。汝ら預言者ダニエルによりて言われたる荒らす憎むべき者の聖所に立つを見ば、読む者、悟れ」

と言われ、その同章の後に、

「その時、大いなる艱難あらん、世の創めより今に至るまでかかる艱難なくまた永久になからん」

と予告された事態が遂に発生したわけである。

ここで、エマヌエル・スウェーデンボルグについて簡単に紹介しておきたい。

エマヌエル・スウェーデンボルグは一六八八年、スウェーデン国ストックホルムに生まれた、キリスト教会史上、最も畏敬すべき巨人の一人で、五十五歳のとき神の使命に基づきその霊眼

が開かれ、一七七二年三月二十九日、八十四歳で召天するまで、霊域と現物質界と双方に生存した人物で、彼以降はもはや、「死後の世界から帰ってきたものは誰もいない」という話法を、我々の誰もが述べることを不可能にせしめている人物である。世には霊能者といわれる人が数多くいるものであるが、彼はそのレベルの人間でなく、神によって、この地上の物質世界と我々の死後、すべての人間が必ず到着することになる、霊域なる世界の双方に、神の特別な使命を持って、激しい悔い改め（メタノイア　μετανοια）の後に、完全に生存することが許された特異な人間である。

彼は、同時代の卓越した自然科学者でもあったのであるが、同時代の著名人として、アイザック・ニュートン、インマヌエル・カント、ヴォルフガング・ゲーテらが指摘される。

彼の伝記としては、ギョーギ・トロブリッヂ著、柳瀬芳意訳『スエーデンボルグ――その生涯、信仰、教説――』（静思社）、およびサイン・トクスヴィグ著、今村光一訳『巨人・スウェデンボルグ伝』（徳間書店）など、その他多数ある。なお「禅」の思想家、鈴木大拙も彼の優れた研究家であった。

ところで、それではイエス・キリストの直弟子たち、およびそれに続く使徒的教会の人々はどのような神観を持っていたのであろうか。それは前述したことであるが、一、二世紀ごろの、彼らの共通の信仰メモランダムとしての使徒信条に、

一、天地の造り主、全能なる父なる神
二、聖霊によって身ごもり、処女マリアより生まれた、父の独り子、我等の主
三、聖霊

と異なった時系列の上で体験によって発生した神を信じており、三人格即ち、三神の三一性は何事も関知しなかったのである。これを理解しやすいように図形化すると、次頁の図のようになる。

すなわち、使徒および初代教会の人々にとっては「父なる神」とは、かのモーセによる出エジプトの事件の際に、

「昼は雲の柱をもって彼らを導き、夜は火の柱をもって彼らを照らし、昼も夜も彼らを進み行

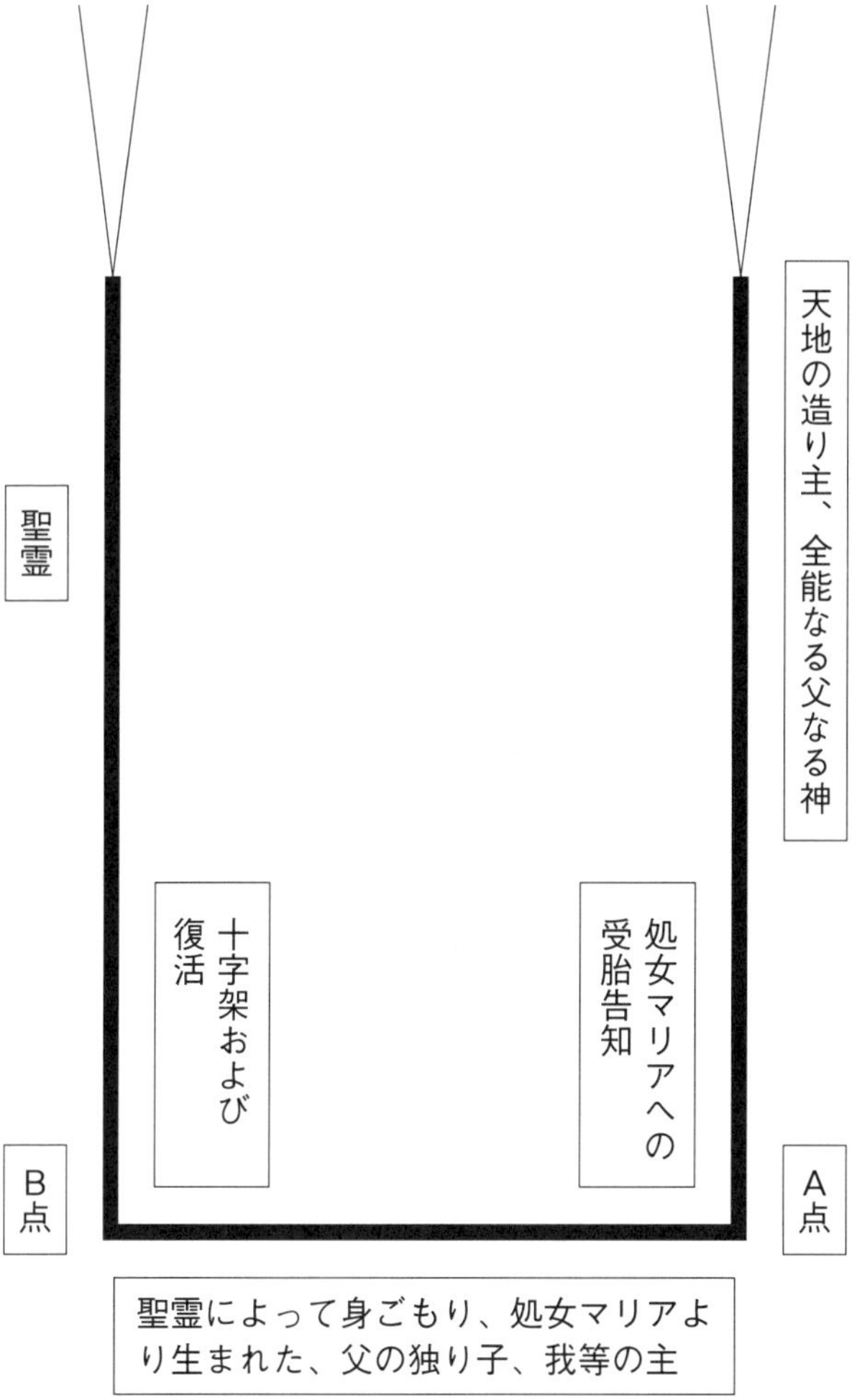
天地の造り主、全能なる父なる神
聖霊
十字架および復活
処女マリアへの受胎告知
B点
A点
聖霊によって身ごもり、処女マリアより生まれた、父の独り子、我等の主かせられた」（出エジプト記一三章二一節）神であり、彼らの定住地である現在のイスラエルであるカナンの地でも、世代毎に、そして歴史の変わり目ごとに、一千年を超えて各預言者を通じて諭し、慰めてきた「語りたもう」神であり、最後に、ＢＣ四六〇―四五〇年、最後の預言者「マラキ」を通じて最終のメッセージ

「あなたがたが求める所の主は、たちまちその宮に来る」

という言葉で終了する歴史上にありありと生ける、接触できる神であったのである。

そしてこの最後のメッセージこそが、ルカ伝一章、二六節から三八節にいたる「受胎告知」と続くのである。

ここで重要なことは、63頁の図のA点に於いて切断が決して行われていないということである。

でなければ、ＡＤ三二五年のニケア公会議と同じく第二の神が発生する。

この「受胎告知」というのは、例えて一つのモデルをもって説明すると、今までユダヤ民族自体を歴史上導いてきた神が、イタリアの作家コローディの代表作、『ピノキオの冒険』のジェッペット爺さんよろしく、一種の「ピノキオ変体」とも言うべき変体を引き起こし、歴史上に

「ヤーウェ神」として知られる神が、姿を変えて、人間としてこの地上を歩かれたということである。

文学的にいうならば、「ピノキオ変体による神の忍び歩き」とでも表現すべきであろうか。

それで、キリストの使徒の一人、ヨハネはその書簡の中で、

「初めからあったもの、わたしたちが聞いたもの、目で見たもの、よく見て手でさわったもの、すなわち、命の言葉について――このいのちが現れたので、この永遠のいのちをわたしたちは見て、そのあかしをし、かつ、あなたがたに告げ知らせるのである」（ヨハネの第一の手紙　一章一節、二節）と、述べたのである。

彼らにとってはイエス・キリストとは、ユダヤ人を歴史上導き給うた、かの父なる神「ヤーウェ神」が自己変換して地上を歩き給う姿そのものであったのである。しかしこのイエス・キリストは、当時のユダヤ人の常識を超峨することといかばかりであったであろうか。

彼は、超越的な愛と希望と力に満ち溢れ、内部には、まさに人類の宇宙的創造神「ヤーウェ神」が沸き立っていた、後に説明するように「多次元性マトリックス的な存在」であったので

ある。
しかしこのイエス・キリストは、弟子たちの常識を超えて、「自分が十字架の死を乗り越えて、復活する」ことにより、更に超在的な神との共生に生きることの可能性が人類にはあることを弟子たちに告げるのである。（傍線は本書筆者。以下同じ）
「見よ、わたしたちはエルサレムへ上って行くが、人の子は祭司長、律法学者たちの手に引き渡される。そして彼らは死刑を宣告した上、彼を異邦人に引き渡すであろう。また彼をあざけり、つばきをかけ、むち打ち、ついに殺してしまう。そして彼は三日の後によみがえるであろう」（マルコ伝一〇章、三三節、三四節）
「この時から、イエス・キリストは、自分が必ずエルサレムに行き、長老、祭司長、律法学者たちから多くの苦しみを受け、殺され、そして三日目によみがえるべきことを、弟子たちに示しはじめられた」（マタイ伝一六章、二一節）
「わたしは、火を地上に投じるためにきたのだ。火がすでに燃えていたならと、わたしはどんなに願っていることか。しかし、わたしには受けねばならないバプテスマがある。そして、それを受けてしまうまでは、わたしはどんなにか苦しい思いをすることであろう」（ルカ伝一二章、四九節、五〇節）

そして約束どおり、十字架の死後三日目にイエス・キリストはよみがえるのであるが（マタイ伝第二八章五節から七節）、この点が63頁の図のB点である。

「この御使は女たちにむかって言った。『恐れることはない。あなたがたが十字架におかかりになったイエスを捜していることは、わたしにわかっているが、もうここにはおられない。かねて言われたとおりに、よみがえられたのである。さあ、イエスが納められていた場所をごらんなさい。そして、急いで行って、弟子たちにこう伝えなさい、〝イエスは死人の中からよみがえられた。見よ、あなたがたより先にガリラヤへ行かれる。そこでお会いできるであろう〟。あなたがたに、これだけ言っておく』（マタイ伝第二八章五節から七節）

そして約束どおり、創造神「ヤーウェ神」の化身であるこのイエス・キリストから、さらに超在的に神との共生に生きるために、「約束の助けぬし」すなわち、「聖霊」が来ることを告げられるのである（ルカ伝　二四章四五節から四九節）。

「そこでイエスは、聖書を悟らせるために彼らの心を開いて言われた、『こう、しるしてある。キリストは苦しみを受けて、三日目に死人の中からよみがえる。そして、その名によって罪のゆるしを得させる悔い改めが、エルサレムからはじまって、もろもろの国民に宣べ伝えられる。あなたがたは、これらの事の証人である。見よ、わたしの父が約束されたものを、あなたがたに贈る。だから、上から力を授けられるまでは、あなたがたは都にとどまっていなさい』」（ルカ伝　第二四章四五節から四九節）

それから、約五十日後、果たして、

「みんなの者が一緒に集まっていると、突然、激しい風が吹いてきたような音が天から起こってきて、一同がすわっていた家いっぱいに響きわたった。また、舌のようなものが、炎のように分かれて現れ、ひとりびとりの上にとどまった。すると、一同は聖霊に満たされ、御霊がかたらせるままに、いろいろの他国の言葉で語り出した」（使徒行伝二章一節から四節）とある。

これこそ使徒教会、原始キリスト教運動の始まりである。

みんなの者が一緒に集まった場所というのは、「マルコ伝」を書いた、マルコの母の家といわれ、現在でもイスラエルの首都、エルサレムに保管されている。

筆者も一九六八年、第三次中東戦争後、ユダヤ民族による旧エルサレム街の奪還を祝すると共に「嘆きの壁」で祈り、この原始キリスト教運動の開始点となるこの「マルコの母の家」で、師手島郁郎先生と九三名の教友と共に、礼拝を持ったことがある。

彼ら、使徒教会時代にはキリスト者たるためには、この聖霊を受けることが必須条件であったのである（使徒行伝一九章二節から七節）。

「アポロがコリントにいた時、パウロは奥地をとおってエペソにきた。そして、ある弟子たちに出会って、彼らに「あなたがたは、信仰にはいった時に、聖霊を受けたのか」と尋ねたところ、「いいえ、聖霊なるものがあることさえ、聞いたことがありません」と答えた。

「では、だれの名によってバプテスマを受けたのか」と彼がきくと、彼らは「ヨハネの名によるバプテスマを受けました」と答えた。そこで、パウロが言った、「ヨハネは悔い改めのバプテスマを授けたが、それによって、自分のあとに来るかた、すなわち、イエスを信じるように、人々に勧めたのである」

人々はこれを聞いて、主イエスの名によるバプテスマを受けた。そして、パウロが彼らの上に手をおくと、聖霊が彼らにくだり、それから彼らは異言を語ったり、預言をしたりし出した。その人たちはみんなで十二人ほどであった。」（使徒行伝一九章二節から七節）

使徒教会時代の人々とが「聖霊」を語るとき、それは確固たる経験的事実であり、イエス・キリストによる約束であり（使徒行伝一章四節から五節）、イエス・キリストから発生したものであり、それは63頁の図のB点で接続しているものである。それで使徒教会時代の神観は全体として、第一図に示したように、英字アルファベットの「U」字型あるいは「転置コ型」をしていたと言うべきであろう。

「イエスは苦難を受けたのち、自分の生きていることを数々の確かな証拠によって示し、四十日にわたってたびたび彼らに現れて、神の国のことを語られた。そして食事を共にしているとき、彼らにお命じになった、『エルサレムから離れないで、かねてわたしから聞いていた父の約束を待っているがよい』。すなわち、ヨハネは水でバプテスマを授けたが、あなたがたは間もなく聖霊によって、バプテスマを授けられるであろう」（使徒行伝一章三節から五節）

ところが、ＡＤ三二五年、皇帝コンスタンチン一世の司会の下に、ニケア公会議においてその教義を討議したときには、63頁の図のＡ点とＢ点とが分離し、次頁の図のように変化を起こすのである。

つまり、「Ｕ字型神観」に於ける、Ａ点がA_1点およびA_2点へ、かつ、Ｂ点がB_1点およびB_2点へと分割するのである。

キリストの復活と昇天を直に体験した使徒たちが逝きて三〇〇年、人々の体験的キリスト者

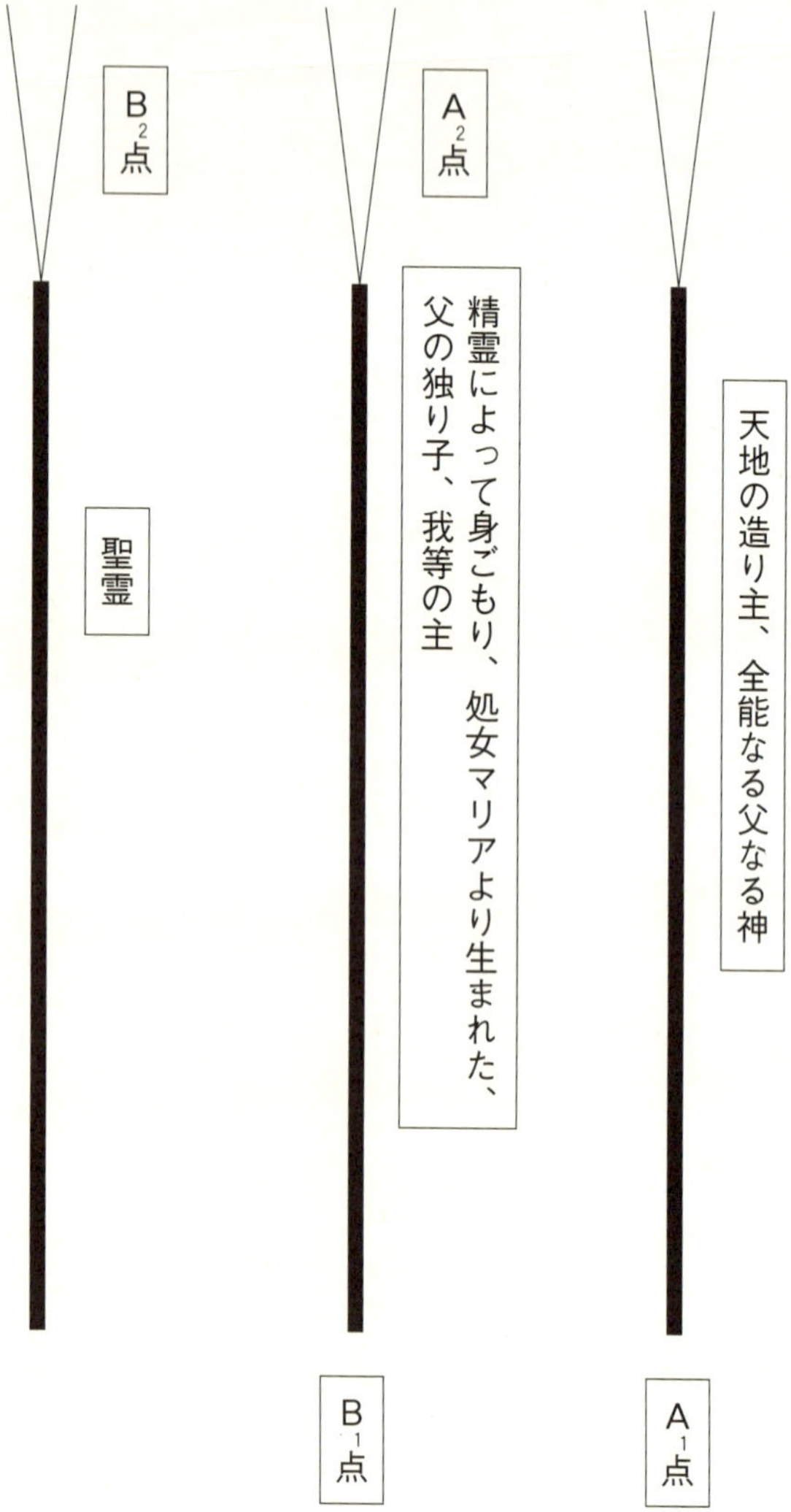

A_2点
天地の造り主、全能なる父なる神
A_1点
B_2点
精霊によって身ごもり、処女マリアより生まれた、
父の独り子、我等の主
B_1点
聖霊

は段々少数になり、しかもキリスト教の信徒は、使徒教会時代と異なって、経験主義を重んじるセム系のユダヤ人でなく、古代ローマ帝国の、推理と論理を尊ぶヨーロッパ人種の人々であった。

その上、AD三一三年、ミラノ勅令によりキリスト教が公認され、AD三二五年に、ニケア公会議においてその教義を討議した頃には、「U字型神観」は崩れ、キリストの神聖がもはや疑われだしていた。

一般に世俗化し、「聖霊」が内住しないで非道徳的な生活を送ると、イエス・キリストの神聖が疑われだし、63頁の図のA点とB点が切断して回転を起こし、イエス・キリストを勝手に解釈し始めるのである。

そして遂に三神が発生するのである。すなわち、「川字型神観」となるのである。

しかし、当時の世界帝国、皇帝コンスタンチン一世の司会の下にAD三二五年に、ニケア公会議において一旦、「川字型神観」が確認されると、不幸にして、ローマ・カトリック教会と共に、この神観が全世界に喧伝《けんでん》され、それがプロテスタント教会に至るまで伝達され、それが「景教」、「カトリック」、「プロテスタント」となって、最終的に日本に押し寄せることになる。

それはすでに第一屈折「ローマ化」、第二屈折「ゲルマン化」を経た、使徒教会時代とは全く異なった「U字型神観」ではない、永遠から存在する、三人格の三一性、すなわち神を三人格に、キリストを二人格に分割する神観、すなわち「川字型神観」のキリスト教であったのである。

これに関し、エマヌエル・スウェーデンボルグはその著『真の基督教』（柳瀬芳意訳　静思社）の段落項目一七六番で次のように嘆いている。

「会議が直接に教会の神に近附かない時、如何なる信頼がこれに置かれ得ようか。教会は主の身体であり、主は教会の頭ではないか。頭の無い身体は何であろうか。そしてその指導の下に会議が行われ教令が発せられた所の三つの頭を上につけた身体は如何なる種類のものであろうか。その時霊的な照示は——何故なら此の照示は天界と教会の神でありまた誓言の神である主のみから来るからである——益々自然的となり、遂には感覚的にならないであろうか。かくて純粋な神学的真理の内的な形は直ちに、籔手の扇に吹き散らされる籾殻のように、合理的な理解の思考から追放されるのである。此の状態では真理に代って虚偽が、光に代って暗黒が心に入り、かくて、人間は暗い洞穴の中に在るように、鼻に眼鏡をかけ、手に蝋燭を持ち、天界の霊的真理と光に眼を閉じ、感覚的な事物と肉体的感覚の欺瞞的な光に眼を開くのである。その後彼らは聖言が読まれるのを聞くと、その心は真理に対しては眠り、虚偽に対しては目覚め、獅子の口、豹の身体、熊の足を持って海から登って来ると録されている獣のようなものになるのである。（獣示録十三、二）ニケヤ会議の終つた時、主がその弟子達に、「日は暗く、月はその光を発たず、星は空より隕ち諸々の天の権能は震ひ動かん」（マタイ廿四・廿九）と予言し給うた事柄が生じたと天界に語られている。事実、使徒的教会は空に現れた新しい星のようであつたが、然し二回のニケヤ会議の後では、天文学者の観察に従えば、時折自然界に起る様に、その同じ星がくらくなつて千々に砕け散つたようになつたのである。聖言には神エホバは近づくことの出来ない光の中に住み給うと記されている。（詩篇一〇四・二　テモテ前書六・十六）。若し、そうであるなら、彼が近づくことの出来る光の中に住み給わない限り、即ち彼は降つて人間性を取り、この人間性に於て世の光となり給わない限り、誰が彼に近づくことが出来ようか。（ヨハネ一・九、十二・四六）それ自らの光の中に在し給う父なるエホバに近づくことは、あけぼのの翼をつけて、陽に向つて飛びゆくと同様に不可能であり、或は、物質的な食物の代りに太陽の光を食べて生きると同様に、或いは、鳥がエーテルの中に飛び入り、或は、鹿が空中に駆け入ると同様に不可能であることを理解し得ない者があろうか。」

そして、同じく段落項目一七七番には、

「ニケヤ及びアタナシウス信条の三一性から全基督教会を歪めた信仰が生じた。ニケヤ及びアタナシウス信条は段落番号一七二番に示されたように三神の三一性を仮定している。そこから現代の教会の信仰が生じた。それは父なる神、子なる神、聖霊なる神に対する信仰である――即ち、父なる神はその御子救い主の義を人間に転嫁し、人間に帰し、子なる神は父なる神と人間の間を調停し、之に契約を結ばしめ、聖霊なる神は転嫁される御子の義を実際に人間の上に刻みつけ、人間を義となし、潔め、再生させることによつて之を人間に封印するのである。是が現今の信仰であり、三神の三一性が認められ、礼拝されていることを証明するには是のみで充分である。凡ての教会の信仰から、その礼拝と教義の凡てが生じ、信仰の如何が教義の如何である。それ故、三神に対する此の信仰は全教会を歪曲したことが推論される。何故なら、信仰は第一原理であり、教義はその派生物であり、派生物はその本質をその第一原理から得るからである。若し、何人かゞ神、基督の人格、仁慈、悔改め、自由意志、選び、洗礼、主の晩餐に関し、現今流布している教義を検討するならば、三神の三一性がその各々の中に含まれていることを明白に認めるであろう。それは、事実、現われていないけれど、それらの教義の流れ出る源泉である。」

と述べ、ここからキリスト教会の第二の誤謬「代罰説」が派生しているのを指摘している。

「ヨハネ伝の主の言に従つて（十・一、九）戸から羊の欄に入らず、他の道から越えて行く所の会議に如何なる信頼が置かれ得ようか。それらの宣言文は日中の盲人の歩みに、或は夜中に眼の見える人間の歩みに――両者とも溝を見ぬ中に、之に落ち込んで了う――譬えることが出来よう、例えば、法皇の名代制、死者の聖列加入制、死者を神々として之に祈願すること、その像の礼拝、免罪を賦与する権威、聖体分割その他を確定した会議に如何なる信頼が置かれ得ようか。予定説という忌まわしい教義を確立し、之をその教会の上に宗教の守護神として揚げた会議に、如何なる信頼が置かれ得ようか。然し我が友よ、聖言の神に行き、それから聖言そのものに行き、戸によつて羊の欄に入られよ、然すれば諸君は照示せられ、かくて諸君は山から下を見下すように、如何に多くの人達が誤つているかを見、また如何に諸君自らが以前山の麓の小暗い森の中を彷徨っていたかに気づかれるであろう。」

それで結論的には、同書段落項目一八二番に、「新しい天界と新しい教会とが主によって形成されない限り、いかなる者も救われることはできない」と言っている。

その上、ローマ・カトリック教会は、AD四三一年、エフェソスの公会議で聖母マリアを第四神として付け加えているのであるから、三本川のキリスト教神観ではなく、四本川のキリスト教神観となっている。これは全くの非聖書的神観で、セム系の人種が到底受容できる代物ではない。

それでは、第二屈折の「ゲルマン化」はどのような変化をもたらしたのだろうか。

ドイツ人のシュペングラーによると、「ファウスト的精神、無限の憧れる心。それが空に向かっては望遠鏡の発明となり、それが征服欲に地面ではなる」(1)ということで、上智大学の渡部昇一名誉教授によると、「一番尊敬されたのは十字軍の英雄」であるから「十字架」をいれると次頁の図のようになる。

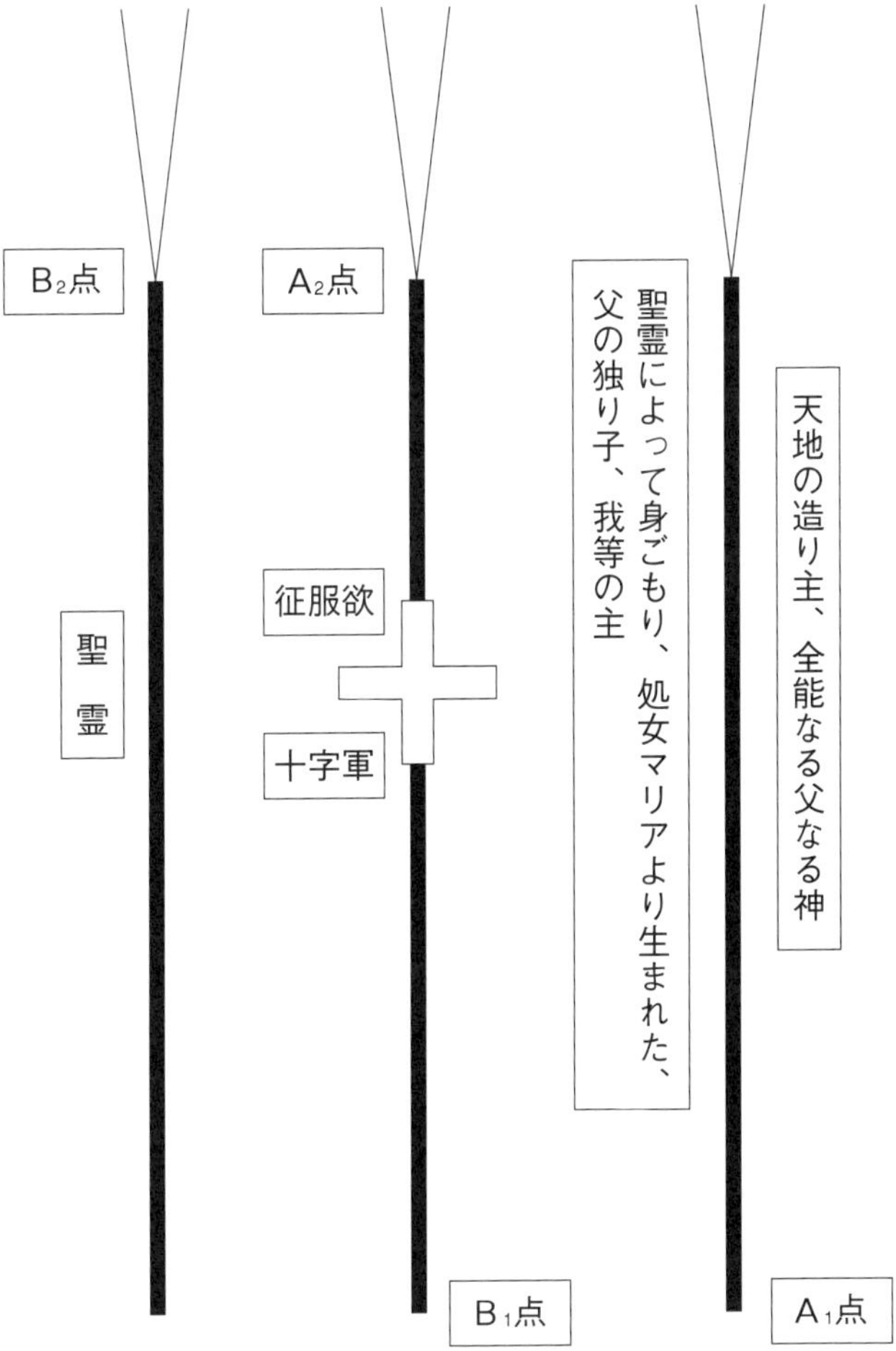
B2点
A2点
聖霊によって身ごもり、処女マリアより生まれた、父の独り子、我等の主
天地の造り主、全能なる父なる神
征服欲
聖霊
十字軍
B1点
A1点

この第二屈折の「ゲルマン化」の内容については、筆者はむしろ、「憎悪の増幅屈折」の状態と見ている。しかもその増幅は、指数関数的に増大した歴史的現実であるというのが真相である。

エマヌエル・スウェーデンボルグはその著『真の基督教』(柳瀬芳意訳　静思社)、段落項目一七七番においてさらに次のように言っている。

「神に関する教会の信仰は身体の霊魂に似、教義は手足に似ている。

さらに、神に対する信仰は王妃に似、教説はその宮廷の司達に似ており、司達は王妃の言葉に依存するように、教説は信仰の発する言葉に依存する。

この信仰は、それが如何なるものであっても、如何に聖言が教会に理解されているかを示すものである。

何故なら信仰はいかなるものであろうと、謂わば、綱をもって、誘引し、結合しうるものを自らに誘引し、結合するからである。

もしそれが誤った信仰であるならば、聖言のあらゆる真理に対して娼婦のように振舞い、これに誤った解釈を施し、かくして之を虚偽化し、教会員を霊的な事柄に対して狂わせてしまうのである。

しかし、若しそれが真の信仰であるならば、それは全聖言と調和し、而して救い主にして神なる主にていいます聖言の神は、その信仰に光を注ぎ、その上に神的同意を与え、人々を賢からしめ給う。

その内的な形では三人の神に対する信仰であり、その外的な形では一人の神に対する信仰である現今の信仰は、聖言の光を消し去り、主をその教会から除き、かくして朝を夜に変えたのである。

是はニケヤ会議以前の異端的教義により、その会議の異端により、その後の異端により行われたのである」

すなわち、一旦夜という異端の中に入ってしまうと、いかなる変更も可能となり、それはもはや聖書の示す、真の信仰ではないのである。

日本にキリスト教が伝達されたときには、景教、カトリック、プロテスタントともどもに、欠陥多き状態で伝達されたわけであるが、しかしそういう中においても、聖書が日本に伝達されたということは日本にとって重要なことであった。

分けてもプロテスタントの到来と共に、聖書がほとんど完全な状態で日本に届いた。そしてこの聖書の日本への到着こそが、新しい日本を引き起こす原因となるのである。

第四章　武士道的キリスト教の成立

徳川時代の末期から、明治の初期にかけて、新島襄、札幌農学校出身の新渡戸稲造、内村鑑三、賀川豊彦らが続々と渡米し米国でキリスト教、特にプロテスタントを学んだ。

彼らはすべて純醇なる武士道を有する日本人であった。米国でプロテスタントを学ぶうちに、すでに前記したように第一屈折の「ローマ化」、第二屈折の「ゲルマン化」を経て使徒時代信仰から甚だしく変曲した米国キリスト教、プロテスタンティズムに対して、純醇なる武士道を有する日本人である彼らは非常に困惑した。

特にサンフランシスコで経験した会話の中で、アメリカ人が平気で神の御名である「J――・C――」を使っているのには驚いた。是は彼にとっては明らかにモーセの十戒、第三条の侵犯であった。

一八八五年、二十五歳の内村鑑三は札幌農学校の教頭クラーク大佐の母校である、マサチュ－セッツにあるアマースト大学に入り、同じく、校長クラーク大佐の友人であった総長のシリ－博士の感化と好意を受けて聖書を学んだ。

彼の前には、常に、使徒時代信仰から甚だしく変曲した、第一屈折の「ローマ化」、第二屈折の「ゲルマン化」が立ちふさがり、彼の魂を苦しめたけれども、大いなる苦闘と共に、遂にこれらの屈折点を貫通し、再び使徒時代信仰のかの平原に立つことができた。

そして後に、彼はこの第一屈折の「ローマ化」、第二屈折の「ゲルマン化」の屈折点貫通の苦闘の経過を記録に留め、一冊の本にまとめ、一八九六年『How I became a Christian』として出版した。最初は英文で、後に翻訳されて和文で出版された。

同書はドイツ、フィンランド、スウェーデン、デンマークなどの国語に翻訳され、哲学者オイケンも愛読者の一人だったといわれる(1)。

内村鑑三にとって斯く、一旦、使徒時代信仰の平原にたってみると、今さらのように、いろいろなことが明らかになってきた。

まず教会の問題である。教会というのは、イエス・キリストが聖書の中で、

「神の国は汝等の内にあり」（ルカ伝一七章二〇節から二一節）

と言われるように、基本的に不可視性のものではないかという問題であった。

第一、イエス・キリストは聖書の中で、教会をお持ちにならなかった。ある時は、山上で「山上の垂訓」を語られ（マタイ伝五章一、二節）、ある時はガリラヤ湖の湖畔で舟を浮かべて語られ（マルコ伝四章一節）、ある時は、弟子の家であった（マタイ伝九章九、一〇節、マルコ伝二章一節から一一節）。もちろんユダヤ教のシナゴーグで語られたこともある（マタイ伝一三章五四節、ルカ伝四章一五節から二一節）。

また使徒行伝に描かれる礼拝もほとんど、各自信者の仲間同士の家屋である。このように考えると、教会、Churchという建物を考え、そこを礼拝の中心と考える考え方は、まさに第一屈

折「ローマ化」の現象であり、まさに非聖書的となる。教会の本質的な不可視性を考え、彼は「無教会性」こそ、聖書の本質的なものと考えた。

それで内村鑑三は、第一屈折の「ローマ化」と、第二屈折の「ゲルマン化」の屈折点を貫通し、使徒時代信仰の平原に立つ日本的キリスト教の立脚点として「無教会主義」を提唱し、明治三十二年（一八九九）「無教会」という雑誌を出版した。(2)

また、これらの屈折点を貫通し、使徒時代信仰の平原に立つと、どこに、どう立てるかという、日本的キリスト教を打ち立てる古典的土台が必要になってくる。ローマ帝国にはローマ帝国の土台が必要であったであろう。ゲルマン人にはゲルマン人の土台が必要であったであろう。日本においてそれに匹敵するものは歴史上において、何か。それは「武士道」をおいて他にない。この「武士道」の上にこそ日本的キリスト教を打ち立てねばならない。

かくして成立したのが、日本的キリスト教としての「武士道キリスト教」の発生である。

二〇〇三年はNHKの大河ドラマで、吉川英治原作の『宮本武蔵』が放映されたことで、「武士道」が話題を集めつつあるが、これは偶然でないように思われる。二〇〇二年の八月はNH

Kの大学講座「武士道の思想」ということで、国際日本文化研究センター教授の笠谷和比古氏による解説講座が放映された。

それによると、葉隠武士の「武士道というは死ぬことと見つけたり」というのは全くの初歩の初歩で、一つの基幹的姿勢であるが、これを通過してさらに広い奥の世界が広がり、武士道の世界が一つの社会構造を構成していることが紹介され、西洋社会、文化と比較検討されている。

筆者の師、手島郁郎先生も、「武士道的キリスト教」につき「武士道的な宗教」という論考を発表しておられる(3)。

「武士道」と言うのは日本歴史の中で、仏教の禅宗、儒学により培われてきたものであるが、日本的キリスト教としての「武士道キリスト教」の発生と共に日本民族の中に復活する可能性が高い。

それは新渡戸稲造や、内村鑑三、海老名弾正といった、真の大和魂を有する先輩がキリスト教と出会ったときに生ずる、彼らの信仰告白の中にそれを認めるからである。同じく、セム系のユダヤ人で使徒の一人となったパウロが次のような見解を、彼の書簡に残している。

「わたしたちのうち、だれも自分のために生きる者はなく、だれも自分のために死んだりはしない。わたしたちは生きるのも主のためにいき、死ぬるのも主のために死ぬ。それ故に、生きるにも、死ぬるにも、わたしたちは主のものである」（ローマ人への手紙一四章、七節、八節）

この文章は江戸時代末期までの、「武士の鑑」と言われた人の自警の言を想起するもので、「生きるも、死ぬも、すべては主君のために」と言って、烈々たる精神に貫かれて生きた武士道の本質を同等に述べているように響いてくる。

新渡戸稲造や、内村鑑三、海老名弾正も同等の感を持ったに違いない。真の宗教と言われるもので、通常の「生」を超克すると、そこに必ず、「武的なもの」が発生するものである。そしてその「武的なもの」ものは、必ず、その民族に対し超文明的な文化を誘引していき、新文明の生気に充ちた建設につながるのである。

しかし、何といっても「聖書」である。日本が歴史上その来訪を経験した三種のキリスト教のうち、やはり完全な聖書を伝えたものは、米国からやって来たプロテスタントであった。一八八〇年（明治十三年）新約聖書が日本語に完訳された。

一八八八年（明治二十一年）、日本に帰ってきた、使徒時代信仰の原始福音の平原に再び立った内村鑑三は、聖書研究こそは日本的キリスト教としての「武士道キリスト教」の確立にとって必須条件であると確信した。

一九〇〇年（明治三十三年）、「東京独立雑誌」を一旦廃刊した彼は、同年九月から「聖書之研究」誌を創刊、これは彼の生存中続き、全巻三五七に及んだ。そしてこの雑誌の創刊と共に、東京郊外、角筈（明治四十年まで）、および柏木（明治四十年以降臨終まで）の自宅を開放し、本格的な伝道を開始した。

また大正八年六月から関東大震災のときまで満四年間、大手町の衛生会館で日曜集会が開かれた。

明治四十一～二年（一九〇八～九年）、第一高等学校の校長は内村鑑三の友人、新渡戸稲造であったがため、彼の紹介により、一高および東京帝大の学生が大挙、内村鑑三の集会に出席することになり、彼らの一団は「柏会」と称された。

この中に、後に内村鑑三の高弟となる塚本虎二、藤井武、黒崎幸吉、南原　繁、矢内原忠雄らが含まれていた。[4]

この後、塚本虎二は独立して「聖書知識」（誌名は内村鑑三により命名[5]）の主筆となり、藤井武も独立して、「旧約と新約」の主筆となった。この御両名から、筆者のキリスト教学上の師となる、手島郁郎先生と小池辰雄先生がそれぞれ生まれることになるのである。[6]

この三五七巻の『聖書之研究』誌に発表された内村鑑三の論説と、単行本など出版された本が纏められて現在岩波書店より出版されている全四〇巻の『内村鑑三全集』となるのである。もっとも昭和八年『内村鑑三全集』一度編集されているので、現在の全集は二回目の全集となる。手島郁郎先生によると、これほど世に貴重な本はないということである。

内村鑑三は聖書の研究を為すに当たり、原語で研究することを重視した。すなわち新約聖書は古代ギリシャ語「コイネー」、旧約聖書はヘブライ語での研究を尊重した。この傾向は弟子の塚本虎二、藤井武のご両名にも伝わり、手島郁郎先生と小池辰雄先生にも伝承された。

そしてこの使徒時代信仰の原始福音の平原に立った、聖書之研究の中に、明治、大正、昭和、平成と、日露戦争、第一次世界大戦、第二次世界大戦を貫通しつつ、その原始福音の平原の特質、使徒時代に持っていた特筆すべき大きな特質、聖書の中に、秘められた爆発力「聖霊」の臨界点が徐々に近づきつつあった。

そしてついに昭和二十三年の夏、臨界点に到達、聖書の中に秘められた爆発力「聖霊」は爆発した。

場所は九州の尾根、阿蘇山の麓、垂玉温泉においてであった。ちょうど、一九九九年九月三十日、茨城県東海村、核燃料加工会社ＪＣＯ東海事業所の転換試験棟に於いて、ウラン溶液製造操作ミスでウラン元素が臨界状態を超えて接近し、核分裂連鎖反応による青い光(7)が、炎を上げて燃え上がったように、遠く二〇〇〇年のかなた、使徒時代の原始福音の平原に燃え上がったあの使徒行伝二章一―四節にある、「聖霊の火」が時間空間を越えて同じく燃え上がったのである。

「五旬節の日がきて、みんなの者が一緒に集まっていると、突然、激しい風が吹いてきたような音が天から起ってきて、一同がすわっていた家いっぱいに響きわたった。また、舌のようなものが、炎のように分れて現れ、ひとりびとりの上にとどまった。すると、一同は聖霊に満たされ、御霊が語らせるままに、いろいろの他国の言葉で語り出した」

その時の状況を、『わが師　手島郁郎』（吉村騏一郎著　キリスト聖書塾刊）から引用しよう。(8)

「神の国は言葉にあらず、力にある。十字架の言《ことば》は亡ぶる者に愚か。しかし十字架の血を受けずして、霊界も開けない。たかが三日間、あなたたちは体の緊張も保てずに、何を信仰だと思っているのか。神霊の力はあなたたちに臨まないのか！

頑《かたく》なな頭脳よ、理屈っぽい理性よ、三度の飯が欲しいという肉よ、砕かれよ。去勢されよ。

心頭を滅却しないで、どうして死の彼方《かなた》から呼びかけてくる、十字架の声なき声がわかるものか！　愛する友よ！　私ははっきりと諸君の魂に言い聞かせる。耳に割礼なき者どもよ、もう耳の鼓膜にどれだけ話しても無駄だ！」

先生は真剣そのもの、悲壮なまでの迫りであった。

三日目の最終日、とうとう講義が終わった。

力尽きたように、先生はただ頭を低く垂《た》れて机に打ちふした。

しばらくして呻《うめ》くような祈りの声が洩《も》れてきた。

それは腹をしぼるような、小さな低い声であった。

「……神様、私はこれだけ勉強してきました。教友たちをこれだけ愛してきました。みんなの旅費も旅館代も払って、すべてを尽くしました。

全身全霊、最善を尽くして聖書講義もしました、でもこれ以上ダメです……、
妻は病床に伏し、子供は飢えに泣いています……、力尽き果てました。

もう神様、私には伝道はできません……」

その途切れとぎれの声を聞いたとき、私の心に何が起こったのかわからなかったが、突《とっ》如《じょ》として腹が揺すられるように、ワーッと泣き伏していた。皆もただ泣いた。

頑《かたく》なな心も、世俗的な思いも、最後の先生の血を吐《は》くようの信仰の告白に、堰《せき》を切ったように激しい悔い改めの慟哭《どうこく》となった。聖書も賛美歌も涙でぐしょぐしょに濡《ぬ》れていた。

あのように恐ろしかった先生を、かってない親愛の情で仰いだ内心の変化の驚き。

こみあげる激しい愛の情動。兄弟姉妹たちとの結合感。生れて初めての魂の経験であった。

これを〈魂の新生〉と言うのだ。これこそまぎれもない〈聖霊の愛〉なのだ。私の魂はすっかり直覚的になって、何時《いつ》までもアーメン、アーメンと唱和していた。

手島先生はこの時の心境を、次のように記している。

＊

私の講義も完全に失敗。論理は挫折。論旨《ろんし》も支離滅裂。しかし心魂を傾けて語りつづけ、話し終わった。そして主の十字架の前に、ただ打ちふして祈るだけで終わった……。

ふと祈り終わって頭を上げて見ると、みなの感激的な崇高な面持ち、驚くばかりに輝いた教友たちの瞳、引きしまった眉宇《びう》に漂う確信と微笑。思わざるにいつの間にか全員が聖霊の愛に包まれ、今も生きて在《いま》し給うキリストの立ち給うことを、みんなが身近に覚えた。いっせいに堰《せき》を切って落ちたぎるように、信仰の凱歌はすべての口から溢れた。信仰の歳月の長きも、短きも、一様に、一つの聖霊の愛の中に、一つの平安に、一つのいのちにおおいつつまれた。そしてその後、ある者は異言の賜物、神癒の霊力に恵まれた。みんなに瞠目《どうもく》すべき信仰の飛躍と歓喜が増し加わった。

私はいま更のように、数年間の聖書講義の空《むな》しさがわかった。十字架の論理や贖罪の神学的釈義や、ギリシア語の説明に、熱心に費やした過去の徒労をしみじみ悟り、また悔い泣いた。〈信仰のみの信仰〉のかけ声も、私たちを救わないことに気付いた。

しかし、神は私たちの不信と挫折と失敗にもかかわらず、弱さと罪と無知とにもかかわらず、全き救いに導き入らしめ給う。これただ神の恩恵、ただ聖霊の愛による。

土塊《つちくれ》から人を創造《つく》り、これに栄光の霊を与えんとして十字架に黙殺されつつも、なおも私たちを赦《ゆる》し、愛して、死んでも復活する生命(愛)を恵み給うキリストの御神に、ただ栄光と賛美を帰しまつる。


折しも、当時の人々は、記述にもあるように多くの人々が貧しく、無名の有り無し人の一群であった。然しその「火」は本物であった。

この後から駆けつけた小池辰雄先生もその著『聖書は大ドラマである』(小池辰雄著作集　第十巻　昿野の愛社)の中に、その時の経験を次のように述べておられる(9)。

五・三「恵福なるぞ、霊《たましい》の貧しき者らよ、天国はその者らの有《もの》だから」
一〇「恵福なるぞ、義のために迫害された者らよ、天国はその者らの有《もの》だから」（マタイ五・三、一〇）

「山上の大告白の劈頭の「恵福なるぞ《マカリオイ》」はむしろ「恵まれたるぞ」なのである。天的な幸福である。我々はイエスの如く神の前に無私無我で在り得ない。自我、我執、利己である。これを罪という。だから万人は罪びとで、その意味で義人はイエスを描いて他に皆無である。この我執を贖って無罪、無私の根源現実を賜ったのがキリストの十字架の贖罪である。私はこのキリストの第一言を祈りを以て冥想していたら、こうひびいて来た。「恵まれたる哉、汝、わが十字架によって霊の貧しさ即ち無私なる根源現実を賜った者よ、天国即ち聖霊の我れ汝の中に在り」と。かくて十字架の主の中に私は祈入し、回帰し、帰入した。キリストの聖霊が私の中に入って下さった。私は畳の上に平伏した。全身が熱くなった。「聖霊と火のバプテスマ」とはこのことであった。十字架と聖霊は不可分の絶対恩恵となった。一九五〇年晩秋、大阿蘇の垂玉温泉瀧見荘に於ける祈りの場での聖霊降臨の体験とその後の自宅での単独の沈黙の祈りに於てのこの体験が決定的なものとなった。私は使徒たちの信仰の次元に入れられた。それから使徒行伝的な霊的体験をさせられた。ところがこの天与の「義のために」あるグループから疎外された。やむを得ない。私は孤軍となった。しかし預言者と使徒が私に味方となった。私は死に至るまで罪びとに過ぎないが、この恵福を如何にせん！　聖霊を身証せずんばあらずである。

筆者も「聖霊の火」を同じ場所で体験した者で、その体験をまとめたものを「クンダリーニの発現」と題して別途発表させていただきたく願っている。

以上、まさに日本民族は、主イエス・キリストのもとに二千年前にその弟子が共に体験し、遂にはローマ帝国を通じて、多くの屈折点はあったにせよ、全世界に広がり、いまやG８の各国の国家宗教になっているこの宗教に関し、今後の全世界の出発点たるべく、そのユダヤ民族と同一平面に立っていることを、決して忘れることはできない。

使徒教会時代における原始福音への、内村鑑三の貫通への直感は正しく、その苦闘のベクトルは正しく北極星を貫いていたのである。まことの「正信」がある所、「聖霊の火」もあるのである。後述するが、これと同じことが仏教界にも起こりつつある。この日本に、インドを越えて、真の原始釈迦仏教が生まれつつあるのである。

このベクトルをあたかも予兆するように、生存中、内村鑑三は一つの夢を見た。これが「初夢」と称する、次に掲げる内容のもので、『聖書之研究』誌第八三号（明治四十年正月号）に掲載されたものである。

「恩恵の露、富士山頂に降り、滴りて其麓を霑《うるほ》し、溢れて東西の二流となり、其西なる者は海を渡り、崑崙山を浸《ひた》し、天山、ヒマラヤの麓に灌漑《みづそゝ》ぎ、ユダの荒野に到りて尽きぬ、其東なる者は大洋を横断し、ロツキーの麓に金像崇拝の火を滅し、ミシシピ、ハドソンの岸に神の聖殿を潔め、大西洋の水に合して消えぬ、アルプスの嶺は之を見て曙《あけぼの》の星と共に声を放ちて謡ひ、サハラの沙漠は喜びて蕃紅《さふらん》の花の如くに咲き、斯くて水の大洋を覆ふが如くヱホバを知るの智識全地に充ち、此国の王国は化してキリストの王国となれり、我れ睡眠より覚め独り大声に呼はりて曰く、アーメン、然かあれ、聖旨《みこゝろ》の天に成る如く地にも成らせ給へと。（『聖書之研究』第八三号）」

この「初夢」について、塚本虎二先生が『聖書之研究』誌第三〇〇号記年号に所感を書かれたら、内村鑑三先生は非常に喜ばれたそうである。[10]

もちろん手島郁郎先生は、初代教会のキリスト教原始運動（Original Gospel Movement）を提唱し、その主筆の雑誌名も『生命の光』とされた。小池辰雄先生も趣旨は同じであるが、自分のグループを「キリスト召団」とされ、主筆の雑誌名は、最初は「昿野の愛」、後に「エン・クリスト」（Εν Χριστω＝使徒パウロの愛用句で「キリストの中で」と言う意味）とされた。この「召団」という名称は新約聖書の原語、古代ギリシヤ語コイネー（κοινη）で教会に相当する言葉「エクレシア（ἐκκλησία）」の語源「エクカレオー」（εκκαλεω 呼び集めるもの）にならって、藤井武が翻訳したものである。

この聖書を原語へブライ語で読もうという努力は、初代教会時代のキリスト教原始運動（Original Gospel Movement）を提唱する、手島郁郎先生の時代になると、さらに本格的になる。一九六一年に、手島郁郎先生と元三菱製鋼所社長、久保田豊氏がイスラエル巡礼を開始されたのを契機に、イスラエル、特に次の旧約聖書サムエル記上三〇章一節に描かれる、イスラエル初代王、サウル王が当時の宿敵、ペリシテ人と死闘し倒れた、歴史的に由緒あるギルボア山の麓にあるキブツ「ヘフチバ」と友好関係が生まれる。ここに、毎年十数名の留学生が日本より当地に訪れ長期に滞在して、ユダヤ人の伝統を学ぶと共に、ユダヤ人の建国魂を学び、合わせてヘブライ語を会話体と共に学び、旧約聖書を原文で読む研修が続けられている。

「さてペリシテびとはイスラエルと戦った。イスラエルの人々はペリシテびとの前から逃げ、多くの者は傷ついてギルボア山にたおれた。

ペリシテびとはサウルとその子らに攻め寄り、そしてペリシテびとはサウルの子ヨナタン、アビナダブ、およびマルキシュアを殺した。

戦いは激しくサウルに迫り、弓を射る者どもがサウルを見つけて、彼を射たので、サウルは射る者たちにひどい傷を負わされた。

そこでサウルはその武器を執る者に言った、『つるぎを抜き、それをもってわたしを刺せ。さもないと、これらの無割礼の者どもがきて、わたしを刺し、わたしをなぶり殺しにするであろう』。しかしその武器を執る者は、ひじょうに恐れて、それに応じなかったので、サウルは、つるぎを執ってその上に伏した。

武器を執る者はサウルが死んだのを見て、自分もまたつるぎの上に伏して、彼と共に死んだ。こうしてサウルとその三人の子たち、およびサウルの武器を執る者、ならびにその従者たちは皆、この日共に死んだ」（旧約聖書サムエル記上三〇章一節―五節）

第３次中東戦争（６日戦争）後、1968年２月16日、巡礼団の一員としてキブツ・ヘフチバを訪れた筆者（前列左）と、この後、ヘフチバ村長となるアグモンさんご家族と共に

その中には、ヘブライ語を流暢に話せるようになり、ヘブライ大学まで進み、そこを首席で卒業する者もいる。

そこで彼らにより、旧約聖書のヘブライ語と日本語の対訳聖書も編集されつつあり、一般の日本人でも、ヘブライ語原語で旧約聖書が読める時代がきつつある。

もし、内村鑑三がこの事実を見たならば、どれほど驚き、喜んだであろうか。

第五章　聖書について

　ここで、筆者は聖書について若干語りたい。

　現代我々が日本語訳として所有している、聖書は「日本聖書協会」が翻訳したもので、原語は旧約聖書ではヘブライ語で、新約聖書では古代ギリシヤ語コイネー（κοινη）で書かれている。

　現在全世界二千二百十二言語に翻訳され、旧新約聖書あわせて、六六巻から成立している。実は、この聖書こそがキリスト教の解釈はいかようであれ、最も重要であったのである。

　それは現在最も評判高く、売り上げ部数を伸ばしている、Ｊ・Ｋ・ローリング著の初版『ハリー・ポッターと賢者の石』の物語に出てくる、物語の中心となる「賢者の石」（ラピス）こそは実は聖書そのものなのである。

C・G・ユングによると「賢者の石」（ラピス）の製造こそが、そもそも錬金術のたどり着くべき最終目標だったということである。(1)

ここで、筆者はこの聖書の言葉一つひとつを、「聖言」と定義したい。

ところで、この「聖言」というのは、創造神ヤーウェー神のいわゆる「ピノキオ変換」を通じて形成されているから、本質的に多次元構造になっている。ミッシェル・フーコーから始まる哲学、あるいは、文学潮流に「構造言語」の思潮があったように、実は、「聖言」の一つひとつは、「多次元性構造言語」なのである。したがって、一つひとつが多重性の意味を持っており、一般に五重構造になっているといえる。

これは、仏教教学的上の分類に正しく対応するもので、「意味釈」、「秘釈」、「深秘釈」、および「重々深秘釈」が加えられる。(2) これに、文法的な表層的な「文字釈」が入る。古代から伝わる聖典というものはすべて、一般にこの構造を持っているものであるが、等しく「聖言」の一つひとつは必ずこの特徴をもっているものである。

すなわち「文字釈」を加えて、「文字釈」、「意味釈」、「秘釈」、「深秘釈」、「重々深秘釈」の五通りとなり、五重塔となる。これらをもう少しキリスト教学的に説明すると、

一、「文字釈」は文法的な構成からなる、表層的な言語学的解釈で理解できるもので、言語の読解力により、それと理解できる内容である。記憶領域、あるいは学習領域の「解釈」である。

二、「意味釈」は論語などを理解する場合に、例えば「仁」と言う言葉を、先人の言説や、文献を研究して、あるいは、市場調査などをやって理解する「釈解」である。理解力に訴える「判断解」、あるいは「インテレクチュアル解」である。知性領域での「判断知」と解釈できる。通常この領域では論文が形成される。

三、「秘釈」ここからは宗教的理解が必要となるので、「秘釈」はその内容を行動に移して初めて理解できる「悟達知」である。

一つの「哲学知」を構成し、例えば「仁」を行動に移して理解できる「知」で、人生智である。霊域の人たちが理解している知的内容である。

四、「深秘釈」は人生のトータルとして、初めて理解できる「釈解」である。
例えば「仁」の「釈解」である。この解は通常死を超越しており、天上の天使たちが享受している叡智である。

仏教的に言うならば、菩薩たちが享受している叡智溢れる「釈解」である。

この「釈解」は時には一国を動かしうる「釈解」となりうる。
五、「重々深秘釈」は本来的には創造神のみが保有している「釈解」である。したがって、天上の天使たちの能力も遥かに凌駕している「知」であり、また「釈解」である。
地上を二〇〇〇年前歩いておられた主、イエス・キリストはこの「釈解」を持っておられた。

なぜなら、彼は、創造神ヤーウェー神の「ピノキオ変換」であったからである。


以上のように聖書の「聖言」の一つひとつはこのように次元的多重構造により構成されている。したがって聖書を解釈する場合、以上の五重の意味が、すなわち五重塔が常に動いているものと解釈しなければならない。ところでちょうどいいことに、英語にマトリックスなる用語があり、これを「次元的多重性言語構造」の表現として用いてみたい。

この用語は数学などでは「行列」という意味で使用されているが、もともとの意味は「子宮」を意味しているという(3)。

ここで用いる意味は、もちろん数学でいう意味の「行列」ではなく一次元、二次元、三次元、四次元、五次元という次元間の枠組みを構成する哲学用語としてのマトリックスである。したがって、

一、地球マトリックス
二、太陽系マトリックス
三、銀河系マトリックス
そして我々人体も人体マトリックスとなる。

それで、このマトリックスの概念を取り入れることにより、ここで取り扱う「聖言」の次元的多重構造を「宇宙性マトリックス多重性構造言語」と呼ぶことにする。

ちなみに最近話題になっている、ラリー&アンディ・ウォシャウスキー監督・脚本の米国ワーナー・ブラザーズの映画『マトリックス』もこのマトリックス概念の延長上にある。

スウェーデンボルグの著名な翻訳者である柳瀬芳意氏は、これを「相応」と訳している。エマヌエル・スウェーデンボルグのラテン語原書での用語は、ラテン語で「Correspondentia」と表現されている。

聖書の「聖言」はこのような構造を持っているので、当然ながら、この地上だけではなく、霊界、すなわち死後の世界にも貫通して存在している。すなわち、死を貫通している書籍ということができる。

エマヌエル・スウェーデンボルグの報告によると、霊域、すなわち死後の世界にも存在している聖書と、地上すなわち現在我々が所有している聖書との間には次頁のような対照がある。(4)

この表で特に注目すべきは、ゲーテの「ファウスト」の底本となった「ヨブ記」や多くの文学者に愛好される「箴言」や「雅歌」、「伝道の書」が霊域にないこと、ヨーロッパ、およびアメリカの神学で特に強調されるパウロの書簡や使徒たちの書簡が霊域には、すなわち死後の世界には存在しないということは注目すべきである。

巻数	各巻聖書名称	霊界	地上
1	創世記	存在	存在
2	出エジプト記	存在	存在
3	レビ記	存在	存在
4	民数記	存在	存在
5	申命記	存在	存在
6	ヨシュア記	存在	存在
7	士師記	存在	存在
8	ルツ記	存在せず	存在
9	サムエル記上	存在	存在
10	サムエル記下	存在	存在
11	列王記上	存在	存在
12	列王記下	存在	存在
13	歴代志上	存在せず	存在
14	歴代志下	存在せず	存在
15	エズラ記	存在せず	存在
16	ネヘミヤ記	存在せず	存在
17	エステル記	存在せず	存在
18	ヨブ記	存在せず	存在
19	詩篇	存在	存在
20	箴言	存在せず	存在
21	伝道の書	存在せず	存在
22	雅歌	存在せず	存在

巻数	各巻聖書名称	霊界	地上
23	イザヤ書	存在	存在
24	エレミヤ書	存在	存在
25	哀歌	存在	存在
26	エゼキエル書	存在	存在
27	ダニエル書	存在	存在
28	ホセア書	存在	存在
29	ヨエル書	存在	存在
30	アモス書	存在	存在
31	オバデア書	存在	存在
32	ヨナ書	存在	存在
33	ミカ書	存在	存在
34	ナホム書	存在	存在
35	ハバクク書	存在	存在
36	ゼパニア書	存在	存在
37	ハガイ書	存在	存在
38	ゼカリア書	存在	存在
39	マラキ書	存在	存在
40	マタイによる福音書	存在	存在
41	マルコによる福音書	存在	存在
42	ルカによる福音書	存在	存在
43	ヨハネによる福音書	存在	存在
44	使徒行伝	存在せず	存在

巻数	各巻聖書名称	霊界	地上
45	ローマ人への手紙	存在せず	存在
46	コリント人への第1の手紙	存在せず	存在
47	コリント人への第2の手紙	存在せず	存在
48	ガラテア人への手紙	存在せず	存在
49	エペソ人への手紙	存在せず	存在
50	ピリピ人への手紙	存在せず	存在
51	コロサイ人への手紙	存在せず	存在
52	テサロニケ人への第1の手紙	存在せず	存在
53	テサロニケ人への第1の手紙	存在せず	存在
54	テモテへの第1の手紙	存在せず	存在
55	テモテへの第2の手紙	存在せず	存在
56	テトスへの手紙	存在せず	存在
57	ピレモンへの手紙	存在せず	存在
58	ヘブルの手紙	存在せず	存在
59	ヤコブの手紙	存在せず	存在
60	ペテロの第1の手紙	存在せず	存在
61	ペテロの第2の手紙	存在せず	存在
62	ヨハネの第1の手紙	存在せず	存在
63	ヨハネの第2の手紙	存在せず	存在
64	ヨハネの第3の手紙	存在せず	存在
65	ユダの手紙	存在せず	存在
66	ヨハネの黙示録	存在	存在

特にカトリックをはじめ、プロテスタントもパウロの書簡に神学上の論拠を置くことが多く、この点も再検討と再考慮の余地が残るであろう。

エマヌエル・スウェーデンボルグは「聖言」の「次元的多重性構造」を以下の三つの構造に集約している。[5]

一、自然的意義　………「文字釈」、および「意味釈」、

二、霊的意義　…………「秘釈」

三、天的意義　…………「深秘釈」、および「重々深秘釈」

すなわち五重塔が三重塔に変化するのである。

聖書は正にJ・K・ローリング著の『ハリー・ポッターと賢者の石』の物語に出てくる「賢者の石」そのものを表象しているものであるのだが、その目的は、「聖言」の自然的意義の「文字解」、すなわち文字的な意義によって、主イエス・キリストの交わりと、天使達との連結が生るためである。[6]

ドイツの二十世紀の詩人、リルケ（一八七五〜一九三六）の「ドイノの悲歌（エレージ）」の詩に「たとい我、叫ぶとも、天使のやから、いかで我に聞くべき」（Wer, wenn ich shriee, hörte mich denn aus der Engel Ordnungenn?）という詩句があるが、「聖言」こそは正にこの役割を行うものである。

エマヌエル・スウェーデンボルグは、この自然界と霊域の双方に同時に生息することにより、彼が、「聖言」の自然的意義の「文字釈」、すなわち文字的な意義を読んでいる間に、霊的な天使たちが霊的意義……「秘釈」を認め、天的な天使たちが天的意義……「深秘釈」、および「重々深秘釈」を認めることを体験し、同時にその間、諸々の天界との交わりが、時には一つの社会との、時には他の社会との交わりが開かれることを確認するのである。(7) しかもこの連結は瞬時的に起こる。

この「聖言」、すなわち聖書は自然界ではなんら驚嘆すべき事柄は生じないが、霊域においては神殿の中に保存され、大きな星のように、時としては美しい後光を帯びた太陽のように輝いているということである。

これは神殿がまず開かれる時に生ずるとされる。(8) 霊域の「聖言」、すなわち聖書は自然界の文体と全く相違した霊的文体でもって記されている。霊的文体は一筆書きのように、単一の文字からなり、その文字の各々は、ある特殊の意義を含み、その文字の、「上」、「間」、「内側」に、「線」、「曲線」、「点」があり、これによってその意義が敷衍されている。

霊的王国の天使たちの間では、文字は、我々の世界の活版印刷に用いられている、聖書原語ヘブライ文字に類似し、天的王国の天使の間ではアラビア語、あるいは、古代ヘブライ語の文字に似ている。この文字は上下に屈折し、その文字の、「上」、「間」、「内側」に、印（サイン）があって、その印（サイン）のおのおのにはある完全な意義が含まれている。[9]

	文字	名　前
1	א	アレフ alep
2	ב	ベート bet
3	ג	ギメル gimel
4	ד	ダーレト dalet
5	ה	へー he
6	ו	ヴァヴ waw
7	ז	ザイン zayin
8	ח	ヘット het
9	ט	テット tet
10	י	ヨッド yod
11	ך	カフ kap
	כ	
12	ל	ラメド lamed
13	ם	メム mam
	מ	
14	ן	ヌン nun
	נ	
15	ס	サメフ samek
16	ע	アイン ayin
17	ף	ペー pe
	פ	
18	ץ	ツァーデー sade
	צ	
19	ק	コフ qop
20	ר	レシュ res
21	ש	シン sin
22	ת	タウ taw

天使たちは自分の智慧が「聖言」から得られていることを認めている。なぜなら天界の光は、神的智慧であって、天使たちの光は彼らが「聖言」を理解するに応じて、輝きを異にするからである。

「聖言」の一部が保存されている聖なる「安置所」では、その光は「輝き」、「燃えて」、天界の他の場所の光に勝っている。

ベルグソンの著書『創造的進化』に記されているように、人間には「開かれている魂」と、「開かれていない魂」があり、「開かれている魂」も開口度によりいろいろと相違が出てくる。天的天使たちの智慧が霊的天使たちの智慧に勝る程度は、霊的天使たちの智慧が地上の「人間」の智慧に勝る度合と、ほとんど同じ程度とされている。

この理由は、天的天使たちは主なる神から発する「愛のエネルギー」を持ち、その「愛のエネルギー」に付属し、かつその「愛のエネルギー」に比例して、その智慧は現出するにすぎないからで、したがって、天的天使たちの「聖言」は、霊的天使たちの「聖言」とはその表現が異なり、「愛のエネルギー」であり文字の、「上」、「間」、「内側」にある、印（サイン）は、「愛の諸情」であるが、霊的天使たちの霊的天界の「聖言」の表現は智慧の諸真理であり、印（サイン）は真理の諸々の内的な認識であるという[10]。

霊界の「聖言」は、単純なものには単純に理解され、賢明な者には賢明に理解されるように記されているということは、驚くべき事実であるということである[11]。「聖言」の最も内的な、すなわち「天的意義」は、優しい紅色の炎に似ており、「聖言」の中間、すなわち「霊的意義」は、輝いた白い光に似ており、「聖言」の究極的な、すなわち、「自然的意義」は、炎と光に燃えている透明な物体に似ており、その物体は、炎のために、紅玉に現じ、光のゆえに金剛石に現じるという[12]。

このようにみてくると、くり返すようだが、この「聖言」、すなわち聖書はまことに、『ハリー・ポッターと賢者の石』の物語に出てくる「賢者の石」そのものであると考えることができるであろう。したがってこの聖書を、その解釈はどうであれ、国民的な総力を持って、民族を戴して、歴史を貫通して読み込むのと、そうでない場合との相違が理解できる。それであればこそ、G8のなかでG7は「聖言」を保有している国家であるということが理解できるわけである。

そのためには、一つの歴史的事件として、聖書がその民族に流入し、いつ、その民族のものとして受容されたかということが重要になる。

一、古代ローマ帝国としては、AD三一三年のコンスタンティヌス一世による、ミラノ勅令である。

二、ドイツ民族としては、AD一五一七年、マルチン・ルターによる宗教改革である。

三、英国にとっては、AD一五三四年、ヘンリー八世による首長令発布に基づくイングランド教会の設立である。

四、ロシアはAD三九五年、テオドシウス大帝の死によるコンスタンチノープルを首都とする東ローマ帝国の成立に淵源を持ち、AD一五八九年、ギリシャ正教からのロシア正教の独立を持って出発点とする。

五、アメリカ合衆国はもちろん、AD一六二〇年、清教徒ピルグリム・ファーザスのメイフラワー契約に基づく、コッド岬上陸が出発点である。

六、日本民族の場合、筆者としては、一八八八年（明治二十一年）日本に帰ってきた、使徒時代信仰の原始福音の平原に再び立った内村鑑三が、聖書研究こそは日本的キリスト教としての「武士道的キリスト教」の確立に必須条件であると確信し、一九〇〇年（明治三十三年）九月から『聖書之研究』誌を創刊したときを挙げたい。この刊行は彼の生存中続き、全巻三五七号に及んだ。

そしてこの「武士道的キリスト教」の運動の展開の中、聖書の中に秘められた爆発力「聖霊」の臨界点が徐々に近づき、すでに述べたように遂に昭和二三年の夏、臨界点は爆発したのである。『ハリー・ポッターと賢者の石』の物語に出てくる「賢者の石」そのものともいえる「聖言」が、平安朝以降続く日本民族の激しい、長い拒絶反応にも拘らず、メラメラと日本民族の上に燃え上がったのである。

筆者はここに、この「武士道的キリスト教」の運動を通して、全く新しい日本民族のアイデンティティーの確立を訴えたい。ではどうすれば日本民族はこの「武士道的キリスト教」を日本民族の民族的アイデンティティーとして摂取することができるだろうか。

その実例として過去において仏教と儒教とを日本民族は、いかにして摂取してきたかをみてみたい。ところで現代日本における宗教の分布はどうなっているだろうか。

仏教徒と儒学はどのようにして日本に広まったのだろうか。これはまず支配者階級の問題と一般大衆と二つに分けて考える必要があるであろう。

先ず支配者階級の場合は、第一に朝廷が動き出す場合であろう。ご存知のようにAD五三八、百済より仏教が朝廷に伝達される。是は朝廷間の国際交流と思われる。この後、五九三年より聖徳太子の摂政となるが、聖徳太子の参謀に、高句麗の慧慈（仏教）、百済系の覚哿（儒教）、新羅系渡来民族の秦河勝がいた。

この秦河勝は、内村鑑三の友人で東京文理大学長であった景教研究家の佐伯好郎氏によるとユダヤ人で、しかも景教系のクリスチャンであったということである。

手島郁郎先生が、坂越の太避神社に古くから伝承している宝物の木彫「秦の河勝」の写真を佐伯好郎博士に見せると、「まさしくユダヤ人の顔で、何よりもこの写真が、私の永年の研究を実証している」と喜ばれたそうである。(13) すると聖徳太子は仏教と儒教と基督教と三者の参謀を持っていたことになる。

しかし、仏教が本当に大衆に根付くのは、平安朝時代、空海と最澄が現れて、それぞれ真言宗および天台宗をたて、大衆運動を開始してからではないだろうか。そして、鎌倉時代に、法然（浄土宗）、栄西（臨済宗）、道元（曹洞宗）、親鸞（浄土真宗）、日蓮（日蓮宗）、一遍（時宗）によって確立する鎌倉仏教によって真の大衆化は進み、江戸時代を経て、今日の我々に至っていると考えることができる。

「日本人はるかなる旅」の約一万年にわたる縄文時代、それに続く一千五百年間の弥生時代、日本人はどのような死生観を持ち、宗教を持って過ごしてきたのだろうか。

まもなく大和朝が始まり、緩やかな王朝文化が、やがて激しい武家社会が始まり、国土は荒廃につぐ荒廃が続けられたとき、一般大衆はどのような気持ちでこの時代を乗り切ればよいのだろうか。まさに喘ぐような気持ちであったろう。

このような時代の大変革に、一般大衆の怒涛のような激しい願望と期待にあたかも応えるように発生したのが、インドから発生した思想、即ち、鎌倉仏教であったのではないだろうか。この鎌倉仏教こそが、すなわち江戸時代末期までに至る日本民族の精神搬送波の役割を果たすわけである。時代の変換に於ける大衆のうねるような思想への渇仰、ここに呼応するかのように、新世界が展開する土台が発生したのではないか。精神搬送波の発生である。

ただし、このインドから発生した思想については、いろいろと問題があり、後にさらに詳細な検討を加えたいと思う。

鎌倉仏教は、とにかく東洋というインドから発生したという東洋的個性が日本民族と合ったのであろうか、ヨーロッパ経由のキリスト教と異なり、一般大衆にすんなりと受け止められて、今日に至っている。

王朝社会から武家社会、戦国社会から江戸時代の幕藩体制へと、インドから発生した仏教思想は、その中には多くの問題を孕《はら》んでいたにも拘らず、一般大衆の死生観と宗教を保ちつつ儒学と共に、どうにか現代まで一般大衆の精神的搬送を継続して今日に至っている。

ところが江戸幕府において、キリスト教徒の徹底的絶滅のために檀家の法制化と、宗門改制を行い、全国仏教寺院を幕藩体制下のキリスト教徒摘発のスパイ組織として組み込み、それと共に、溌剌とした信仰のエネルギーを仏教から抜き取ってしまったである。

丸山真男氏はこの間の経過を、これまですでに述べたように、「超越的絶対者へのコミットメントに基づく共同体の形成が禁圧された上に、鎖国によって〝閉じた社会〟が人為的に二世紀にわたって維持されたことは、その後の日本文化のあり方に見える形だけでなく、さまざまな見えない形において、ほとんど決定的といっていいほど重大な刻印を押したのである」と評している。

事実この檀家の法制化と、宗門改制は明治以降においても、大衆の思想的な展開に暗い影を投げかけ、特に日本国民へのキリスト教の導入には大きな抵抗線を暗黙のうちに形成した。

平成の現代ですら、冠婚葬祭ではこの檀家の法制化と、宗門改制の影響をそれとなく受けているのである。それと共に、日本民族の高度な思想体系としての「宗教」の構築と、民族としてのアイデンティティーの構築に関するエネルギーを削いでしまうのである。

仏典の一般大衆の学習法として、ＮＨＫの大河ドラマで分かるように、鎌倉時代の武士階級から、江戸時代にかけて仏教の修学に仏典の写経がよく行われていた。論語の素読などもよく寺子屋で行われた。

事実「聖書の民」として知られるユダヤ民族もモーセ五書といわれる、「創世記」、「出エジプト記」、「レビ記」、「民数記」、「申命記」を一年かけて素読を繰り返し、このモーセ五書を空で暗誦できるようにするのである。しかもそれを二千〜三千年間継続してきているのである。そこで筆者は、日本民族による聖書の摂取という意味で「日本語」、あるいは「ヘブライ語」による「聖書の写聖書」を、ここにぜひ推奨したいと思う。

そして、理解に苦しむ箇所に遭遇した場合、内村鑑三以下、前記の第一屈折の「ローマ化」と、第二屈折の「ゲルマン化」を貫徹して、遂に使徒教会時代の原始福音に到達した「武士道的キリスト教」の諸文献を参照にしてもらいたいと思う。幸い内村鑑三全集四〇巻は岩波書店より出版されている。

しかしながら、筆者が日本的キリスト教の確立と聖書の写聖書をここに強調するのは、現在、新しい搬送波を必要としている、新しい時代が始まろうとしているからである。それは「宇宙時代」という我々の想像を絶する時代が我々の前に開始しようとされているためである。新しい精神的大波が、いまや地球を覆おうとして到来しつつあるからである。

二〇〇一年、ダライラマ一世が来日し、ＮＨＫのインタビューの番組で、宗教学者で国際日本文化研究センター所長の山折哲雄氏が「現代日本には、『たすけてくれ！　どうしていいのか分からないのだ！』という声が満ち満ちている」ということを　ダライラマ一世に訴えていた場面を思い出すが、このことはまさに我々が、「宇宙時代」の前夜にいるということを物語っている。

試みに考えて見ると、「自分の家は浄土宗です」といっても、どれほどの家庭が、宗祖法然の原典を一度でも紐解き、読み解いているだろうか。「自分の家は真言宗です」といってもどれほどの人々が、真剣に宗祖空海の書籍を紐解き、読み破いているだろうか。筆者は基督者であるが、これまでかなり分厚い「旧新約聖書」を八回読み破いて交換している。

宗門改制はこのように冠婚葬祭とリンクし、「超越的絶対者へのコミットメントに基づく共同体の形成」を毀損し、全世界に広がりうる「武士道的キリスト教」に変わりいく日本民族のアイデンティティーの構築を忘失していると言わなければならない。

第六章　日本的キリスト教（武士道的キリスト教）の系譜

ここで、一八七六年（明治九年）、札幌農学校の教頭として赴任したクラーク大佐を契機とする、アメリカ・プロテスタントの到来によって始まる、内村鑑三による武士道的キリスト教に基づくキリスト教は次のような歴史的系譜によって構成されている。現代から過去にさかのぼって系統図を書くと次頁の図のようになる。

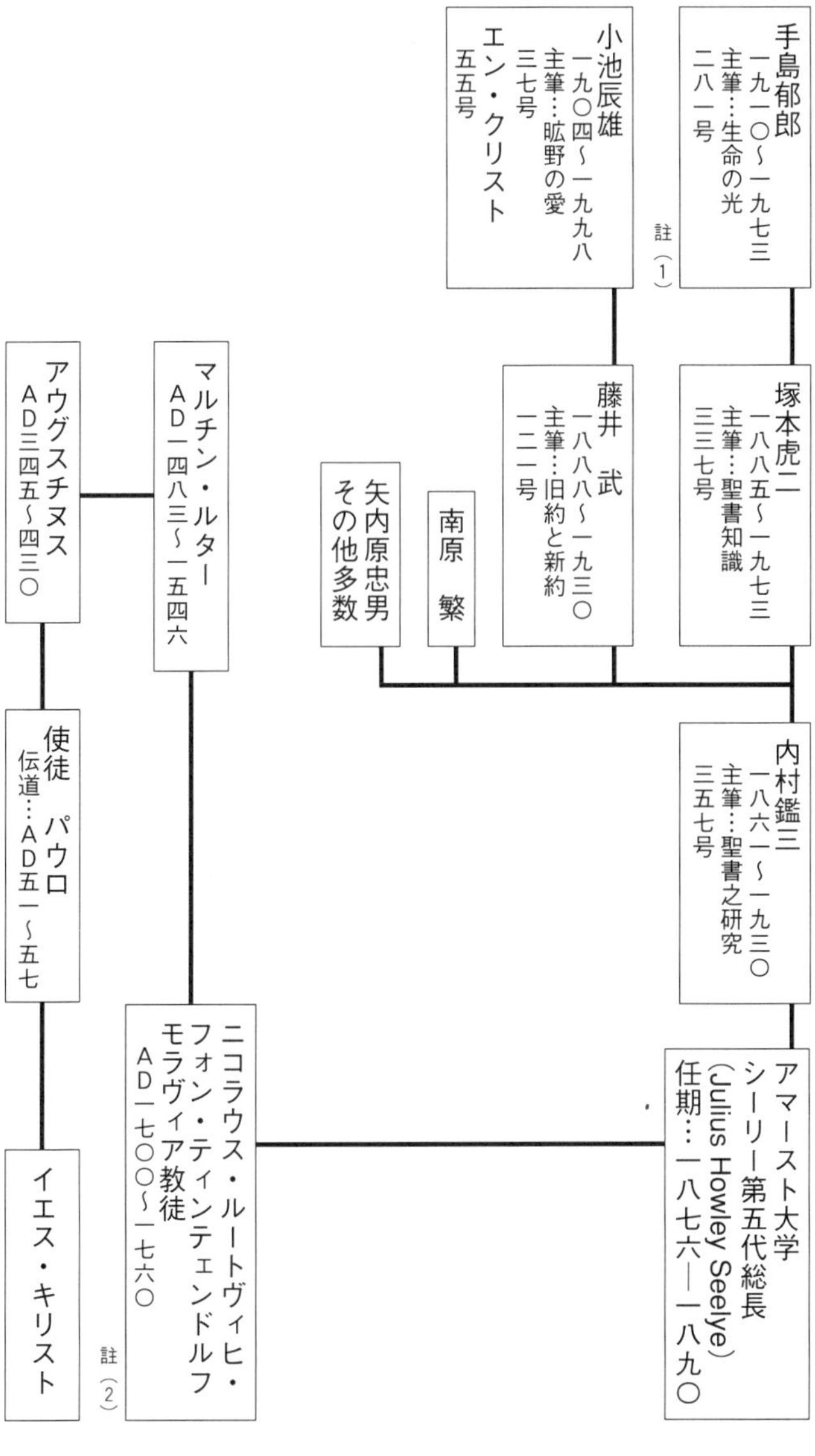

手島郁郎
一九一〇～一九七三
主筆…生命の光
二八一号
註（1）
小池辰雄
一九〇四～一九九八
主筆…昿野の愛
三七号
エン・クリスト
五五号
塚本虎二
一八八五～一九七三
主筆…聖書知識
三三七号
藤井　武
一八八八～一九三〇
主筆…旧約と新約
一二一号
南原　繁
矢内原忠男
その他多数
内村鑑三
一八六一～一九三〇
主筆…聖書之研究
三五七号
アマースト大学
シーリー第五代総長
（Julius Howley Seelye）
任期…一八七六—一八九〇
ニコラウス・ルートヴィヒ・
フォン・ティンテェンドルフ
モラヴィア教徒
AD一七〇〇～一七六〇
註（2）
マルチン・ルター
AD一四八三～一五四六
アウグスチヌス
AD三四五～四三〇
使徒　パウロ
伝道…AD五一～五七
イエス・キリスト

第七章　キリスト教の基本的原理

ここでキリスト教の基本的原理について少々述べておきたい。

キリスト教の基本的原理については、わが師、手島郁郎先生と小池辰雄先生とによりそれぞれ著述されている。

手島郁郎先生は、『原始福音序説』（キリスト聖書塾刊）を著述し、小池辰雄先生は『無の神学』（小池辰雄著作集　第三巻　昿野の愛社）を一九八二に出版しておられる。

『原始福音序説』は若干霊性が目覚めた人を前提に出版されており、ここではより一般的な立場に立って、小池辰雄先生の『無の神学』を基にして論じたいと思う。

小池辰雄先生によるとキリスト教の原始福音は「十字架」と「聖霊」をそれぞれ焦点とする

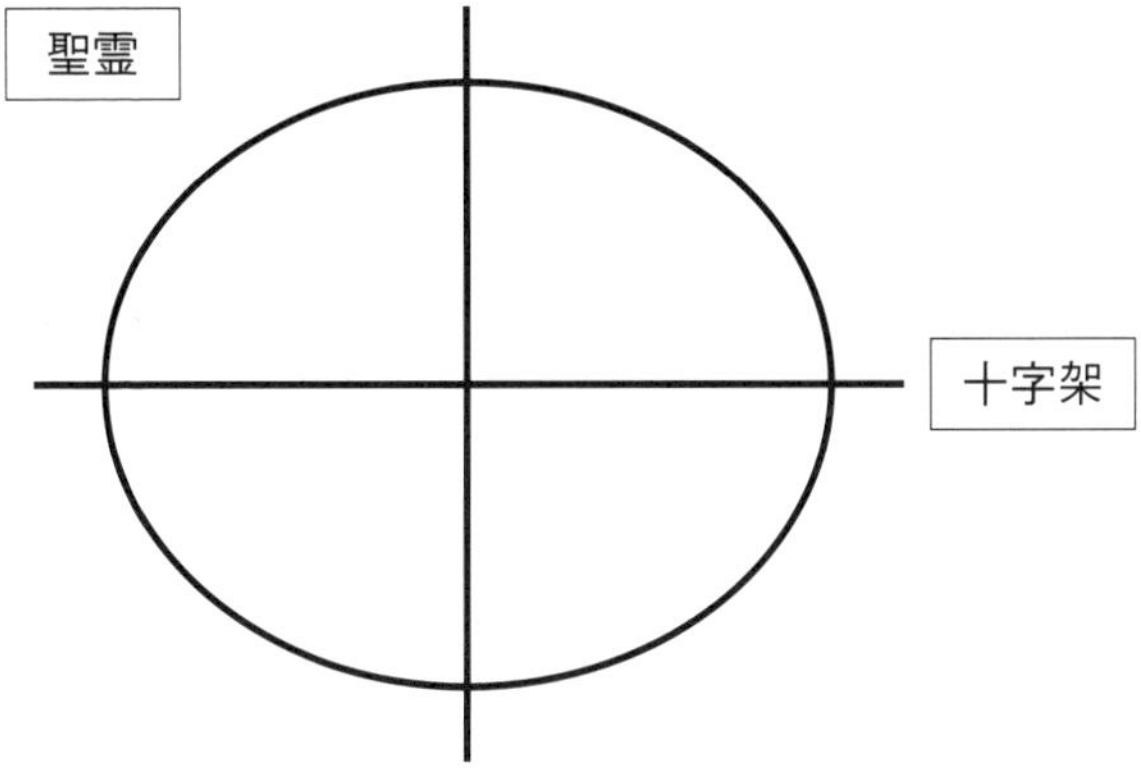

多重構造によって成立するとする。これを太陽をめぐる惑星の運動が楕円軌道であることになぞらえて楕円構造とも称する[1]。

この多重構造を図示すると上図のようになる。

この円形で描かれている部分が「聖霊」であり、十字で描かれている部分が「十字架」である。この両者の事実が楕円構造で結ばれているということである。この「聖霊」と「十字架」はあくまで理論ではなく事実である。

「聖霊」の事実は次の新約聖書使徒行伝第二章一節から四節に記述されており、原始福音運動の原点を構成するものであり、

「五旬節の日がきて、みんなの者が一緒に集まって

いると、突然、激しい風が吹いてきたような音が天から起ってきて、一同がすわっていた家いっぱいに響きわたった。
また、舌のようなものが、炎のように分れて現れ、ひとりびとりの上にとどまった。
すると、一同は聖霊に満たされ、御霊が語らせるままに、いろいろの他国の言葉で語り出した」

「十字架」も新約聖書マタイ伝第二七章、マルコ伝第一五章、ルカ伝第二三章、ヨハネ伝第一九章に詳しく記述されている主イエス・キリストの「十字架」の受難の現実であり事実である。この二つの事実が二大焦点となって楕円構造を形成するということは、ルカ伝第一二章四九節から五〇節に記述されている。

「わたしは、火を地上に投じるためにきたのだ。火がすでに燃えていたならとどんなに願っていることか。しかし、わたしには受けねばならないバステマ（十字架）がある。そして、それを受けてしまうまでは、わたしはどんなに苦しい思いをすることであろう」

ここの最後の文節は、文語訳では、

「思い逼ること如何ばかりぞや」

と、もっと詩的な表現になっている。

ここの章節はルカ伝で最も重要な章節であると小池辰雄教授は述べておられる。この内容をもう少し敷衍して説明すると、以下のようになるであろう。


すなわち現時点での各個人はイエス・キリストにより十字架されており、それで、「聖霊」が現出する状況にあるということである。

それ故に、真に自己が「十字架される状況」に立つならば必ず「聖霊」が湧出してきて、その人を贖《あがな》うということである。これが「十字架」と「聖霊」をそれぞれ焦点とする多重構造である。一旦その個人が聖霊に満たされて贖われると、その影響は九属に至るというのが手島郁郎先生の言である。したがって、先祖と子孫に莫大な影響を与えることが分かるであろう。

この「聖霊」と「十字架」の多重構造の更に立体的に表現すると以下のようになる。

次頁の図で示すように「聖霊」と「十字架」の多重構造により、我々各個人は意識しようと、

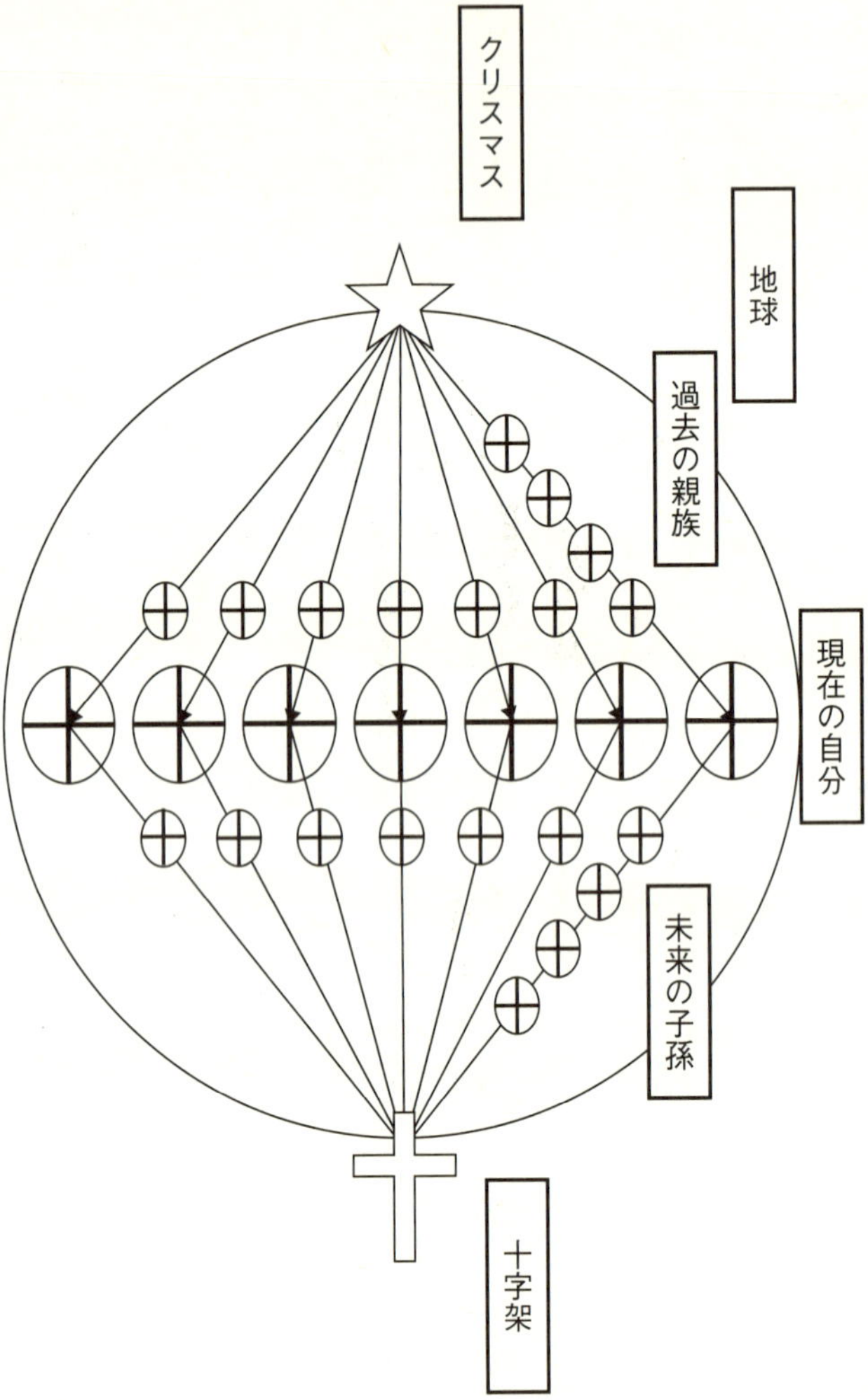
クリスマス
地球
過去の親族
現在の自分
未来の子孫
十字架

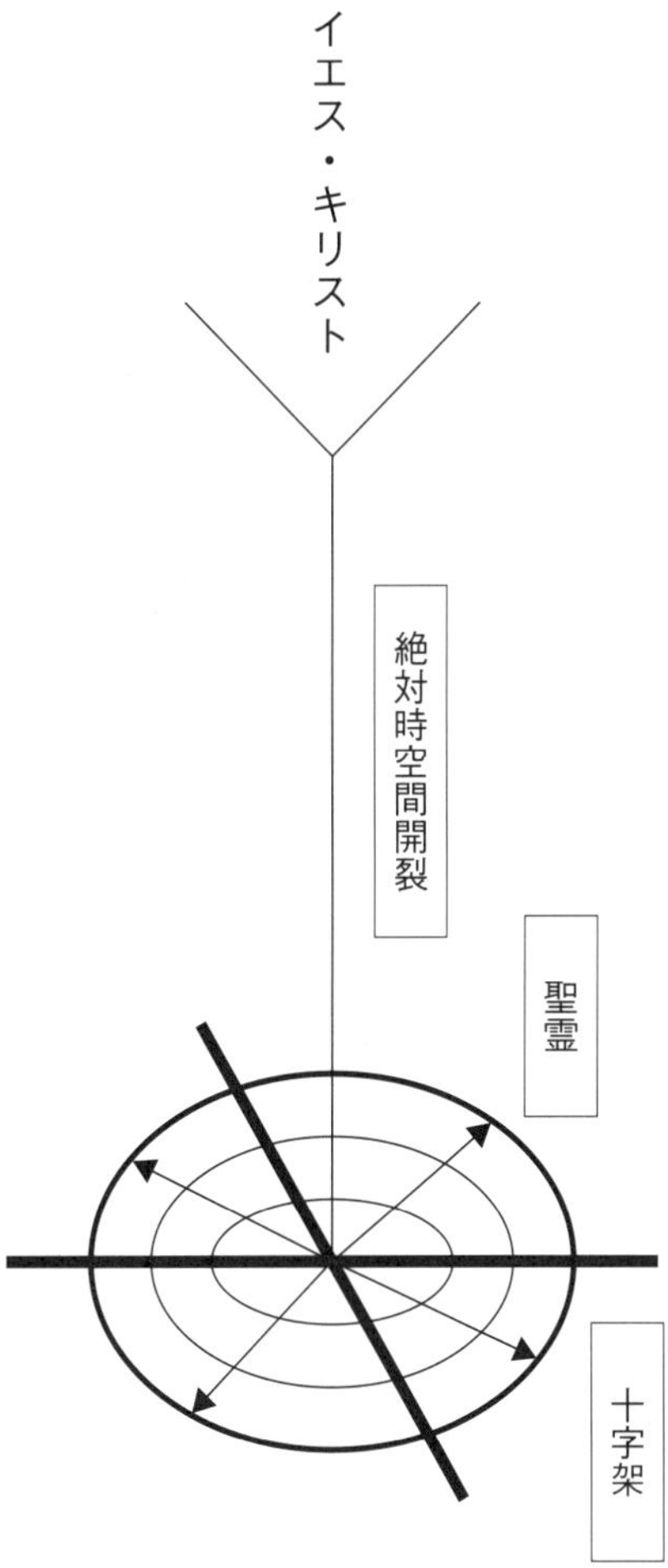

意識しまいとにかかわらず、「ピノキオ変換」を通じて来臨した創造神の化身イエス・キリストにより十字架されてしまっているということである。したがって地球上の全人類は「聖霊」を受ける準備段階の中に入っているというべきであろう。これこそまさに超大乗教というべきである。

すなわち、水道が配管されていなかった各家庭に、水道配管が敷設された状況であり、サハラ砂漠のような砂漠の平原に給水配管が施工され、今までの荒野に給水スプリンクラーが稼動しそこが希望溢れる緑野と変換される用意ができた状況ということができる。

筆者はこの各個人の内部に「十字架」された状況を形作っている経線を「絶対時空間開裂」と呼びたいと思う。この「絶対時空間開裂」から、すなわち「十字架」された自己からこんこんと、えもいわれぬ「聖霊」が湧き上がってくるのである。

「祭の終わりの大事な日に、イエスは立って叫んで言われた。『だれでもかわく者は、わたしのところにきて飲むがよい。わたしを信じる者は、聖書に書いてあるとおり、その腹から生ける水が川となって流れ出るであろう』。

これは、イエスを信じる人々が受けようとしている御霊をさして言われたのである。すなわち、イエスはまだ栄光を受けておられなかったので、御霊がまだ下っていなかったのである」

（新約聖書ヨハネ伝第七章三七節から三九節）

小池辰雄先生によるとこの各個人の十字架の交点において「砕け」が発生しており、それぞれがこの十字架の交点において「キリストの無者」となるということである。以上がいわゆる小池神学の大要を構成することになる。

手島郁郎先生はこの「聖霊」と「十字架」の多重構造を「十字架の御血潮」とやや詩的な表現で説明しておられるが、その内容は同等である。

ここで筆者はこの「絶対時空間開裂」について、少しく述べてみたいと思う。

エマヌエル・スウェーデンボルグによると「絶対時空間開裂」はイエス・キリストのマリアを通じての誕生から始まってその生涯を通じて形成されたということである。そして十字架にかかられ、その贖罪《しょくざい》の業を完成されることにより、全世界的なものとして確立されたのである。

カール・グスタフ・ユングによると、人類の背景には、集団的無意識という恐るべき、得体の知れない堆積物が共通に残留しているということが立証されている。

旧約聖書によると人類の初期の状態は「エデンの園」に象徴される理想的な状況に在ったことが記されている。

「エホバなる神は土のちりで人を造り、命の息をその鼻に吹きいれられた。そこで人は生きた者となった」（創世記第二章七節）

旧約聖書の記述によるとその事態には死は存在しなかったということであるから（創世記第二章七節）人口は順調に増加していったであろう。しかしあるときから状況が一変した。死が開始されたのである。そして人類の状況はますます悪くなっていった。その間多くの戦争と殺害があったことはいうまでもない。そうして人類に堆積された堆積層は遂に臭気を発し、その臭気は天にまで達するほどにまでなったという。

けだし、エマヌエル・スウェーデンボルグによると、この経過は脱疽《だっそ》に似ており、先ず足を襲い、徐々に上昇し、先ず腰に、次に腹部に、遂には心臓に近い部分に感染し、その人間は死んでしまう。(2) 彼によると、第一の天という最低位の天界が侵され、第二の天という高位の天界も侵されるようになったという。彼の言を引用してみると、

「主が始めて来り給うた頃は、地獄は天界と地獄の中間にある霊達の世界全体を満たす迄に増大し、かくてそれは最低の天界を混乱に陥れたのみでなく、第二の天界をも襲い、彼等は幾多の方法によつてこれを悩ませた。若し主がこれを支え給わなかつたならば、それは破滅して了つたであろう。こうした地獄の叛乱は、その頂きを天に達せしめようとして、シナルの地に建てられた塔によつて意味されている。然しその建設者の計画は言語の混乱によつて妨げられ、彼等は四散し、その都はバベル（創世記十一・一―九）と呼ばれた。私は塔及び言語の混乱の意味する所を「天界の秘儀《アルカナ・コエレスティヤ》」に説明した。地獄はこの様な範囲に迄増大した。何故なら主が来り給うた頃は、全地は偶像と魔法によつて神から全く離反し、イスラエルの子孫の間に存在し、最後にユダヤ人の間に存在した教会は、聖言の虚偽化と不義化とによつて全く破壊されたからである。その間、ユダヤ人及び異邦人は死後霊達の世界に至り、その数が増し加わり、遂に神自ら来り給わない限り彼の神的腕の力によらない限り、彼等を追い払うことが出来なくなつた

のである。(3)」

当時悪魔、すなわち地獄の力が天界の力に勝ち、地上では悪の力が善の力に勝ち、したがって全的破壊が切迫し、あらゆる被造物を威嚇したからであるという。すなわち今で言う環境破壊が切迫したということである。この切迫した破壊を神エホバはその人間性によって除き去り、かくして天使と人間とを贖い給うたということである。

さらにエマヌエル・スウェーデンボルグの引用を進めると、

「地獄の性質と、その地獄が霊達の世界全部に充満するに至った高さを知り、また王が如何なる力をもってそれを打ち倒し、散らし、かくして後、それと天界を秩序に帰せしめ給うたかを知る者は、驚きをもすべては全く神的な業であったと呼ばざるを得ない。地獄の性質について述べてみるに地獄は世の創造以来悪い生活と誤った信仰とによって、自らを神から切り離した無数の者から成っている(4)」

スウェーデンボルグによると、人類の集団的無意識として堆積する悪性の無意識状態は次の

ように大別されるという。(5)

一、アダムの古代時代からイエス・キリスト（最初の降臨）まで

（1）偶像崇拝者

（2）魔術師

（3）聖言を虚偽化するもの

二、イエス・キリストから現在（再臨）まで

（1）自称キリスト教徒、すなわち唯物主義に溺れた者

（2）永遠から存在する三人の神的人格を信じている者（つまり三神に分割された神を信じている者。すなわちエホバなる神、イエス・キリストなる子なる神、聖霊なる神と三神に分割している者。いわゆるAD三二五年、ニケア公会議において導入されたアタナシウス信条。

（3）イエス・キリストの受難こそ贖罪そのものをなすと根拠もなく信ずることによって聖言を虚偽化した者達（いわゆる代罰説）。

前述を見て、読者は驚かれるであろう。現在の民法上、あるいは刑法上からいってさほど問題になることは何もないからである。

しかしこれこそは、新約聖書　黙示録第一二章および第一三章にある竜と二匹の獣によって意味されるもので、人間はもはや「善」にとどまることができなくなり、天使の純潔性が保証できないほどの天地を揺るがす大問題となったのである。

そして、エマヌエル・スウェーデンボルグによると、現在もイエス・キリストが再臨しなければ救われない状況になりつつあるということである(6)。

ところで、筆者は次章で人間性について詳しく説明してみたいと思う。

1967年６月５日開始される通常「６日戦争」といわれる第３次中東戦争は結果的にイスラエルの圧勝に終わり、それまで、イスラエル側の新市街とアラブ側の旧市街に分断されていたエルサレムがイスラエルにより統合された。

それと共に、旧市街に存在していた約3000年前、イスラエルが最も栄えていたソロモン王時代の城郭の一つである「嘆きの壁」が、長い長い2000年にわたるディアスポラの苦難の経験の後、やっとユダヤ民族の手に戻ってきたのである。「嘆きの壁」に手を置いて祈るユダヤ民族の感慨如何許りぞや。

手島郁郎先生は、この歴史的事実こそは、聖書に約束された、イエス・キリストによる世界救済の前提条件の成就の達成と、ことの他歓び、1968年２月、東の果ての、極東「日本国」より、第３次巡礼団を組織し、約90余名の者が聖地エルサレムに詣で、全員が「嘆きの壁」にたどり着き、手を置いて、霊言を持って熱祷し、聖書に約束された、神による世界救済の歴史的到来を感謝し、讃美した次第である。筆者も参画したその一人である。

また、手島郁郎先生は第３次中東戦争におけるイスラエルの旧市街解放の立役者ウジ・ナルキス将軍御夫妻を御令嬢と共に日本の数千人の聖書講演聖会（New Zionist Conference）に招待し、その歴史的快挙を寿ぎ、イスラエル民族を貫通する、人類を贖い給う神の大いなる御名を褒め称えたものである。

第八章　人間性について

我々は、ソクラテスの有名な言葉に「汝自らを知れ」という言葉があることを知っている。また一九一二年ノーベル生理学・医学賞を受理したアレキシス・カレル博士の著に『人間この未知なるもの』（渡部昇一訳、三笠書房）という名著があることも、我々は承知している。人間は、各個人によってそれぞれ既知でありながら、その実、限りなく無知であるようにも思われる。

中国の古典に孟子（BC三七二―二八九）と荀子（BC三一三―二三八）があることを知っているが、孟子は「性善説」を説いたので有名であり、荀子は「性悪説」を説いたので有名である。この両者は哲学および宗教の領域においてしばしば論じられ、現在でも未解決のまま論じられている。

ところが聖書的な観点に立った場合、荀子の「性悪説」から出発し、孟子の「性善説」に至るというのが正解である。このことを少しく論じたい。

エマヌエル・スウェーデンボルグによると、人間には四種類の愛が存在しているという。
一、第一は「自己に対する愛」（Amor Sui）である。これはデンマークの哲学者キエルケゴールの著『死に至る病』の主要テーマである。精神の機構上、自己たろうとするがそれが反って「罪」を形成するというパラドキシカルな問いである。
二、第二は「この世に対する愛」（Amor Mundi）である。地位、名誉、名声などを探求する愛である
三、第三は「隣人に対する愛」（Amor Erga Proximum）である。同じく主イエス・キリストが最も重要な戒めとして第二にあげたもので、詳しく述べると、「自分を愛するようにあなたの隣人を愛せよ」となる。
四、第四は「神に対する愛」（Amor in Dominum）である。主イエス・キリストが新約聖書

マタイ伝第二二章三七節から四〇節にかけて律法の中で最も重要な戒めとして第一にあげたものである。律法全体と預言者とがこれにかかっているという、その一つである。

「そして彼らの中のひとりの律法学者が、イエスをためそうとして質問した、『先生、律法の中で、どのいましめがいちばん大切なのですか』。

イエスは言われた、『「心をつくし、精神をつくし、思いをつくして、主なるあなたの神を愛せよ」。これがいちばん大切な、第一のいましめである。

第二もこれと同様である、「自分を愛するようにあなたの隣り人を愛せよ」。

これらの二つのいましめに、律法全体と預言者とが、かかっている』。」

スウェーデンボルグによると、人間はすべて第一の愛と第二の愛から出発するという。特に地球においては、両親による遺伝悪が強烈に遺伝し、そのため第一の愛と第二の愛に強く依存するという。これは宇宙全体についても言えることであるが、共通の出発点である。

この第一の愛と第二の愛は基本的に「悪」を形成するもので、地獄の霊はすべてこの愛に特徴づけられているという。すなわち「性悪説」を構成しているわけである。しかし通常では青年期になると自ずから「変換」が発生し、第三と第四の愛に変換するのである。これが主イエス・キリストが新約聖書ヨハネ伝第三章六節に、

「肉から生まれるものは肉であり、霊から生まれるものは霊である。あなたがたは新しく生まれなければならないと、私が言ったからとて、不思議に思うには及ぶまい」

と述べられた内容である。この第三と第四の愛は天国の生命を決定するもで「永遠の生命」であり、天国の天使たちの生命を決定しているもので「善」である。[1]これは「性善説」である。すなわち我々は、荀子の説く「性悪説」に生まれて一つの「変換期」を迎えて孟子の説く「性善説」に変換するということである。

これには少々複雑な構造があり、それについて説明しなければならない。

一人の人間には、通常それぞれ二人の天使と二人の悪霊により、霊的平衡が保持されている。[2]この霊的平衡は「自由意志」と呼ばれ、人間がその霊的生活をする上で極めて基本的なもので、霊的生活の土台を形成するものである。[3]これはちょうどソロバンを演算するためには、水平に

維持されねばならないのと似ている状況である。

人間はすべてこの「自由意志」の平面において「性悪説」から出発して、「性善説」へと成長発展していくように定められている。

なぜならば神の生命は、この「自由意志」の平面においてのみ垂直に交差し、その人の固有のものとなるからである。

何らかの原因によってこの平面が傾斜していると、神の生命は垂直に交差にせず、神の生命はその人に所有されず流下してしまう。したがって、「性悪説」から「性善説」への「変換」がうまくいかず、第一の愛と第二の愛から、第三と第四の愛に変換することができず、贖いが発生しない。


人間は幼児から老人に至るその生涯において次々と、この二人の天使と二人の悪霊は変更し、地球が太陽を巡るように成長と共に変化し、幼児期、少年期、青年期、成年期、熟年期、老年期と変動していく(4)。

これを図式でもって表現すると次のようになる。

そしてこの第一天使は通常至高天の天使と呼ばれ、「火焔性の天使」であり、第二天使の天使は中間域の天使で「光輝性の天使」と呼ばれる。翻って、第一悪霊は生活の悪を確認した者で「悪魔」(Diaboli illi) と呼ばれ、第二悪霊は誤謬を確認した者で「悪鬼」(Satanae illi) と呼ばれる。(5) これをもう少し立体的に表現すると次のようになるであろう。

前述の四種類の愛のうち、第四の「神に対する愛」と第三の「隣人に対する愛」はまとめて「天界の愛」(Amor Caeli)、あるいは「用（USE）への愛」(Amor Faciendi Usus) とも呼ばれる。(6)

この「用」というのはスウェーデンボルグの翻訳家の柳瀬芳意氏の訳であるが、ラテン語 (Usus) からの英訳では「USE」となっている（スウェーデンボルグ財団訳）。筆者はこれを、

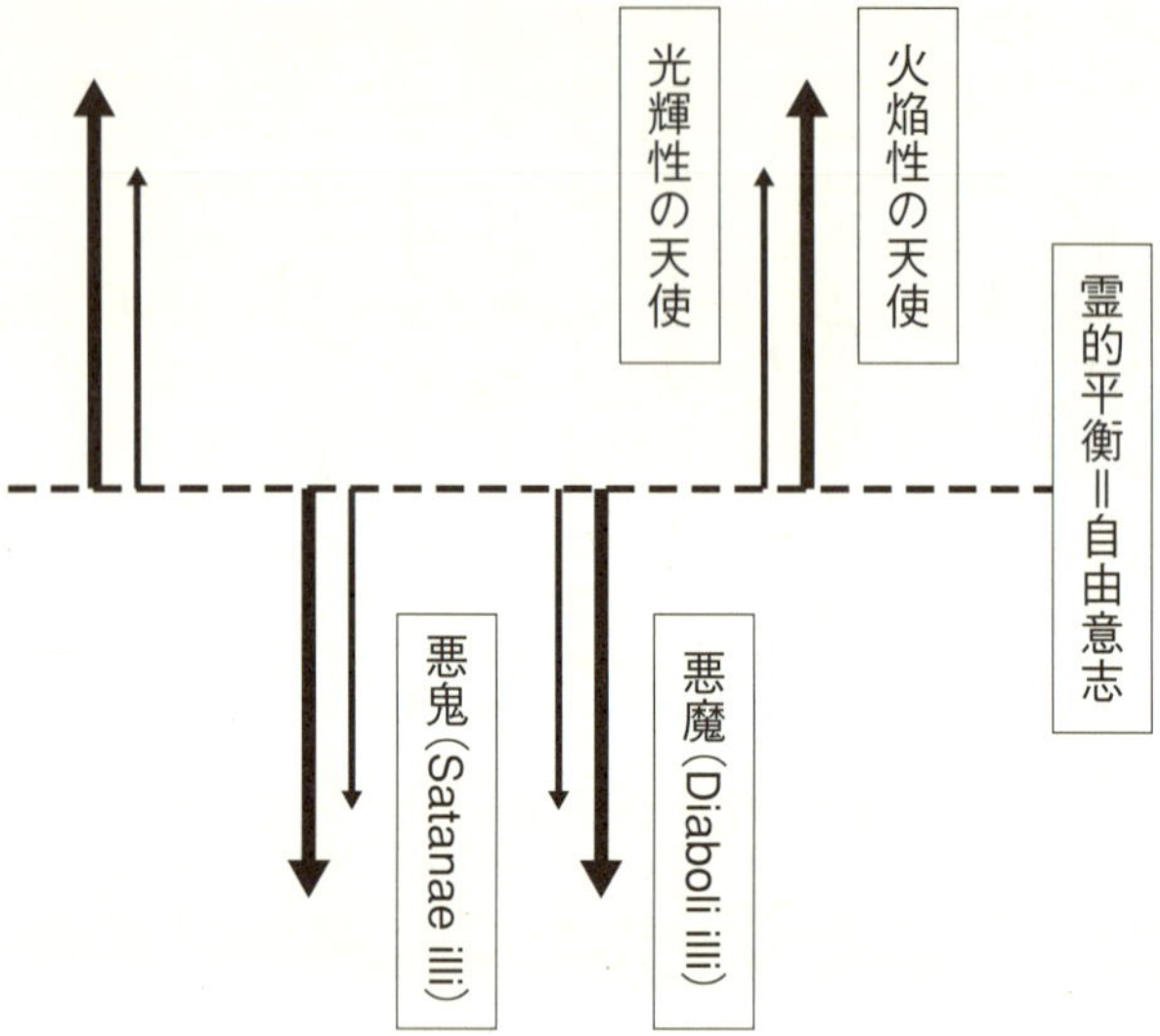

理論物理学の「場の量子論」からの類推で「天界場」と訳したく思う。

　これを用いると「用（ＵＳＥ）への愛」は「天界場への愛」ということになる。

　ところが現在はある種の問題があって、この荀子の説く「性悪説」から、孟子の説く「性善説」への変換がうまくいかず、多くの人々が「性悪説」の状況に留まっていることは事実である。[7] したがって荀子や韓非子が我々の糧になり、『ローマ人の物語』の作家、塩野七生氏の言によると『わが友マキャベリ（マキャヴェッリ）』ということになる。

　ここで一言付加したいことは、我々人類すべては究極的には、一人の例外もなく、至高天の天使群である「火焔性の天使」として創造神により招致されているということである。この招致は北極のエスキモーからアフリカに住む未開の原始的種族まで含まれているという性格を持つ。「火焔性の天使」自身も、かつて人間として荀子の説く「性悪説」から出発し、幾多の「変換」を経験し、数千年、数万年、数億年かけて、やっとその状態に達していると、自覚しているのである。

例えば次のように記されている。

「これらのことを見聞きした者は、このヨハネである。わたしが見聞きした時、それらのことを示してくれた御使の足もとにひれ伏して拝そうとすると、彼は言った、『そのようなことをしてはいけない。わたしは、あなたや、あなたの兄弟である預言者たちや、この書の言葉を守る者たちと、同じ僕仲間である。ただ神だけを拝しなさい』」（新約聖書　黙示録第二二章八節から九節）

欧米のキリスト教会に流布するカルビンの予定説は、天国の入り口で厳しくチェックされ、排除されているということはスウェーデンボルグの詳しく述べるところである。(8)

第九章　仏教について

ここで筆者は仏教について述べなければならない。仏教は何といっても世界三大宗教のひとつであり、日本においては圧倒的な影響力を有しているからである。

ご存知の通り、仏教は古代インド、十六王国並立時代のＢＣ五世紀ごろ、ゴウタマ＝シッダルタにより設立されたものである。

もちろんその原型は、古代インダス文明以来伝達されたリグ＝ヴェーダ、インド教、あるいはウパニシャッド哲学に依存する。

一四九八年、ポルトガル人ヴァスコ・ダ・ガマによりインド航路が発見されて以来、インド教および仏教の文献は、ヨーロッパの文献学者により徹底的に言語学的に研究され、その文献（経典）についての真贋性が追求されたのである。そして多大の文献（経典）について、それはほとんどサンスクリット語およびパーリ語によって記述されていたが、彼等はその価値を設定することができた。というのも彼ら、ヨーロッパの文献学者はキリスト教の聖典である聖書について、古代ギリシャ語、およびヘブライ語により徹底的にその真贋性を文献学的に追求し、その実績を保有していたからである。

一八六八年に達成された明治維新以降、特に明治の末から大正の初期にかけて、木村泰賢、宇井白寿、姉崎正治、赤沼智善、友松円諦等、多くの仏教学者の諸氏がヨーロッパに出かけて留学したわけであるが、そこで彼らの多大の仏教の文献（経典）に対する文献学的研究に触れ、彼らが信じる仏教の文献（経典）のほとんどが釈迦、ゴウタマ＝シッダルタの直接の著述でないことを知って非常に驚いた。

ほとんどがゴウタマ＝シッダルタの時代から数世紀も離れた著述で、しかもその内容も文体もそれぞれが極めて内容を異にするものであった。ただ一つ、彼らの文献学的研究に耐えられる経典が一冊あったが、それは漢訳で「阿含経」といわれるもので、これは原語で「アーガマ(Agama)」といわれるものである。しかしこれは日本の仏教の僧侶の間では最も軽視され、無視されている経典であった。

これに関し筆者は、神の御摂理により、一九七九年から一九八一年にかけて日本における「阿含宗」の創立者である、桐山靖雄管長について、阿含宗と密教について親しく霊修することができたのでこのときの体験に基づき論述を進めたい。

前記のような状況なので桐山靖雄管長以前には「阿含経」を依経とする「阿含宗」は歴史的に日本に設立されたことは未だ一度もない。しかし文献学的には実は、「阿含経」こそは、唯一のゴウタマ＝シッダルタの直接の著述と推定される文献だったのである。それでこれからはしばらく、桐山靖雄管長の名著『阿含密教いま』(平河出版)を中心に論を進めてみたい。

根本的な問題は、中国隋王朝の天台宗の第三祖、天台大師、智顗(ちぎ)(ＡＤ五三八―五九七)から発生したのである。

当時、中国の仏教者たちは難問の前に立たせられて、頭を抱えていたという。それはインドから西域を通って多くの仏典がなだれ込んできたのだが、当時シナの仏教徒には「経」と名づけられるものは、すべて釈迦直説の説法であると考えたからである。

まさか大乗経典というものが、釈迦滅後五百年経って創られたものである事実を当時ではゆめゆめ考えることもできなかったからである。

素晴らしい頭脳の持ち主であった天台宗の智顗は、この壁の前に立たせされ、これを見事に解決した。有名な「五時八経」、別名「五時教判」という分類法である。(1)

桐山靖雄管長の説明によると次のようになる。

「つまり、釈迦を一人のすぐれた教育者と考える考え方です。むずかしい教えを最初からいっぺんに説いても人々にはわかるまい。それで、最初は人々にやさしい教えを説き、それから次第にむずかしい教えにみちびいていって、最後に、真の釈迦の教えを説いたのだという考えかたです。これを説明するのに智顗は、あの法華経でかたられる多くの比喩《たとえ》を、かれ独自の意味に解釈します。そうしてこのような方法によって、全経典、ありとあらゆる経典をすべて釈迦一代の教説として解釈しようとしたのが、「五時の思想」です。

五時とは、

第一時　華厳時
第二時　阿含時
第三時　方等時
第四時　般若時
第五時　法華涅槃時

です。

まず、釈迦は寂滅道場でさとりをひらき、かれの教えを語る。そのはじめて語った純粋な教えが華厳だとする。しかし、この一即多・多即一の思想は、まことに純粋な大乗仏教の教えであったが、多くの人びとは、その教えがあまりに純粋であまりに高いため、それを理解することができなかった。それゆえかれは、その内容をやさしくして、人びとの煩悩をとりのぞくために、わかりやすい実践的な教えを説くことにした。これが阿含であり、小乗といわれるものである、とする。こうして、まず小乗の教えによって人間を道徳的に教化したのちに、釈迦は徐々に大乗の教えをみちびいたというわけです。つづいて、方等の教えによって小乗を否定し、つぎに般若の教え、そこで大乗仏教独自の〝空〟の思想が説かれる。こうして人間の心を次第に真理にみちびいたのち、最後に釈迦の真の教説として説かれたのが法華経であるとするわけです。そしてその法華経に、智顗は〝無量義経〟と〝観普賢経〟を加え、それら三つを〝法華三部経〟としたのです。無量義経は、法華経信仰を絶対化するために法華経よりのちにつくられた経典と思われます。それはあの法華経で説かれた方便の思想をさらに拡大したものです。そこで法華経とともにこの無量義経を採《と》ってこれを典拠としつつ、ここに智顗は五時八教なる考えかたをつくり出したのです。

さて――、尨大浩瀚《ぼうだいこうかん》なこれらの経典を、すべて釈迦一代の人生にあてはめようとする智顗のこころみは、考えてみればまことに無茶なはなしでありますが、しかし、もしもわれわれが、智顗のように、すべての経典が釈迦一代の教説であるという前提に立ち、すべての経典の相違とその成立内容を説明せよという問題をあたえられたとしたら、智顗の答案はすぐれた見事な答案であるといわねばならぬでしょう」(2)。

時あたかも、この天台宗の下に仏法を求めて空海と共に、ＡＤ八〇四年入唐したのがかの日本天台宗の創立者、伝教大師最澄である。彼は智顗の直系の道邃《どうすい》よりこの天台宗を伝授されて日本に帰国する。そして、図らずも鎌倉仏教の祖師たちはすべて、この日本天台宗が開立される比叡山から出発しているのである。

かくしてシナの釈迦といわれた大天才智顗の誤謬が以降一千四百年間、シナ仏教の体系と日本の仏教界を暗黒でもって覆い、比叡山で学んだかの俊英な鎌倉仏教各宗の祖師たちも、遂にこれを乗り越えることを不可能ならしめたのである(3)。

日本には奈良仏教以来、阿含宗を除いて、現在十四の宗派があるといわれ、それを『阿含密教いま』に基づいて整理すると154頁〜155頁の表のようになる(4)。

同表のように見つめると日本に存在する仏教の十四宗のすべてが非釈迦性の創作経典から開始されている事が一目瞭然とするであろう。

しかも原著作者は、釈迦とは師弟関係がなく、全然脈略を持たない五百年以降の人々であり、居場所も異にした人々である。しかもその内容たるや、釈迦が一言も喋っていないことを、滔々と語りに語りまくっているわけである。内容が極めて非釈迦性で、釈迦直伝の説話とは内容が異なっていたわけである。

例えばナーガールジュナ（竜樹）はAD二世紀の人で、釈迦が生存したのはBC五六六年からBC四八六年（異説有り）であるから、その間や六世紀の時間差がある。しかも彼は釈迦が説かなかった「空（性）論」を展開し、法華経や華厳経の基礎を創るわけである。(5) もちろん彼は、当時のインドが生んだカントやデカルトのような天才であったであろう。しかし釈迦ではなかったのである。これは文献学的研究の結論である。

結局、智顗はシナの釈迦といわれた大天才であったが、大天才智顗の下した「五時八経」という誤謬が以降一四〇〇年間、シナ仏教界の体系と日本の仏教界を繋縛し、狂わせに狂わせてしまったのである。

その上、日本の場合、キリシタンの問題で言及したように、キリシタン禁制を徹底するために、慶長一八～九年（一六一三年）ごろ、「寺請制度」を設け、日本人すべてに檀那寺を指定させ、檀那寺をキリスト教徒の摘発機関として、すなわち一種のスパイ機関として利用したということである。(6) これがいかに当時の僧侶階級を退廃せしめたか、江戸初期の代表的陽明学者、熊沢蕃山が指摘しており、たびたびくり返すようであるが、丸山真男氏もその著『丸山真男講義録（第六冊）日本政治思想史１９６６』に、この間の経過を、

日本の仏教宗派	設立年	設立者	設立場所	所依経	所依経作者	所依経作成日	真相
三論宗	推古天皇三二年	嘉祥大使 高麗学僧・慧潅 僧正	元興寺・奈良	中論 十二門論 百論	ナーガールジュナ ナーガールジュナ アーリアデーヴァ	AD二世紀	非釈迦性 創作仏教
成実宗	同上	同上		成実論	訶梨跋摩 （カリバツマ）	仏陀滅後 九〇〇年	非釈迦性 創作仏教
律宗（南山宗）	孝謙天皇 天平勝宝五年	南山大師	奈良の唐招提 寺	戒壇図経	南山大師	隋	非釈迦性 創作仏教
倶舎宗	天平勝宝年間	道昭、智通 智達	奈良の東大寺	阿毘達磨倶舎論	ヴァスマンドウ （世親）	仏陀滅後 九〇〇年	非釈迦性 創作仏教
法相宗	斉明天皇七年 AD六六一年	道昭	奈良の薬師寺 と興福寺	瑜伽師地論 分別瑜伽論 大乗荘厳論 弁中辺論 金剛般若論 成唯識論	アサンガ（無着） アサンガ（無着） アサンガ（無着） アサンガ（無着） アサンガ（無着） ダルマパーラ（護法）	仏陀滅後 九〇〇年	非釈迦性 創作仏教
華厳宗	聖武天皇 天平一二年	杜順禅師 審祥（しんじょう）…新羅	奈良の東大寺	華厳経	ナーガールジュナ 系統の編集	隋 AD四～ 五世紀	非釈迦性 創作仏教
天台宗	桓武天皇 AD八〇五年	慧文（北斉） 慧思、智顗 道邃 最澄	比叡山延暦 寺・ 三井寺（園城 寺）	法華経 大智度論 涅槃経 大品般若経 梵網経	ナーガールジュナ系 ナーガールジュナ マイトレーヤ系 ナーガールジュナ系	AD二世紀 AD二世紀 AD五世紀 AD二世紀	非釈迦性 創作仏教
真言宗 （真言陀羅尼宗）	桓武天皇 AD八〇六年	善無畏、金剛智 不空、恵果 空海	京都の東寺 高野山金剛峰 寺	大日経 金剛頂系 蘇悉地経 瑜祇経 要略念誦経	善無毘、一行 不空	AD七世紀 AD八世紀	非釈迦性 創作仏教

日本の仏教宗派	設立年	設立者	設立場所	所依経	所依経作者	所依経作成日	真相
融通念仏宗	天治元年 ＡＤ一一二四	良忍上人		華厳経 法華経 無料寿経 観無料寿経 阿弥陀経	ナーガールジュナ系	ＡＤ二世紀	非釈迦性 創作仏教
浄土宗	高倉天皇 承安五年 ＡＤ一一七五	慧遠、曇鸞 道綽、善導、 源信、 法然上人	京都の知恩院	大無料寿経 観無料寿経 阿弥陀経 往生浄土論 観経疏	世親 善導	晋 ＡＤ三九〇	非釈迦性 創作仏教
浄土真宗	建暦元年 ＡＤ一二一二	親鸞上人	京都の東本願寺・西本願寺	大無料寿経 観無料寿経 阿弥陀経 往生浄土論	世親	ＡＤ三九〇	非釈迦性 創作仏教
禅宗		菩提達磨 慧可、僧粲 道信、弘忍 慧能 栄西（臨済宗） 隠元（黄檗宗） 道元（曹洞宗）	臨済宗―京都の建仁寺など 曹洞宗―福井の永平寺・横浜の総持寺 黄檗宗―京都の萬福寺	金剛三昧経 楞伽経		ＡＤ四七〇頃	非釈迦性 創作仏教
時宗	文永一一年 ＡＤ一二七四	一遍上人	藤沢市の清浄光寺	阿弥陀経 大無料寿経 観無料寿経 華厳経 法華経	ナーガールジュナ系	ＡＤ二世紀	非釈迦性 創作仏教
日蓮宗（妙法蓮華経）	建長五年 ＡＤ一二五三	日蓮上人	山梨県の久遠寺	妙法蓮華経 無量義経 観普賢菩薩行法経	ナーガールジュナ系	ＡＤ二世紀	非釈迦性 創作仏教

「超越的絶対者へのコミットメントに基づく共同体の形成が禁圧された上に、鎖国によって〝閉じた社会〟が人為的に二世紀にわたって維持されたことは、その後の日本文化のあり方に、見える形だけでなく、さまざまな見えない形において、ほとんど決定的といっていいほど重大な刻印を押したのである」と酷評している。

この二重の効果によって、日本の仏教がいかに釈迦の原始仏教から程遠く、漂流に漂流を続けてしまったかが、理解されるであろう。

檀那寺性は現代にも伝承されており、親族の冠婚葬祭でも起こると、
「あなたの家の宗派は？」
と、今迄まで関係もせず、意識もしなかったことが問われ、そうして一度も行ったこともなかったお寺に参り、一度も会ったこともなかった僧侶とも相会うということに相成るわけである。これがキリスト教徒の摘発スパイ機関の残響でなくてなんであろう。

日本では「浄土宗」や「浄土真宗」を檀那寺とする人々が圧倒的に多いと思うが、どれくらいの人が「浄土宗」や「浄土真宗」の所依経となる大無量寿経、観無量寿経、阿弥陀経、往生

浄土論、観経疏を読んでいるであろうか。

これに対して、阿含宗の桐山靖雄管長はその著、『人間改造の原理と方法』の中でそれでは大天才智顗の下した、誤まてる「五時八経」に対し、実際はどのような具合であったかを推定し、次のような「新・五時教判」を提唱しておられる。

第一時　釈尊直説の教法時代（BC五世紀）……アーガマ仏教時代
（阿含経を中心とした時代の仏教）

A　律蔵（ウパリの口誦を基本に形成）
1）経分別（戒律とその解説）
比丘戒経分別
比丘尼戒経分別
2）犍度部（教団運営の規則の解説）
大品（十章）

小品（一二章）
付随

B　経蔵　（五ニカーヤ）（アーナンダの口誦を基本に形成）
1）ディーガニカーヤ（長阿含経）
2）マッジマニカーヤ（中阿含経）
3）サンユッタニカーヤ（雑阿含経）
4）アングッタラニカーヤ（増一阿含経）
5）クッダカニカーヤ　（小部）
ダンマパダ（法句経）
スッタニパータ（諸経要集）
テーラガーター（長老の詩）
テーリガーター（長老尼の詩）
他一一経典

第三時　アビドン（アビダルマ）仏教時代（BC三世紀）……アビダルマ論蔵時代

（理論の体系化の時代）

A　南方上座部七論

1）人施設論

2）界論

3）法聚論

4）分別論

5）双論

6）発趣論

7）論事論

B　説一切有部七論

1）阿毘達磨発智論

2）集異門足論

3）法蘊足論

4）識身足論

5）界身足論

6）施設論

7）品類足論

C　阿毘達磨大毘婆沙論

D　雑阿毘曇心論

E　阿毘達磨倶舎論

F　阿毘達磨順正理論

G　舎利弗阿毘曇論

H　三弥底部論

第三時　初期大乗仏教時代（AD二世紀）……実相空大乗時代

（インドの哲学的天才、ナーガールジュナ〝龍樹〟が活躍した時代）

A　経典

1）大般若経

2）華厳経
3）法華経
4）浄土経
　大阿弥陀経
　無量寿経、等
5）三昧経典（修定比丘のグループによる）
　般舟三昧経
　観仏三昧経
　如幻三昧経
　首楞厳三昧経

B　ナーガールジュナ（龍樹）の作成した論
1）中論
2）十二門論
3）大智度論
4）廻諍論

5）十住毘婆沙論
6）因縁心論頌

C　アーリアデーヴァ（聖提婆）の作成した論
1）四百論
2）百論
3）百字論

D　カリバツマ（訶梨跋摩）の作成した論
1）成実論

ナーガールジュナ（龍樹）とその弟子たちはこの時代、シェークスピアの歴史戯曲のように、仏陀とその弟子たちを登場させ、しかも場所も彼らが活躍した場所を再設定し、釈迦とは全く異なる観点に立ち経典創作を行った。

文献学的研究の結果、これが大乗仏教経典の開始点であることが明らかになったといえる。したがって、彼らの創作経典は経典というよりも、「カント」、「デカルト」、「ヘーゲル」といった、哲学著作集に対応する。

第四時　中期大乗仏教時代（ＡＤ五世紀）……唯識大乗時代

（初期大乗の「空仏教」は、出現三百年にして行き詰まってしまう。ここに現れたのが「唯識思想」である。この唯識教学を完成させたのは、マイトレーヤ（弥勒）、アサンガ（無着）、ヴァスバンドウ（世親）という三人の天才グループであった）

Ａ　マイトレーヤ（弥勒）の作成した論

1）瑜伽師地論
2）分別瑜伽論
3）大乗荘厳経論頌
4）弁中辺論頌
5）法法性分別頌
6）究竟一乗宝性論

B　アサンガ（無着）の作成した論

1）順中論
2）顕揚聖教論頌
3）大乗荘厳経論
4）弁中辺論
5）大乗阿毘達磨集論
6）摂大乗論

C　ヴァスバンドゥ（世親）の作成した論

1）大乗百法明門論
2）大乗五蘊論
3）大乗成業論
4）顕揚聖教論
5）弁中辺論
6）大乗荘厳経論

7）法法性分別論釈
8）摂大乗論釈
9）唯識二十論
10）唯識三十偈
11）三自性論

D　その他

1）成唯識論
2）大乗起信論（アシュヴァゴーシャ（馬鳴））

第五時　後期大乗仏教時代（AD八世紀）……金剛大乗時代

（初期大乗の「空仏教」に変わって出現した「唯識思想」も再び三百年にして行き詰まってしまう。ここに現れたのが「大楽説（Mahasukhavada）」を基礎とした「ヴァジラヤーナ（Vajrayana）」即ち「金剛乗」として知られるものである。秘密仏教、い

わゆる「密教」の登場である）

経典

1）大毘盧遮那成仏神変加持経（大日経）

2）金剛頂一切如来真実摂大乗現証大教王経（金剛頂経）

3）大楽金剛不空真実三昧耶経（般若理趣経）

以上が阿含宗の桐山靖雄管長が提案された、「新・五時教判」であるが、ヨーロッパでなされた文献学的研究に沿うものであり、歴史上に登場する文献の作成者の事例にも一致するものである。

このように考えると釈迦が入滅したBC五世紀から、少なくともAD五世紀まで、約十世紀の時間帯の、膨大な仏教経典を短い釈迦一生の間（約八十年）の著作とみなし、これを釈迦の想定される活動期間の一つひとつに配分し、しかもそこに一つの意味づけを構築しようとした、大天才智顗の「五時八経」がいかに無理に無理を重ねたものであり、現実を無視したものであるかが分かるであろう。しかもこの智顗の「五時八経」がその後のシナの仏教界と日本の仏教界を徹底的に狂わせに狂わせてしまったのである。

ところで、電気通信大学名誉教授の西尾幹二氏によって、月刊誌「諸君！」二〇〇二年九月号に「西洋にも中国にもない独創的聖典批判」と題して、江戸時代中期、富永仲基（一七一五―四六）なる人物がいて、文献的研究もなく、ほぼ同等の結論に達していたことが紹介されている。彼の学識は本居宣長も高く評価し、インド学の宇井伯寿、中村元、三枝充悳の諸氏も一定の評価を与えているそうである。たいしたものだと言える。

元来日本の仏教界全体が漢語翻訳の経典の上に立って教理やその解釈、および修法の展開を実行しなければならなかったというのが不幸であった。彼ら仏教の探求者は、当時の中国ではなく、インドに行くべきであったのである。

この件に関し、駒澤大学教授、大野達之助氏がその著『日本仏教思想史』の中で、「サンスクリット語と中国語とは言語系統が異なり、かつ印度と中国では思想的背景に非常に相違があるので、高度な哲学思想を有す仏教経典を漢訳する事は元来無理であったのである。

一語に種々な意義を含むサンスクリット語を、その中に一義しか有たない漢語に翻訳したり、サンスクリット原典成立当時の習慣を表わす語を、その歴史的事情が失われてしまった後世の中国の用語で表わしたりしては、原典の意義が失われ、延いては誤解を生ずる危険が多分にはらまれていた」とある。(7)

それでは釈迦直説の原始原典である「阿含経(Agama)」にはどのような内容が記述されていたのであろうか、そのことについて述べてみたいと思う。

第二部　世界宗教の起源

第一章　釈迦原典原始仏教について

宗教の経典について述べる場合、通常の哲学書や思想書と峻別する重要な点は、その中に宗教が目的とする「死の超己」の方法論が述べられているかどうかということである。

例えば、カントの『純粋理性批判』やデカルトの『方法序説』といった哲学書は、優れた哲学書ではあるが、「死からの脱出」の方法論は述べられていない。

ところが釈迦直説の原始原典である『阿含経（Agama）』にはそれが記述されているわけである。もちろんキリスト教の経典である、旧・新約聖書にはそれが記述されている。

例えば新約聖書ヨハネ伝の有名な箇所、第一章、一二節にある句、

「彼（イエス・キリスト）を受けいれた者、すなわち、その名を信じた人々には、彼は神の子

となる力を与えたのである」

などである。

残念ながら、『阿含経（Agama）』以降に出版された、大乗仏教経典には「死からの脱出」の方法論が記述されていない。ただ思想が語られているだけである。

この間のいきさつは「阿含宗」の創立者である、桐山靖雄管長がその若き日よりこの「死からの脱出」の方法論である、「智慧を獲得する方法」[1]を求めて、血みどろになりながら、ほとんどの仏教経典を徒渉しつつ、遂に『阿含経（Agama）』にたどり着いたいきさつを述べる名著『阿含密教いま』と『人間改造の原理と方法』とに詳しく述べてある。

釈迦がこのような釈迦直説の原始原典に記述される「智慧を獲得する方法」を獲得されたのは、後代の天才的思想家が創作したような、天才的頭脳の所作として生み出されたものではない。

すでに定説となっているように、古代インドに伝承されるリグ＝ヴェーダとヒンドゥ教、ウパンシャッド哲学等の伝統の背景にあって、激しい修行と深い瞑想の中にあって、やっと再発見したものである。創作して獲得したものではない。人間的システムをはるかに超える宇宙的システムの生命の大海と再ドッキングして獲得されたものである。

したがって人間的システムをはるかにそれ自体、超己しており、人間のシステムを束縛している「死の力」からもこれを解脱する方法、すなわち「智慧を獲得する方法」を提供することができたのである。

人間から発したものはどんなに天才的でも所詮人間系の制限内であり、人間系を束縛する「死の力」を壊滅するようなことは所詮不可能であるからである。したがって人間系によってもたらす力によるのではない。

エマヌエル・スウェーデンボルグによると太古の昔、現在のチグリス・ユーフラテス川から東の方向に広がるアジアの地域に、古代キリスト社会が成立していたということである(2)。

古代といっても古エジプト王朝以前にさかのぼる古代である。当時のキリスト教は主として「表象」、すなわち言語の多重構造でもって「天界」あるいは「霊域」と連結していた時代であった。

その当時は現在の聖書とは異なった聖書があったということである。しかしこの地域は後代、魔法と偶像崇拝によって堕落したという。「表象」、すなわち言語の多重構造はその内面構造が乱れると簡単に表層化し、偶像化する可能性があったのである。

しかしリグ＝ヴェーダ期、古代キリスト・エクレシヤ教会の波動は未だ濃厚に古代インド社会に存在しており、釈迦のような鋭敏な魂は、激しい修行と深い瞑想によって、これを再掬することができたのである。

したがって釈迦が発見した、釈迦直説の原始原典である『阿含経（Agama）』に記述される「智慧を獲得する方法」は古代キリスト・エクレシヤ教会の波動的残遺であり、隠れたキリスト教ということができる。

ただしここで言う古代キリスト・エクレシヤ教会とは初代使徒キリスト教の系列内に位置し、現今の欧米のキリスト教のことではない。

筆者は一九七九年から一九八一年にかけて桐山靖雄管長について、幸い阿含宗と密教について親しく霊修することができたのであるが、その時、キリスト教の初代教会の原始福音運動の中にみなぎっていた「聖霊」のクンダリーニの目覚めとピタリと符丁が一致するのを体験したのである。実をいうと釈迦が発見した『阿含経（Agama）』に記述される修法は隠れたキリスト教だったのである。

僭越ながら、筆者が聖書に記述される「聖霊」にみたされつつ、共に管長の修法に参画していたとき、修法終了後、

「今日はすばらしい修法ができましたね」と述懐されたのを覚えている。

さて、『阿含経（Agama）』に記されている、「智慧を獲得する方法」はやはり『人間改造の原理と方法』に詳しく紹介されている。これを、順を追って一つずつ述べていきたい。

この方法論は、パーリ文・中阿含・第一〇三のKinti sutraに述べられている。

引用すると、

「ここに比丘らよ、われによって法は悟られ、汝らに説かれたり。すなわち四念住・四正断・四神足・五根・七覚支・八正道これなり。それゆえにすべての比丘らは相和し相欣び、争うことなくして、これを学ばざるべからず」とある。(3)

これは、阿毘達磨倶舎論二五巻―一二にアビダルマ論師によって「七科三十七道品」あるいは、「三十七菩提分法」と命名され、代表的な修行法として、以下のように詳しく解説されている。(4)

一、四念住（cattari satipatthanani）

これは「四念処」あるいは「四念処観」とも言う。

（1）身念住……この身は不浄なり
（2）受念住……受は苦なり
（3）心念住……心は無常なり
（4）法念住……法は無我なり

このように観念し、瞑想する行法である。これを図解すると左図のようになる。

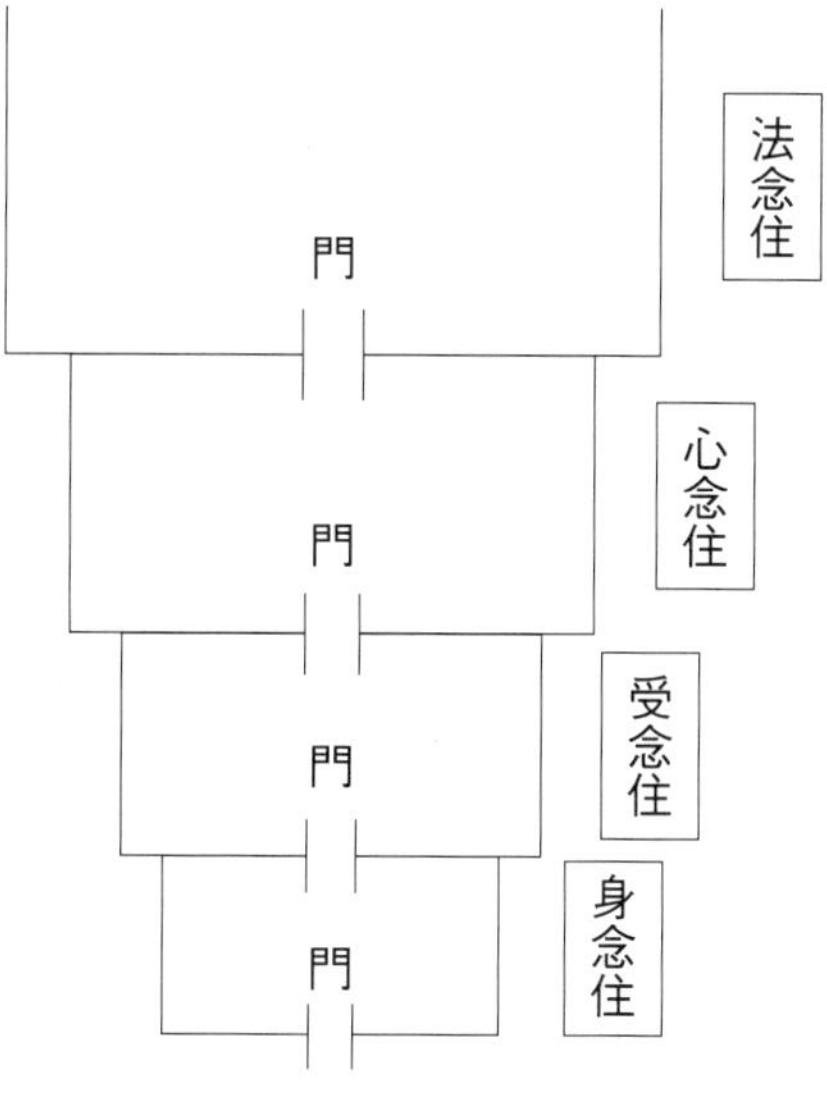

これは、「四聖諦」を行法化したものだと言われる。

「四聖諦」とはアーガマにおいて原始仏教の根本教理とみなされているもので、「初転法輪」に属する教法の一つである。

（1）苦……こは苦なり（Idam dukkhan）

（2）集……こは苦の生起なり（Ayam dukkhanirodho）

（3）滅……こは苦の滅尽なり（Ayam dukkhanirodho）

（4）道……こは苦の滅尽にいたる道なり（Ayam dukkhanirodhagamini patipada）

これを図解すると左図のようになる。

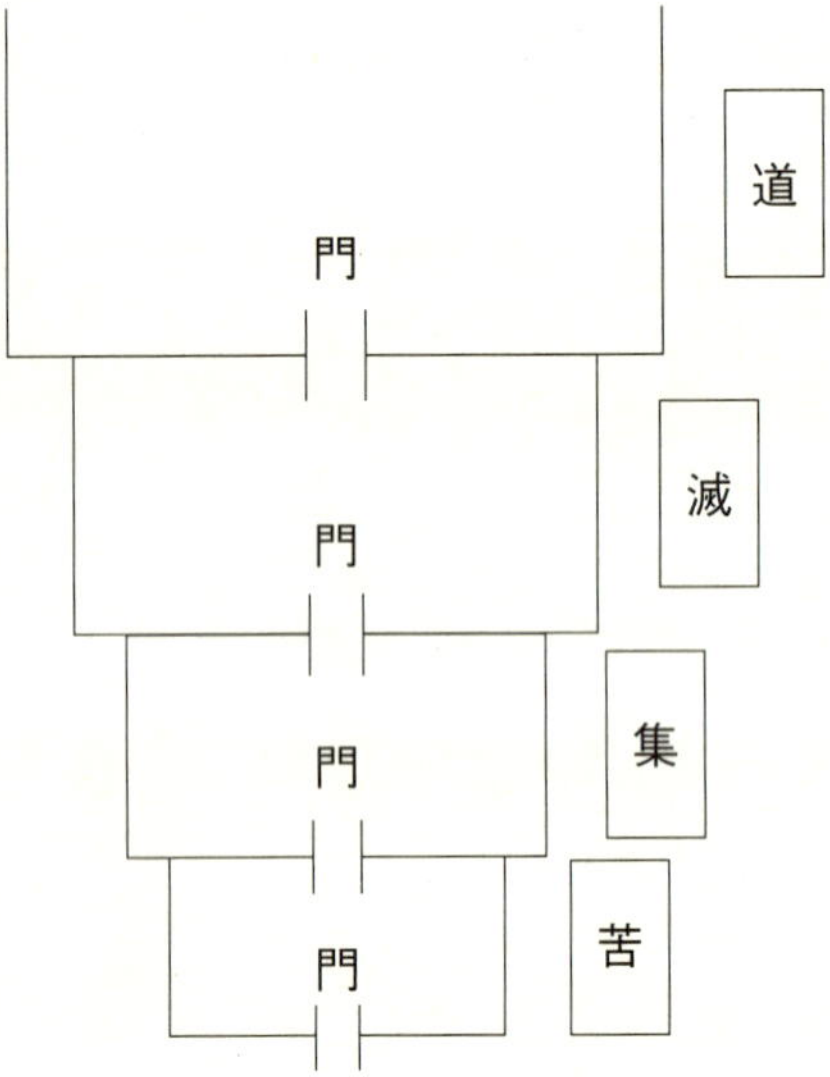

これをキリスト教学的に説明すると次のようになる。

まず「四念住」で、第一段階は「身念住」であるが、「この身は不浄なり」である。通常しかし一般には、「この身は不浄なり」と感じない。あえて言えば「この身は不浄なり」と感じたくない。特に良家の家庭に育ち、良き教育を受け、出生街道をひた走りに走っている場合などは「この身は不浄なり」などとはとんでもない。

「この世はわが世の春である」。これは、第一部第八章で述べた愛の「第一の状態」、すなわち「自己に対する愛」にある状態である。これはデンマークの哲学者キエルケゴールの著『死に至る病』の主要テーマである。精神の機構上、自己たろうとするがそれが反って「罪」を形成するというパラドキシカルな問いが発生する状態である。

しかしすべての人間は、ここから出発するのである。しかし、通常は人生はそれほど平坦ではない。アッという間に交通事故にあったり、癌に罹《かか》ったりする。不治の病にでもなれば、この世の終わりである。

「この身は不浄なり」と感ぜざるを得ない状況がしばしば襲う。その上、この愛の第一の状態、すなわち「自己愛」はエゴイズムであって必ず他人の顰蹙《ひんしゅく》を買うものである。

やがて第二の状態がやってくる。順調に行けば、出生街道をひた走りに走り、日銀の総裁にでもなれば万歳である。

「この世の春はここにきわまれりである」。これが第二の「受念住」の状態である。「受は苦なり」の世界である。この世の地位、名声、名誉をむさぼり食らっていく。そのときは「受は苦なり」とは感じない。「受は快なり」である。

でも汚職にでもひっかかると大変である。とたんに、「受は苦なり」となる。これがエマヌエル・スウェーデンボルグが説く「第二の愛の状態」、すなわち「この世に対する愛」である。地位、名誉、名声、等を探求する愛である。

しかしすべての人間はこの「第一の愛」と「第二の愛」を一度は必ず通過するのである。そして、この「第一の愛」と「第二の愛」の状態で人生を終わる人もたくさんいるということである。

しかしやがて変化がやってくる。第三と第四の状態が始まる。「心念住」と「法念住」の世界である。これはキリスト教学の説く「第三の愛」と「第四の愛」の状態である。すなわち「隣人に対する愛」と「神に対する愛」の状態である。すなわち内面への旅路が始まるのである。

第三の状態「心念住」、「心は無常なり」でキリスト教学の「隣人に対する愛」である。この「無常」というのは寂しいとか、あるいは侘《わび》しいとかいう感情を表現するものでなく、我執を超己した内面の一つの振動系で、ここで一つの大きな「変換」を経験するものであり、桐山靖雄管長が説かれるように、ここで一つのチャクラが開かれホルモン系の異常活性化が発生し、一種の生態変化が引き起こされるのである。すなわち一つの異なった種系になるのである。

真のキリスト教（欧米のキリスト教ではない）はこの新しい種系を形成するものであり、釈迦も古代キリスト教会の中よりこれを再掬して一つのシステムに再構築したわけである。通常のホモ・サピエンスとは異なる異種性の生態、これが「第三と第四の状態」である。

この「無常」というのは新しく生まれた新人間種の内面の一つの振動状態の呼称で、全く異なった世界観と全く異なった生存を結果するものである。

それに伴っていろいろな各種のカリスマ的能力が発揮されるようになる異種系の生物体である。この第三の状態、「無常」という内面生活は、やがて進化して、第四の「法念住」……「法は無我なり」に入っていく。

するとこの世界に入ると、神の世界、すなわち「天界」、仏教的にいうならば「仏界」と直結する世界が開かれてくる。

つまり現在のコンピューター用語を使うならば、神の世界、すなわち「天界」、仏教的にいうならば「仏界」と「ＬＡＮ」構造を敷設した状況になるわけである。

そうすると、当然のことながら各種の超能力が自然に現れてくる。しかし、その中で最も大きい超能力は、新約聖書中の使徒パウロの書簡「コリント人への第一の手紙」によれば、「愛」である。

「このように、いつまでも存続するものは、信仰と希望と愛である。このうちで最も多きものは、愛である」（コリント人への第一の手紙　第一三章、一三節）とある。

もちろんこの「愛」は我々が日常で互いに創設するような「愛」ではなくて、宇宙性の「愛」であり、その民族の国民性を深く愛し、世界を深く理解する力を持つ「愛」である。

「天界」、仏教的にいうならば「仏界」の天使達の体内を還流している生命的な「愛」であり、神自身が創設して人間に付与する超越的な「愛」であり、聖書ではこの「愛」の語法は「アガペー（αγαπη）」と言い、人間が日常性活で互いに創設する「愛」は「フィリア（φιλια）」、或いは、「エロス（ερως）」と異なって述べられている。

この「アガペー（αγαπη）」なる「愛」は「第三と第四の状態」に達した場合に、初めて、超能力の一つとして発生するカリスマタとしての宇宙性の「愛」である。わが師、手島郁郎先生は、この「愛」に対し「聖霊の愛」という名称を与えられ、「聖霊の愛」（キリスト聖書塾）という書名の著述を一冊出版された。

この「四念住」と「四聖諦」とは、ほぼ一対一に対応している。即ち、

（1）身念住＝苦諦……こは苦なり（Idam dukkhan）
（2）受念住＝集諦……こは苦の生起なり（Ayam dukkhanirodho）
（3）心念住＝滅諦……こは苦の滅尽なり（Ayam dukkhanirodho）
（4）法念住＝道諦……こは苦の滅尽にいたる道なり（Ayam dukkhanirodhagamini patipada）

しかし、「四念住」および「四聖諦」は一段階ずつ、一つの修法として、修行と瞑想を通じ「チャクラ」の開設を行いながら一つずつ、前進していくのである。これについては「人間改造の原理と方法」に詳しい。

二、四正断（cattari sammappadhanani）

これは次のような要素から構成されている。

（1）断断……いま現に起こっている悪を断じてなくするように励む修行。幾度も断ずることをくりかえす。

（2）修断……まだ起こっていない悪に対して、今後起きないように努力する修行。

（3）随護断……いますでに存在している善はこれをますます増大させるようにと努力する修行。

（4）律儀断……まだ存在しない善にたいして、これを得るように努力する修行。

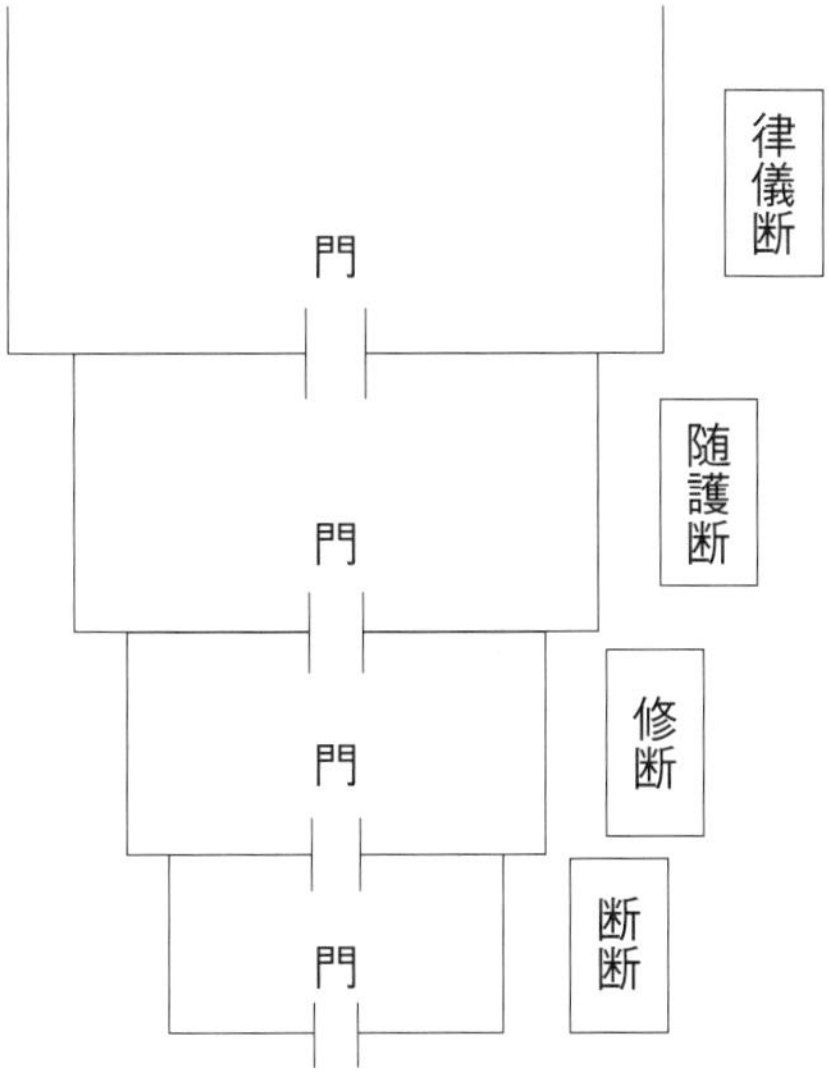

これも「断断」から始まって、一段、一段と登っていく修行法である。もちろんそれぞれがキリスト教学の「第一の愛」と「第二の愛」の状態および「第三の愛」と「第四の愛」の状態に対応しているのがよく分かるであろう。

三、　四神足（cattaro idduipada）＝四如意足

これは四つの自在力を得る根拠となるものという。超自然的な神通力を得るための四種の修行法で次のものよりなる。

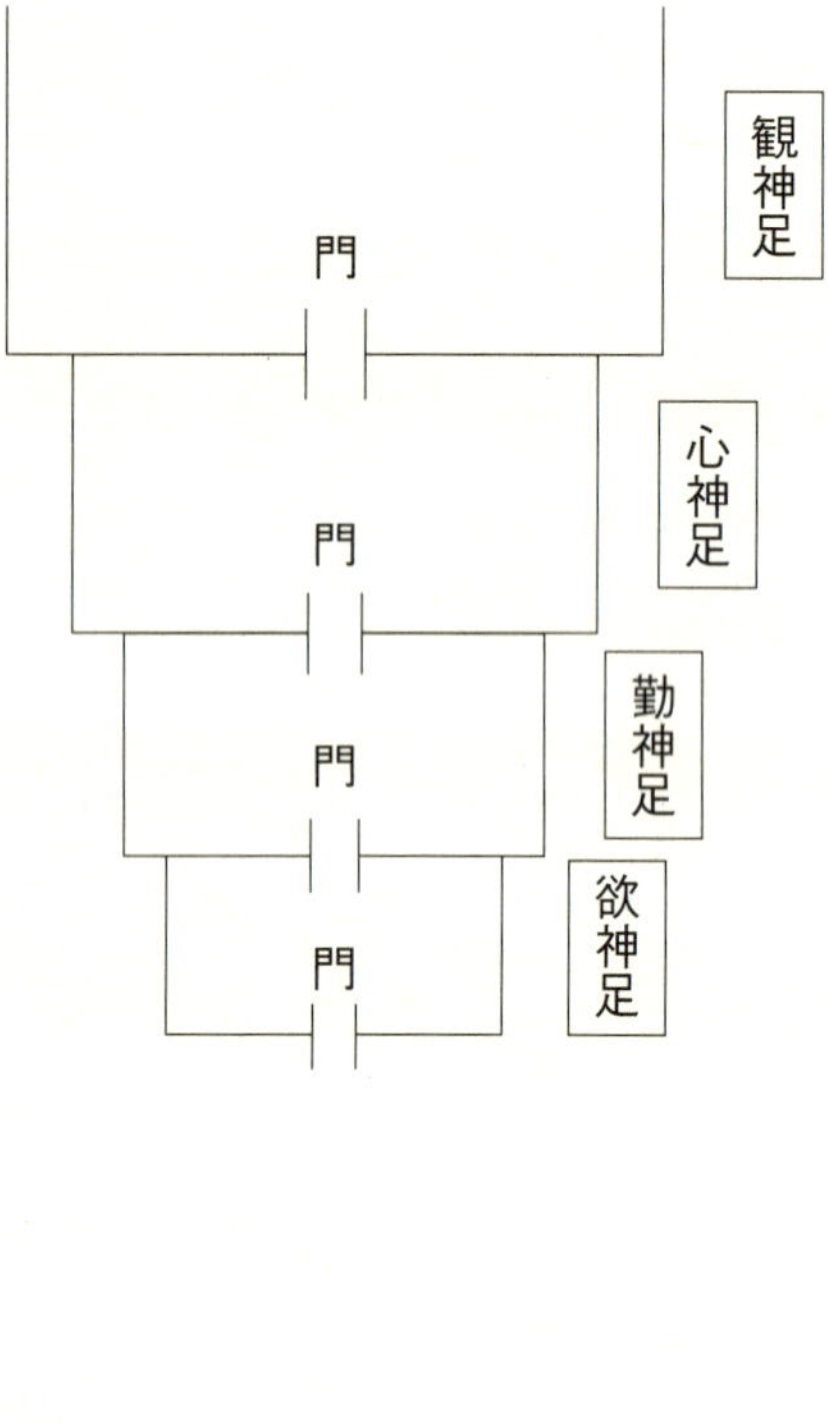

（1）欲神足……すぐれた瞑想を得ようと願う修行。
（2）勤神足……すぐれた瞑想を得ようと努力する修行。
（3）心神足……心をおさめてすぐれた瞑想を得ようとする修行。
（4）観神足……高い智慧をもって思惟観察してすぐれた瞑想を得ること。

ここで、神とは神通のことで「妙用のはかりがたい」ことを神と称している。足とは因（よりどころ）を示し、定（瞑想）のことを示す。すなわち、神通を起こす因であるから神足と名づけるという。人間の中には瞑想という素晴らしいfunctionが隠れているのであり、これを発見した人の喜びはたとえようもない。

そして瞑想を続けているうちに、瞑想自体が進化していくのを体験するものである。「四念住」等の実際の進化過程を支えている側面的な行法といえるであろう。インドの経済学者、ラビ・バトラなども瞑想の喜びを、その経済学書の中で述べている。彼は一日の四時間を瞑想に費やすそうである。(5)

四、　五根（pancindriyani）

「信根」、「精進根」、「念根」、「定根」、「慧根」の五種をいう。

「根」とは「自由に働く能力」のことをいう。

この五種の能力が段々高まれることにより、最終的にニルヴァーナ（解脱）に向かっての高い能力が発揮される修行のことをいう。

すなわち釈迦の説くニルヴァーナ（解脱）に向かっての旅路はまず「信根」から始まるのである。

使徒パウロもその書簡に述べている。

「まことに神は唯一であって、割礼のある者を信仰によって義とし、また無割礼の者をも信仰のゆえに義とされるのである」（新約聖書　ローマ人への手紙第四章、三〇節）。

また「聖書はすべて彼を（神）を信じるものは失望に終わることがないといっている」（新約聖書　ローマ人への手紙第一〇章、一一節）とも言っている。

すべて「信根」から始まるのである。そしてこれはやがて「精進根」へと発展する。すると力がどこからとなく生じてきて行動する意志力、行願を完遂する「念根」を付加し、やがて深い瞑想の世界に導かれていく。「定根」が発生してきて、新しい世界への旅路が始まるのである。

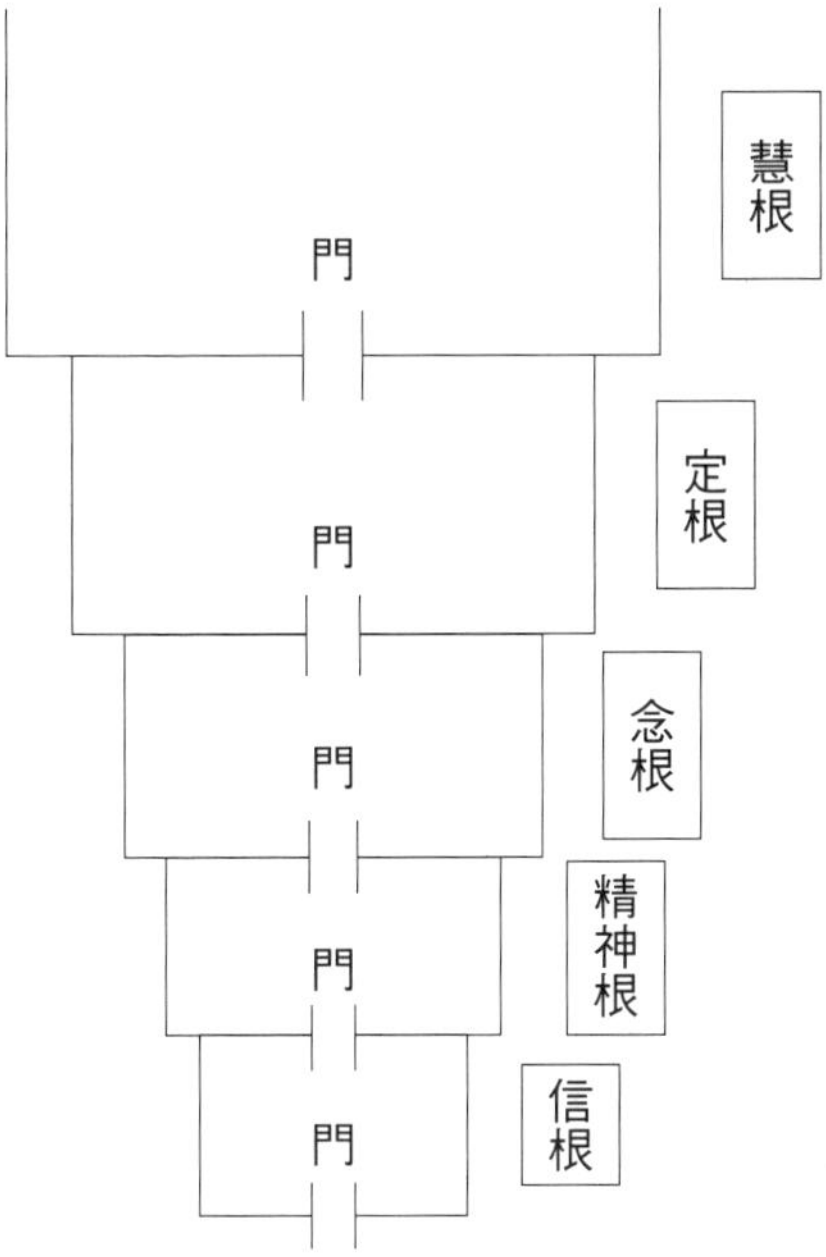

その旅路はもちろん神界への旅路であり、永遠の生命への旅路である。そのとき我々は永遠の世界から来る怒涛のごとき波動と出合うであろう。

使徒パウロも叫んでいる。

「私はひとりの人を知っている。この人（パウロ自身）は、一四年前に第三の天にまで引き上げられた――それが、体のままであったか、わたしは知らない。からだを離れてであったか、それも知らない。神がご存じである。この人が――それが、体のままであったか、わたしは知らない。からだを離れてであったか、それも知らない。神がご存じである――パラダイスに引き上げられ、そして口に言い表せない、人間が語ってはならない言葉を聞いたのを、わたしは知っている」（新約聖書　コリント人への手紙　第一二章、二節―四節）

我々はこのような「慧根」の世界へと生態的変換を体験していくようになるのである。

五、　五力（panca balani）

「信力」、「精進力」、「念力」、「定力」、「慧力」（または「智力」）の五種をいう。ニルヴァーナ（解脱）に至る高度な五つの力を得る修行のことをいう。「五根」とおなじであるが、「五根」が能力的なはたらきであるのに対し、「五力」はそれがいっそう進んでさらに大きな力を発揮する

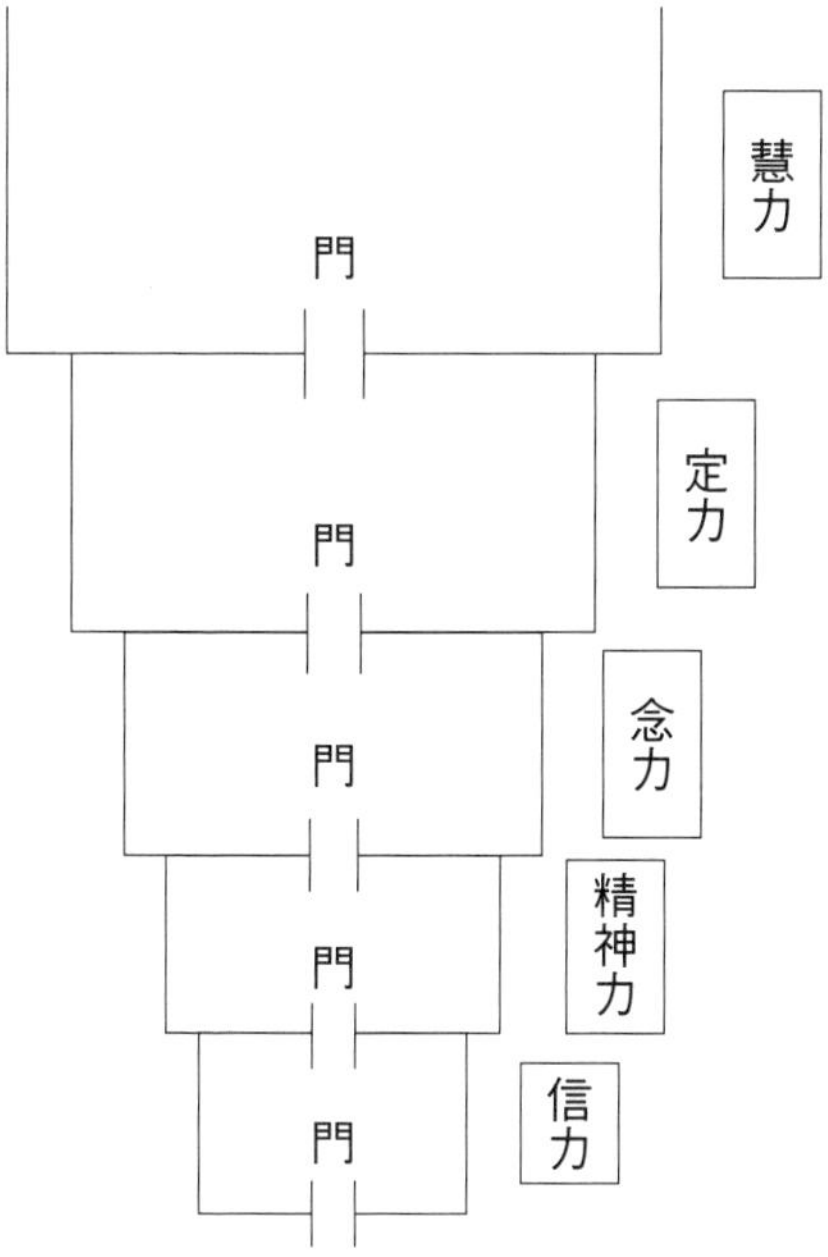

ことであるという。

おそらく釈迦は修行を展開していて、自分の内側に新たな力がこんこんと湧いてくるのを体験したのであろう。確かに人間は、神的な世界と結合することにより不思議な力をくみ出す構造を、内面に持っているものである。

六、　七覚支（satta bojjhanga）

ニルヴァーナ（解脱）に導く次の七つの修行を意味する。

（1）択法覚支＝教法の中から真実のものをえらび、いつわりのものを捨てる智慧の修行

（2）精進覚支＝一心に努力して退転しない修行

（3）喜　覚支＝真実の教えを学び、実行する喜びに住する修行

（4）軽安覚支＝身心を軽快明朗にして惛冥したり渋滞したりしない修行

（5）捨　覚支＝取捨憎愛の念をはなれて、なにごとにも心が偏ったり、の平静が乱

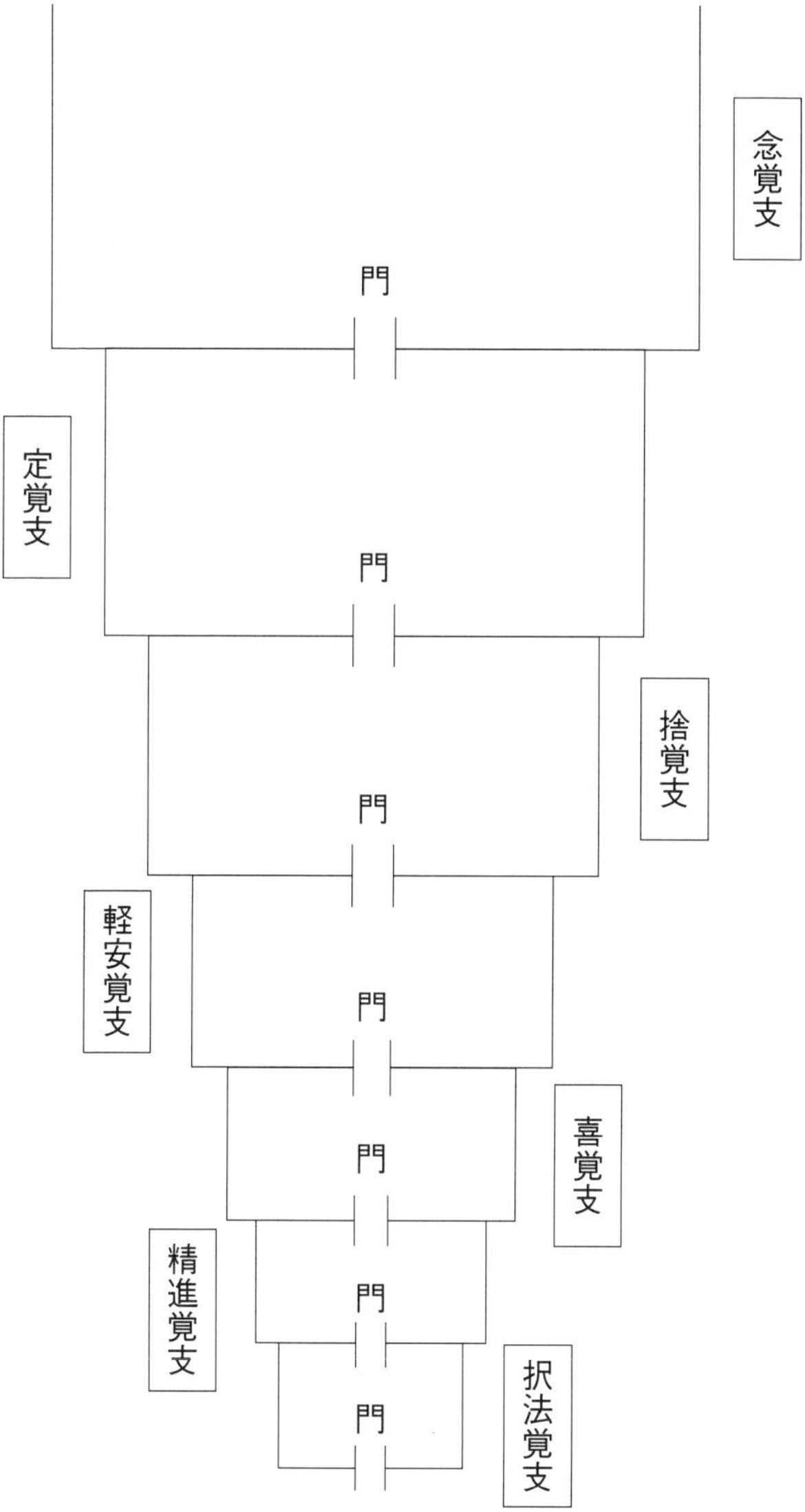
念覚支
門
定覚支
門
捨覚支
門
軽安覚支
門
喜覚支
門
精進覚支
門
択法覚支
門

されない修行。対象へのとらわれを捨てる修行
（6）定　覚支＝瞑想中も平常の行動中も集中した心を乱さない修行
（7）念覚　支＝おもいを平らかにする修行

釈迦がここで、ニルヴァーナ（解脱）の道への確立者であったと共にまた優れた教育者であったことも示している行法である。彼はただ目標を示すだけでなく、そこに到達する修行法の心得も提示したかったのであろう。難しい漢語に翻訳されているが、もちろん原文はサンスクリット語か、当時の方言であるパーリ語で書かれているわけである。

釈迦はまず選択から始めなければならないことを説いている。

大学を受験する場合には、自分は果たして、「文科系」に向くか「理科系」に向くか、よく沈思黙考し、先輩諸兄にもよく相談して決定すべきである。そして一旦決めたならば、一心不乱その教法に向かって前進すべきである。そうでないと、最初、教法の外側しか見ておらず、教法の内側を見ることができない。

するとその教法の示す内面の世界が突然開かれるであろう。そして、教法に対する喜びが心

底からわいてくると共に、これを実行に移す力もわいてくるであろう。

この段階が「喜　覚支」である。

するとやがて真にこの世界の住民となり、心も晴れ晴れとなり、惛冥したり渋滞したりしなくなり、自分が新しい進化の過程に入ったことを自覚するようになる（軽安覚支）。

キリスト教の賛美歌の中にも次のような歌詞がある。

「われいま神の子たり。のちは如何にかしらねども、われいま神の子たり」

すると、今までどうしても、身心から離れ事ができなかった取捨憎愛の念から別離することかできるようになるであろう。人間憎愛の念ほど判断を狂わせるものはないからである。しかし凡夫、自分の力ではどうにもならないものである。

しかしそれが可能となる平面がある（捨　覚支）。かくすることによって、初めて最後の目的であるニルヴァーナに向かって突撃を開始することができるのだ。

これが「定　覚支」である。そして遂に一つのニルヴァーナ平面に遂に到達する。悠々と「本地の風光」が去来し、真の進化した人間系「ホモ・スペリオール」の世界人となることができるのである。

主イエス・キリストも言われている。

「わたしは平安をあなたがたに残して行く。わたしが与えるのは、世が与えるようなものとは異なる」（新約聖書　ヨハネ伝、第一四章、二七節）

これが「念　覚支」である。

七、　八正道

これは釈迦の教説が語られるとき、必ず話題として提示される修行法である。これは、釈迦がニルヴァーナを成就されて、ペナレスのイシパタナ・ミガダーヤ（鹿野苑）において、五人の修行僧たちに初めて説法されたもので、「初転法輪」に属する教法であり、仏陀のさとりの根本であるとされている。

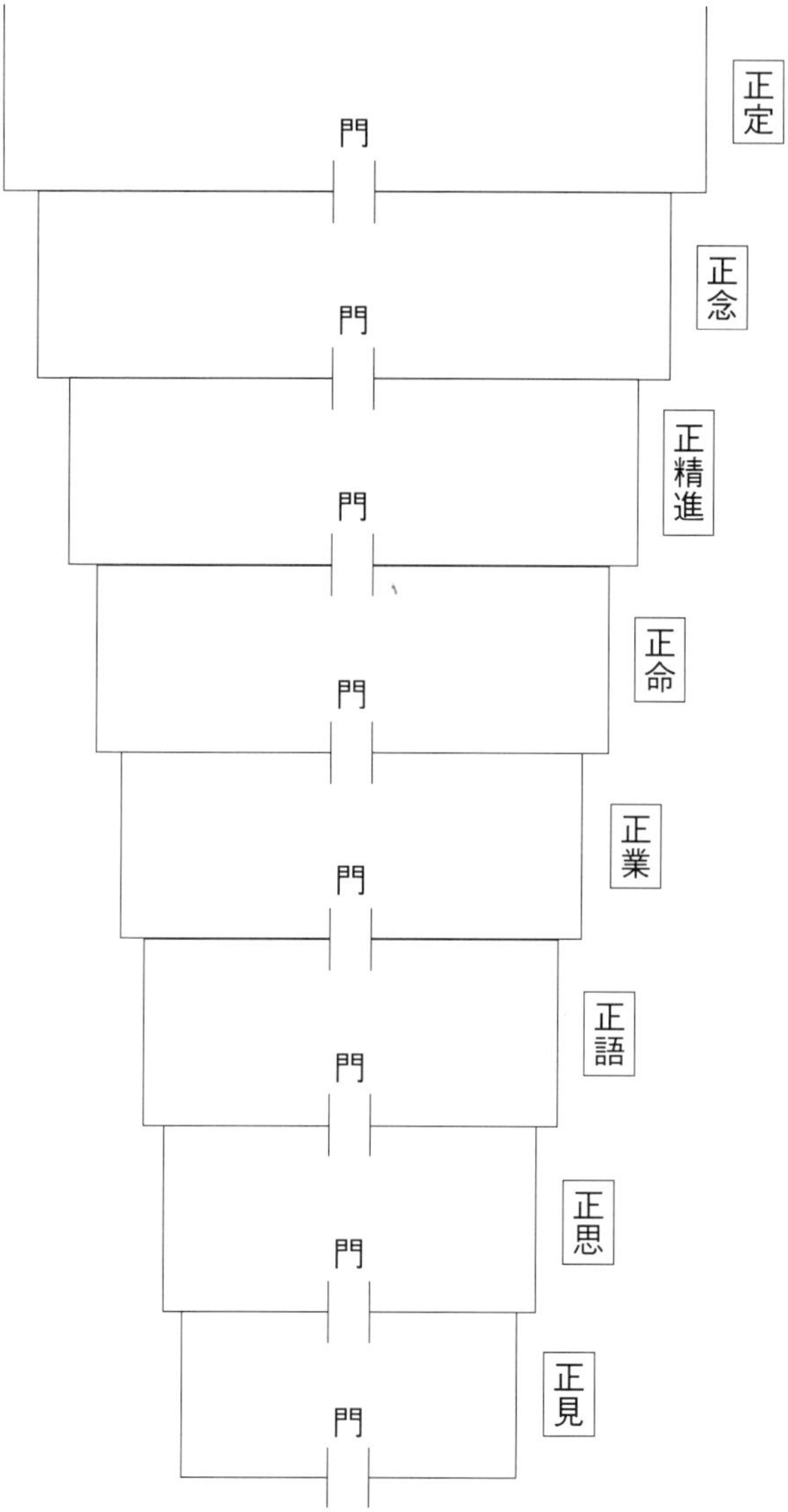
正定
門
正念
門
正精進
門
正命
門
正業
門
正語
門
正思
門
正見
門

これはアーガマのパーリ中部経典に釈迦ご自身の追憶談として述べられているということである。(6)

「実に〝苦しみの止滅に至る道〟という聖なる真理とは次のごとくである。

これは実に聖なる八支よりなる道である。すなわち、「正しい見解（正見）」、「正しい思惟（正思）」、「正しいことば（正語）」、「正しい行い（正業）」、「正しい生活（正命）」、「正しい努力（正精進）」、「正しい念い（正念）」、「正しい瞑想（正定）」である」

この「八正道」は最初に述べた「四聖諦」と密接な関係にあるという。右記の括弧内は漢訳された表現である。漢訳するといかに堅苦しい表現になるか分かるであろう。

これを表現すると197頁の図のようになる。

釈迦は正法のスタートラインとして「正見」、すなわち「正しい見解」を、最も重要な要素とみなした。釈迦はまず、あなたがどのような見解に立つかが重要であることを指摘したわけである。そして、正法を達成するためには、すなわちニルヴァーナを成就する道程に入るためには、まず「正しい見解」、すなわち「正見」に立つ必要を説いたわけである。釈迦はこの「正見」こそが、ニルヴァーナを成就する道程に入る必須である開裂面とみたのである。
主イエス・キリストも聖書の中で言われている。

「そこでイエスは言われた、『わたしがこの世にきたのは、さばくためである。すなわち、見えない人たちが見えるようになり、見える人たちが見えないようになるためである』。そこにイエスと一緒にいたあるパリサイ人たちが、それを聞いてイエスに言った、『それでは、わたしたちも盲人なのでしょうか』。イエスは彼らに言われた、『もしあなたがたが盲人であったなら、罪はなかったであろう。しかし、今あなたがたが〝見える〟と言い張るところに、あなたがたの罪がある』」（新約聖書　ヨハネ伝、第九章、三九節—四一節）
また新約聖書、「ヘブル人への手紙」第一一章、一節には、

「さて、信仰とは、望んでいる事柄を確信し、まだ見ていない事実を確認することである」とある。

かの有名なヘレン・ケラーは聾・唖・盲の三重苦に苦しんだ世界的な著名人であるが、彼女

が一番苦しかったのは、「見えないこと」だったという。

ソクラテスも「汝自らを知れ」と我々を叱咤激励して「正見」、すなわち「正しい見解」に立つ必要性を強調している。

そして釈迦は「もしあなたがこの『正見』、すなわち『正しい見解』に立つならば、必ずやその場所に『正しい思惟』、すなわち『正思』が口をあけて待っているであろう」というわけである。このような「正しい見解」に立って開かれた思惟こそ、まさに「正思」であり、「正しい思惟（正思）」であるというわけである。実をいうとこの「正しい見解」の平面こそ筆者が第七章で述べた、霊的平衡の自由意志面であるが、これを認識するのがまたなかなか難しい。

ともかくこうして開かれた思惟はまさに「正思」であり、我々をおのずと次の段階へと導いてくれるわけである。

次に導かれる段階は「正しいことば」、すなわち「正語」である。これは根源語を発する世界である。即ち真言を発する世界である。

空海によると、我々の根源動作に三種類あるという。それは「体密」、「意密」、「語密」であり、その「語密」の世界である。

新約聖書ではこれを「異言」と称している。人類史上初めて、「聖霊」が人類の上に降り注いだとき、十二使徒をはじめ一二〇人のイエス・キリストの弟子達はこの「異言」を語ったという（新約聖書　使徒行伝、第二章、四節―一八節）。また使徒パウロもこの「異言」をよく語ったという（新約聖書　コリント人への手紙第一四章、一八節）。手島郁郎先生はこの「異言」に関し、『預言霊修法』（キリスト聖書塾刊）なる著作を出版されている。

「語密」の世界が定着するにつれて「正しい行い」、すなわち「正業」の世界が開かれてくる。「正業」の世界は勿論、「語密」に導かれたエネルギー溢れる世界である。当然チャクラが開かれている可能性がある。ここで「正しい行い」とは奇跡が行われる世界である。奇跡の世界である。

それは聖書におけるイエス・キリストの行動を見ればよく分かる。例えば新約聖書、ヨハネ伝、第九章、一節―七節に次のように述べられている。

「イエスが道をとおっておられるとき、生まれつきの盲人を見られた。

弟子たちはイエスに尋ねて言った。『先生、この人が生まれつき盲人なのは、だれが罪を犯したためですか。本人ですか、それともその両親ですか』。

イエスは答えられた。『本人が罪を犯したのでもなく、また、その両親が犯したのでもない。ただ神のみわざが、彼の上に現れるためである。わたしたちは、わたしをつかわされたかたのわざを、昼の間にしなければならない。夜が来る。すると、だれも働けなくなる。わたしは、この世にいる間は、世の光である』。

イエスはそう言って、地につばきをし、そのつばきで、どろをつくり、そのどろを盲人の目に塗って言われた。『シロアム（つかわされた者、の意）の池に行って洗いなさい』。そこで彼は行って洗った。そして見えるようになって、帰って行った」

このような「正しい行い」の蓄積こそが、実は真の生活なのであり、かかる進化の過程を日々歩いている姿こそ、「正しい生活」であり、「正命」である。

このような日々進化の過程を歩む「正しい生活」には、日々「正しい努力」、すなわち「正精進」が伴うはずであり、自ずから生活の姿勢制御が流入してくることになる。そして遂には、神の天意が開かれ「正しい念い」、すなわち「正念」に満ち溢れ、神の世界観と生命に満ち溢れて日々を過ごすようになる。

最終的には「正しい瞑想」、すなわち「正定」に入りニルヴァーナをめがけ、サターン五号ロケットのように轟音を発して飛び上がり、遠く遠く、不滅なる世界、永遠の生命の世界へと旅発つのである。

これに関して、聖書の次の記事を思い出さずにはいられない。それは新約聖書、マタイ伝、第一六章、二八節から、第一七章、八節までの記事である。

「よく聞いておくがよい、人の子が御国の力をもって来るのを見るまでは、死を味わわない者が、ここに立っている者の中にいる」。

六日ののち、イエスはペテロ、ヤコブ、ヤコブの兄弟ヨハネだけを連れて、高い山に登られた。ところが、彼らの目の前でイエスの姿が変り、その顔は日のように輝き、その衣は光のように白くなった。すると、見よ、モーセとエリヤが彼らに現れて、イエスと語り合っていた。ペテロはイエスにむかって言った。「主よ、わたしたちがここにいるのは、すばらしいことです。もし、おさしつかえなければ、わたしはここに小屋を三つ建てましょう。一つはあなたのために、一つはモーセのために、一つはエリヤのために」。

彼がまだ話し終えないうちに、たちまち、輝く雲が彼らをおおい、そして雲の中から声がした。「これはわたしの愛する子、わたしの心にかなう者である。これに聞け」。

弟子たちはこれを聞いて非常に恐れ、顔を地に伏せた。イエスは近づいてきて、手を彼らにおいて言われた。「起きなさい、恐れることはない」。彼らが目をあげると、イエスのほかには、だれも見えなかった。

この八正道で大切なことは、最初の「正しい見解（正見）」から、「正しい瞑想（正定）」まで、中間に六段階があるということである。「正しい見解（正見）」から一足飛びに「正しい瞑想（正定）」に行くことはできないということである。

しかしすべての人間がこの階段を一段ずつ上る資格を持っているということを述べたい。

以上で、原始仏教である、『阿含経（Agama）』に記述される七科三十七道品（三十七菩提分法）についての説明を終わる。

ところで七科三十七道品（三十七菩提分法）で用いた段階的図形の方法は、決して説明の便宜的方法として用いたものでなく、古代社会に広がっていた、「宇宙性エネルギー」の表示法であったということである。

チグリス、ユーフラテス河畔に広がるメソポタミヤ平野に発見される、多くの「チグラット」はこれを意味し、エジプトのピラミッドの一群もこれを意味していると言うべきである。つまり釈迦が述べた七科三十七道品は「宇宙性エネルギー」に準じた表示法になっているということである。

筆者もエジプトの有名なカイロ考古学博物館を訪ねたことがあるが、そこに展示されるピラミッドの説明図に湖水が描かれていたのを思い出す。これはメキシコ・シティーの郊外にある、テオティワカンの場合も同様である。そのピラミッドの周囲を湖面が覆っていたのである。つまり湖面に映るピラミッドは逆ピラミッドとなり、七科三十七道品に示す「宇宙性エネルギー」

の表示法となるのである。
これはベストセラーにもなった、イタリア生まれの科学者、ヘルムート・トリブッチ著、渡辺正訳の『蜃気楼文明』(工作舎) の思想にも一致するものである。ピラミッドについてはさらに詳細を後述するであろう。
現実的にこれが「宇宙性エネルギー」の表示法であることは、オスカー・マゴッチ著、関英男監修、石井弘幸訳『わが深宇宙探訪記(上)』に表現される次のような記事から推定される。

オスカー・マゴッチはハンガリー生まれの電気技術者であるが、ある日、不思議な出会いから、今まで意識もしていなかった、いわゆる「UFO」との、アメリカの映画監督スピルバーグの描く「第四の遭遇」に相当する事件に、遭遇せざるを得なくなるわけであるが、彼が搭乗する遠隔操作の「UFO」がちょうどカイロ上空に差しかかったとき、不思議な現象が発生するのである。

「はっとして目を覚ますと、エジプトの砂漠の上空を浮遊しているのに気がついた。十キロも離れていないところに町が見える。カイロだろう。円盤の真下には、かの大ピラミッドが見える。現地時間では正午に違いない。上空の太陽と眼下のピラミッドの頂天とを、正確に一直線に結ぶ軸のようになっている。太陽光線はシャフトを真っ直ぐに射ている。だが、同時にシャフトの中で何かエネルギーの流れができているようだ。それも上向きにだ！　間違いない。青っぽく輝く、ある種の流れが、脈動しながら光を放っている天井の螺旋形の物に吸収されていく。その流れをグイグイと吸い上げてどこかに入れているかのようだ。何処へ？　エネルギー貯蔵庫がきっとあるはずだ。壁の中か、床の中かもしれない。目を下に移すと、床の蜂の巣のパターンも光り輝いている。だが、ほんの微かにだ。ひょっとしたら、これが蓄電池かもしれない。

どんな力を円盤は吸い上げているのだろうか？　それにしてもなぜピラミッドからなのだろう？　死んだ石の集まりではないか。また、太陽光線が必要なのは、もしかしたらある種の分極効果のためなのだろうか？

この不思議な充電は十五分程も続いたであろうか。そして終わった。円盤が〝満杯〟になったか、太陽の角度が変わって〝充電〟を終了せざるを得なくなったのか、そのどちらかの理由だろう。

とにかく、円盤はその位置から離れて、南の方向に進路を取った」(7)

このことはピラミッドの存在が未だ我々の科学で把握されていない、未知なる内容を秘める古代宇宙性社会の存在を示しており、グラハム・ハンコックの『神々の指紋』の記述を思い起こさせるものである。

それでは、この七科三十七道品に関わる「宇宙性エネルギー」に準じた表示法は本来のキリスト教教学とどのような関係になるのであろうか。これについて論じてみたい。

第二章　釈迦原典原始仏教とキリスト教教学との関係

第一章において、釈迦原典における原始仏教の構造について考察してきたわけであるが、これが本来の、初代使徒キリスト教時代のキリスト教教学とどのような関係にあるのだろうか。

釈迦がニルヴァーナを成就されて、ベナレスのイシパタナ・ミガダーヤ（鹿野苑）において、五人の修行僧たちに初めて説法されたものは、「初転法輪」に属する教法と言われ、「四聖諦」と「八正道」がこれに含まれるとされる。それで特に、「四聖諦」と「八正道」について述べたい。

「四聖諦」は、ここでくり返し述べると、次のように表現される。

そしてこれはキリスト教教学において次のように表現される。

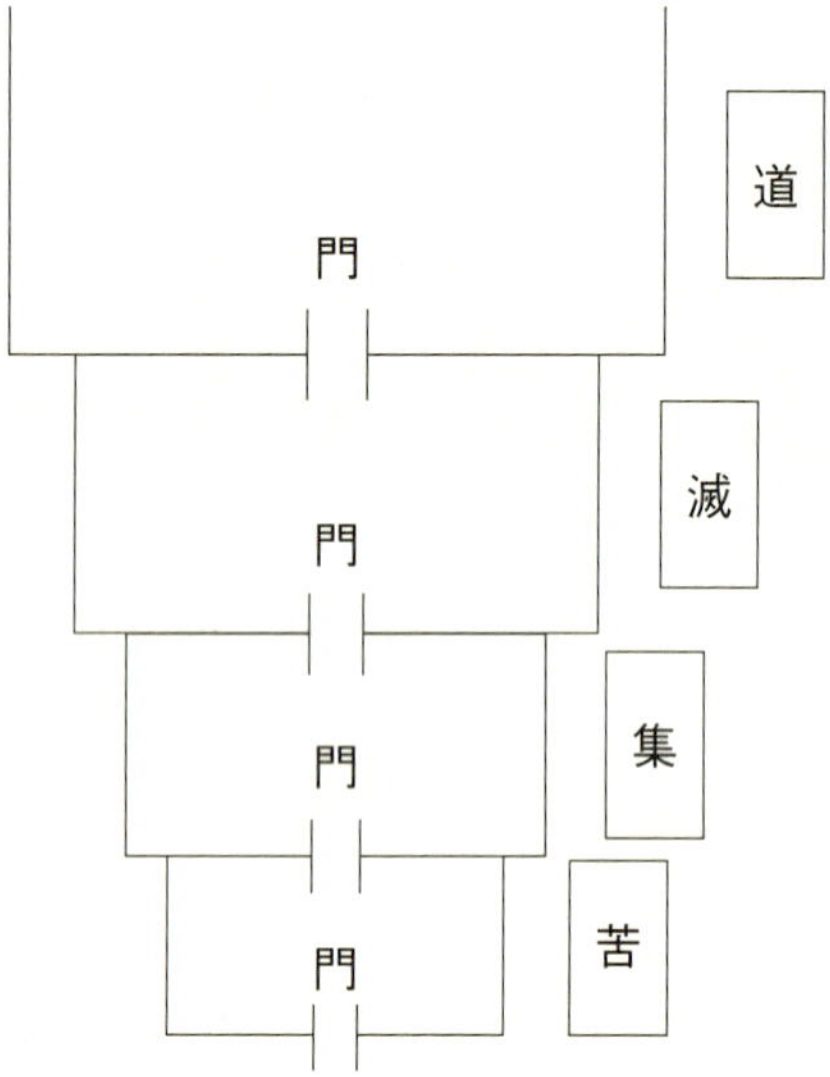

少々複雑化されているが、原始仏教に記述される「四聖諦」を初代使徒キリスト教時代のキリスト教教学で解釈すると、次頁の図のようになる。

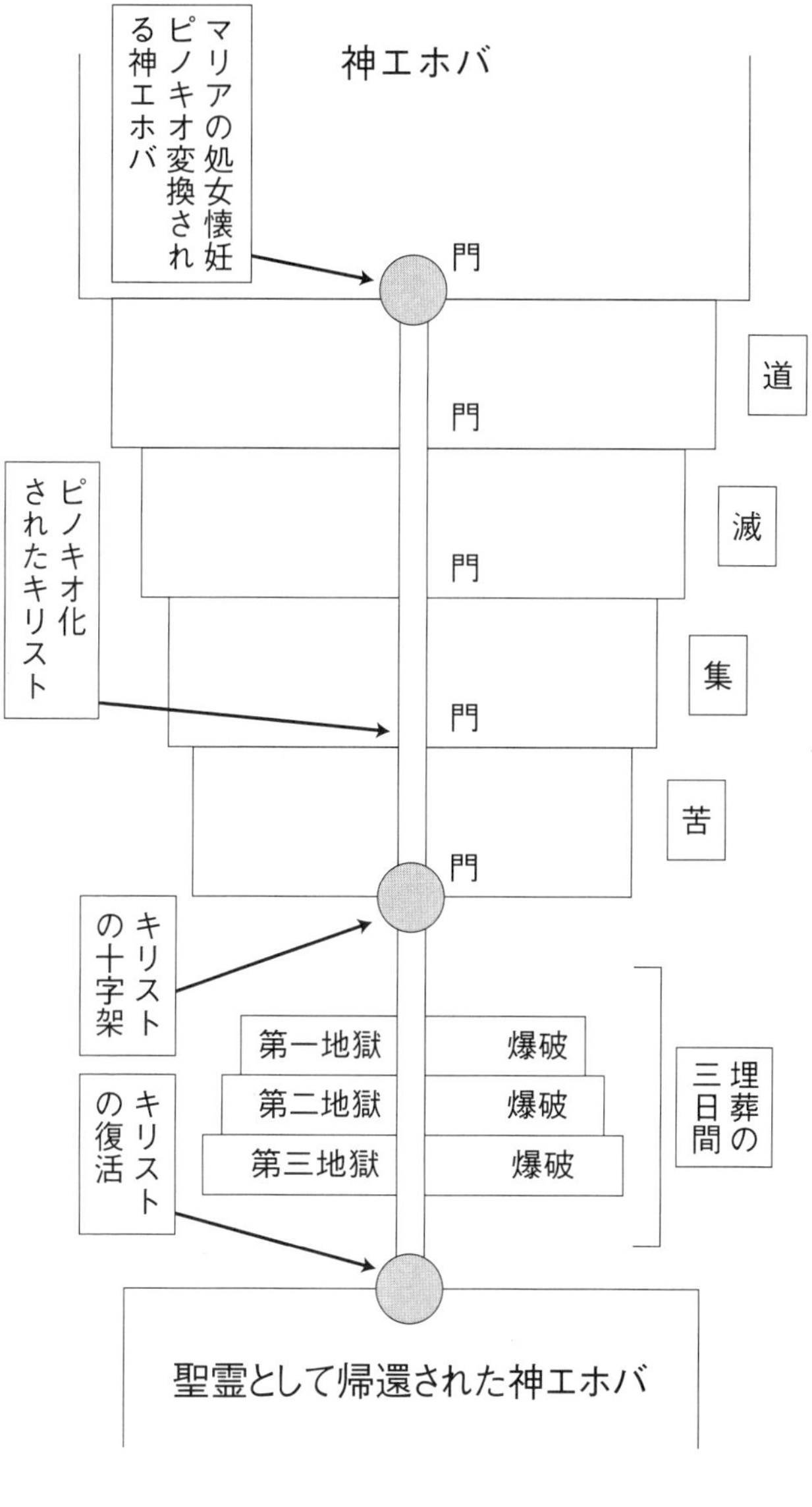
神エホバ
マリアの処女懐妊
ピノキオ変換される神エホバ
門
道
門
滅
門
ピノキオ化されたキリスト
集
門
苦
門
キリストの十字架
第一地獄　爆破
第二地獄　爆破
第三地獄　爆破
埋葬の三日間
キリストの復活
聖霊として帰還された神エホバ

本来ならば、「四聖諦」の「道」の上に神エホバがくるべきものである。神エホバこそは宇宙と全天界を創造された創造神、ヤーウェー（YHWH）神であるからである。その意味するところは「我は在りて在る者である」という意となる（旧約聖書　出エジプト記第三章、一四節）。「神はモーセに言われた、『わたしは、有って有る者』。また言われた。『イスラエルの人々にこう言いなさい、〝わたしは有る〟というかたが、わたしをあなたがたのところへつかわされました』と」。

それで小池辰雄先生はこれに対して「実存主」という訳語をあてられた。

イエス・キリストも聖書の中で述べておられる、

「私は道であり、真理（智慧）であり、命である」（新約聖書　ヨハネ伝、第一四章、六節）。

大体地球の宇宙性古代期および、他の宇宙間惑星においては、おおよそこの方式で人間の進化行程はうまくいっていたのである。つまり人間は解脱し、うまく神界へと吸い上げられていたのである。ところが、我々が確定できない、ある宇宙性古代期の一点において、旧約聖書、創世記第三章、一節から二四節に記される、アダムとイヴによる「エデンの園の喪失」譚が発生したのである。これに関し、興味深い物語が、インドのヨーガ行者「ヨーガナンダ」の自伝に述べられている。

「私にはアダムとイヴの物語がどうしても腑に落ちません」この寓話の解釈に悩んでいた私は、ある日かなり興奮した調子で先生に尋ねた「神はなぜ罪を犯した夫婦ばかりでなく、まだ生まれてもいない罪のない子孫にまで罰を加えられたのですか?」

先生は私の質問よりも、私のむきになった態度をおかしがりながら答えられた「創世記の物語はきわめて象徴的に書かれている。だから文字上の解釈をしただけでは、その意味をつかむことはできない。あそこに出て来る〝生命の木〟とは、人間のからだのことだ。つまり、脊髄は木を逆さにしたようなもので、頭髪が根にあたり、知覚、運動両神経が枝にあたる。この神経系統の木には、視聴嗅味触の五感というおいしい実が成っている。人間はこれらの果実を自由に楽しむ権利をもっているが、ただ性の経験――すなわち肉体の園の中央にあるりんごの実を食べること――だけは禁じられていた。

〝蛇〟とは、性神経を刺激するコイル状の脊髄エネルギーを意味する。そして〝アダム〟は理性を、〝イヴ〟は感情を表わす。人間の中のイヴ的意識である感情が性的衝動に征服されると、アダム的意識である理性も屈服してしまう。

神が人間という種族をつくられるにあたっては、男女のからだを、ご自分の意志の力によって物質化された。そしてこの新しい種族にも、ご自分と同様〝汚れなき〟方法によって子供をつくる能力を与えられたのだ。個性化された霊魂を通じての神の自己表現は、それまでは、十分な理性をもたずただ本能のままに生きる動物に限られていたので、神は新しくアダム、イヴという名によって象徴される一対の人間のからだをおつくりになり、高度に進化した生き物として魂を吹き込み神性を賦与された。そして、アダムすなわち男性には理性が強調され、イヴすなわち女性には感情が強調された。

こうして、現象界の底にある二元性が、人間の両性のうえにも表わされた。理性と感情は、人間の心が、獣性を帯びた〝蛇〟のエネルギーの誘惑に陥らぬかぎり、常に調和して聖なる喜びの世界に浸っていることができるのだ。

だから人間のからだは、単に動物の進化したものではなく、神の特別の創造意志によってつくられたものだ。動物のからだは、神性を十分に表現するだけの精巧さをそなえていないが、人間には、鋭敏で神秘な脊髄中枢と、全知の可能性を宿す大脳中枢（〝千枚の花びらをもつ蓮の花〟の中枢）が与えられている。

最初につくられた男女にそなわっていた聖なる意識すなわち神は、彼らにすべての感覚を楽しむことを許されたが、ただ性的感覚だけは禁じられた。それは、人間を下等な動物的生殖法に陥らせないためだった。しかし、人間が潜在意識的にもっているこの獣的記憶をよみがえらせないようにという神の警告は破られてしまった。再び動物的生殖法を採用するようになったアダムとイヴは、最初の完全な人間に与えられていた聖なる喜びの状態から堕落してしまった。すなわち、自分たちが〝裸であることを知った〟彼らは、神が警告されたように、永遠不滅の意識を失って、ついに自らを物質的自然法則の支配下に置き、肉体的生死を経験するようになってしまったのだ。

〝蛇〟がイヴに約束した〝善悪を知る〟とは、宇宙の二元性の原理を経験することを意味する。マーヤの支配下にあるものは、すべてこの原理に拘束されなければならない。イヴ的意識なる感情とアダム的意識なる理性を誤用する人間は、迷妄の中に転落して、如意自在の天の楽園に入る権利を自ら放棄することになる。この二つの性質、すなわちアダムとイヴというわれわれの〝両親〟を、調和ある統一状態であるエデンの園に連れ戻すことは、すべての人間に課せられた責任なのだ」
スリ・ユクテスワは話を結ばれた。私は新たな尊敬の念をもって創世記を見直した。
「先生」私は言った。「私は今はじめてアダムとイヴに対する子としての義務を感じました！」

つまり今まで予想もしなかったような性欲の暴発に見舞われてしまったのである。この経過は、そして残念なことに男性でなく、女性のイヴによって惹き起されてしまったのである。その結果、今まで視えなかった物が見え、視えていた物が見えなくなるという事態が発生してしまった。初代使徒教会を確立した使徒パウロもこの事実を深く考慮し、女性が公的集会で発言するのを慎むよう諭している。

「神は無秩序の神ではなく、平和の神である。聖徒たちのすべての教会で行われているように、婦人たちは教会では黙っていなければならない。彼らは語ることが許されていない。だから、律法も命じているように、服従すべきである。もし何か学びたいことがあれば、家で自分の夫に尋ねるがよい。教会で語るのは、婦人にとっては恥ずべきことである」（新約聖書 コリント人への第一の手紙 第一四章 三三節から三五節）

この性欲の暴発とともに、前記の「宇宙性エネルギー」を形作る「四聖諦」も今までのように、うまく起動しなくなったのである。つまり今まで脈動していた、提灯の蛇腹に相当する部分が、濃厚性欲により隣接する蛇腹と固着状態を形成し、蛇腹が以前のように簡単に広がって、提灯の役割を形成する構造に展開することができなくなり、「自己愛」の第一の愛と「この世の愛」の第二の愛に封じ込められてしまったのである。

このとき以来、人間社会は必然的に、「地獄的波動」に包まれ始める。なぜならば、人間はすべて荀子の「性悪説」から出発し、孟子の「性善説」に至るというのが正解であるからである。そしてこの「地獄的波動」は自然界を超えて遠く霊域まで広がり始め、至高なる天使ですらその純粋に留まることができないほどに、感染力を高めていったのである[2]。

その結果、いわゆるピノキオ界を形成する人類相互間の力のみでは、どうしても復元することは不可能な事態に至ってしまったのはまことに悲劇である[3]。

それで創造神、エホバ神は被造物の人間界であるピノキオ界を贖うべく、いわば「ピノキオ変換」を「処女マリア」の胎盤で引き起こし、エホバ神である、ジェッペット爺さんはピノキオ界に身を投じる事態となったのである。もちろんジェッペット爺さん、ことエホバ神は、ピノキオ界に身を投じても、内部はエホバ神それ自体であられたのである。

実は、ジェッペット爺さん、ことエホバ神は、モスコーのトレチャコフ美術館にある、天才画家アンドレイ・ルブリョフの有名な絵画［聖三位一体］に描かれるように、第一屈折、第二屈折を引き起こした欧米のキリスト教に説明される「川字型」の三人の神ではない。

すなわち、処女懐妊する前に、エホバ神それ御自身以外に、子なる神として、別個にキリストなる神がおられたわけではない。

正に、この「川字型」の三人の神の概念はＡＤ三二五年に、ニケア公会議においてその教義を討議したときに生まれた想像物である。


エマヌエル・スウェーデンボルグによると、ニケア公会議こそは、今までの使徒的教会に知られていなかった、永遠から存在する、三人格の三一性、すなわち神を三人格に、キリストを二人格に分割する神観が考案され、ローマ・キリスト教、すなわちカトリックに導入され、全教会に広められる発端になった会議であったのである。

そしてそこから、プロテスタント教会にも導入された。このことこそ、すでに述べたように、イエス・キリストがその生前中に最も恐れていた事態だったのである。

イエス・キリストがマタイ伝二一章、一一節、一五節に、

「多くの偽預言者起こりて、多くの人を惑わさん。汝ら預言者ダニエルによりて言われたる荒らす憎むべき者の聖所に立つを見ば、読む者、悟れ」と言われ、その同章の後に、

「その時、大いなる艱難あらん、世の創めより今に至るまでかかる艱難なくまた永久になからん」

と予告された事体が遂に発生したわけである。

「ピノキオ変換」したジェッペット爺さん、ことエホバ神であるイエス・キリストは、「神」として、あるいは「主なる神」として、礼拝されることも前提とされたのである。

しかしここで注意しないといけないのは、次の聖言で「ひとり子」あるいは「御子」と表現されているのは「ピノキオ変換」したジェッペット爺さん、ことエホバ神の変換であって、別

個にイエス・キリストなる神が存在するわけではない。

ここでもし、「変換」でなく、「ひとり子」あるいは「御子」と称する、別個にイエス・キリストなる神が存在するとすると、ニケア公会議で導入された、永遠から存在する、三人格の三一性、すなわち神を三人格に、キリストを二人格に分割する「川字型」の神観に転換する。くり返すようであるが、処女懐妊する前に、エホバ神それ御自身以外に、子なる神として、別個にキリストなる子なる神がおられたわけではないのである。なぜならば、すでに説明したように聖言は「宇宙性マトリックス多重性構造言語」という多重性構造言語で構成されているからである。

「しかし、彼を受けいれた者、すなわちその名を信じた人々には、彼は神の子となる力を与えたのである。それらの人は血すじによらず、肉の欲によらず、また、人の欲にもよらず、ただ神によって生れたのである」（新約聖書　ヨハネ伝、第一章、一二節、一三節）

「神はそのひとり子を賜わったほどに、この世を愛して下さった。それは御子を信じる者がひとりも滅びないで、永遠の命を得るためである。

神が御子を世につかわされたのは、世をさばくためではなく、御子によって、この世が救われるためである。

彼を信じる者は、さばかれない。信じない者は、すでにさばかれている。神のひとり子の名を信じることをしないからである。

そのさばきというのは、光がこの世にきたのに、人々はそのおこないが悪いために、光よりもやみの方を愛したことである。

悪を行っている者はみな光を憎む。そして、そのおこないが明るみに出されるのを恐れて、光にこようとはしない。

しかし、真理を行っている者は光に来る。その人のおこないの、神にあってなされたということが、明らかにされるためである」（新約聖書　ヨハネ伝、第三章、一六節から二一節）

「それは、すべての人が父を敬うと同様に、子を敬うためである。子を敬わない者は、子をつかわされた父をも敬わない。

よくよくあなたがたに言っておく。わたしの言葉を聞いて、わたしをつかわされたかたを信じる者は、永遠の命を受け、またさばかれることがなく、死から命に移っているのである。

よくよくあなたがたに言っておく。死んだ人たちが、神の子の声を聞く時が来る。今すでにきている。そして聞く人は生きるであろう」（新約聖書　ヨハネ伝、第五章、二三節―二五節）

「イエスは彼らに答えて言われた、『神がつかわされた者を信じることが、神のわざである』」（新約聖書　ヨハネ伝、第六章、二九節）

「永遠の命とは、唯一の、まことの神でいますあなたと、また、あなたがつかわされたイエス・キリストとを知ることであります。

わたしは、わたしにさせるためにお授けになったわざをなし遂げて、地上であなたの栄光をあらわしました。

父よ、世が造られる前に、わたしがみそばで持っていた栄光で、今み前にわたしを輝かせて下さい」（新約聖書　ヨハネ伝、第一七章、三節から五節）、

かつそれと共に、自分の昇天後、必ずや「助け主」として「聖霊」が降ることを約束されたのである。

「わたしは父にお願いしよう。そうすれば、父は別に助け主を送って、いつまでもあなたがたと共におらせて下さるであろう。

それは真理の御霊《みたま》である。この世はそれを見ようともせず、知ろうともしないので、それを受けることができない。あなたがたはそれを知っている。なぜなら、それはあなたがたと共におり、またあなたがたのうちにいるからである。

わたしはあなたがたを捨てて孤児とはしない。あなたがたのところに帰って来る」（新約聖書　ヨハネ伝、第一四章、一六節から一八節）

「しかし、助け主、すなわち、父がわたしの名によってつかわされる聖霊は、あなたがたにすべてのことを教え、またわたしが話しておいたことを、ことごとく思い起させるであろう」（新約聖書　ヨハネ伝、第一四章、二六節）

「わたしが父のみもとからあなたがたにつかわそうとしている助け主、すなわち、父のみもとから来る真理の御霊《みたま》が下る時、それはわたしについてあかしをするであろう」（新約聖書　ヨハネ伝、第一五章、二六節）

そしてそれは果たして約束どおり、新約聖書、使徒行伝第二章、一節から四節にあるように、この人類界に実現するのである。

「五旬節の日がきて、みんなの者が一緒に集まっていると、突然、激しい風が吹いてきたような音が天から起ってきて、一同がすわっていた家いっぱいに響きわたった。また、舌のようなものが、炎のように分れて現れ、ひとりびとりの上にとどまった。すると、一同は聖霊に満たされ、御霊《みたま》が語らせるままに、いろいろの他国の言葉で語り出した」。

この場所は、新約聖書、マルコ伝の著者マルコの母の家であるといわれ、「アッパー・ルーム」という呼称で現在もエルサレム市に保管されており、筆者も訪問したことがある。

ところで、このような「八正道」で示されたような「宇宙性エネルギー」の表示法を形成する表現が肝心の「聖書」の中にはないのだろうか。ところがこれが「聖書」にも確かに存在するのである。これについて次に述べてみたい。

り、今や、スウェーデン人、エマヌエル・スウェーデンボルグによって、一七四九年から一七五五年にかけて出版されたのである。

この原著は『ARCANA COELESTIA』と言い、原書はラテン語で書かれている。しかし後に英国においてスウェーデンボルグ協会（The Swedenborg Society）、米国ではスウェーデンボルグ財団（Swedenborg Foundation）が設立され、有名な宗教心理学者のウィリアム・ジェームスなどの努力により、完全に英訳され、日本語にも一九七〇年より静思社の柳瀬芳意氏の努力によって『天界の秘儀』全二八巻の大部作として訳出されている。

ところで『ARCANA COELESTIA』すなわち『天界の秘儀』の内容は、全巻統一して、項目ごとの段落番号の下に記述されており、筆者はこれを項目番号と呼びたいと思う。この項目番号三八五八番から三九六九番にわたって、この「十二部族」の内的意味が詳細にわたって紹介されている。

これを、先述した五層建築の多重性原語である外側の「文字釈」、および「意味釈」に加えて、内部に「秘釈」、「深秘釈」、「重々深秘釈」なる「宇宙性マトリックス多重性言語」に基づいて解説すると、驚くなかれＢＣ五世紀、釈迦無尼尊が、古代インドに伝承されるリグ＝ヴェーダとヒンドゥ教、ウパニシャッド哲学等の伝統の背景にあって、激しい修行と深い瞑想の中に、人間的システムをはるかに超える宇宙的システムの生命の大海と再ドッキングして獲得された、「死からの脱出」の方法論であり、かつ、「智慧を獲得する方法」[1]である、「初転法輪」に属する教法と言われる、「四聖諦」と「八正道」の原型が、そこに浮かび上がってくるのである。

ヤコブの十二部族の秘められた「宇宙性マトリックス多重性構造」をひも解くと、そこに二つの構造が浮かび上がる。一つは「四聖諦」に対応する構造で、二つは「八正道」に対応する構造である。

「四聖諦」は第三の天に相当する「火炎性の天使」へと解脱する場合に対応し、

「八正道」は第二の天に相当する「光輝性の天使」へと解脱する場合に対応する。

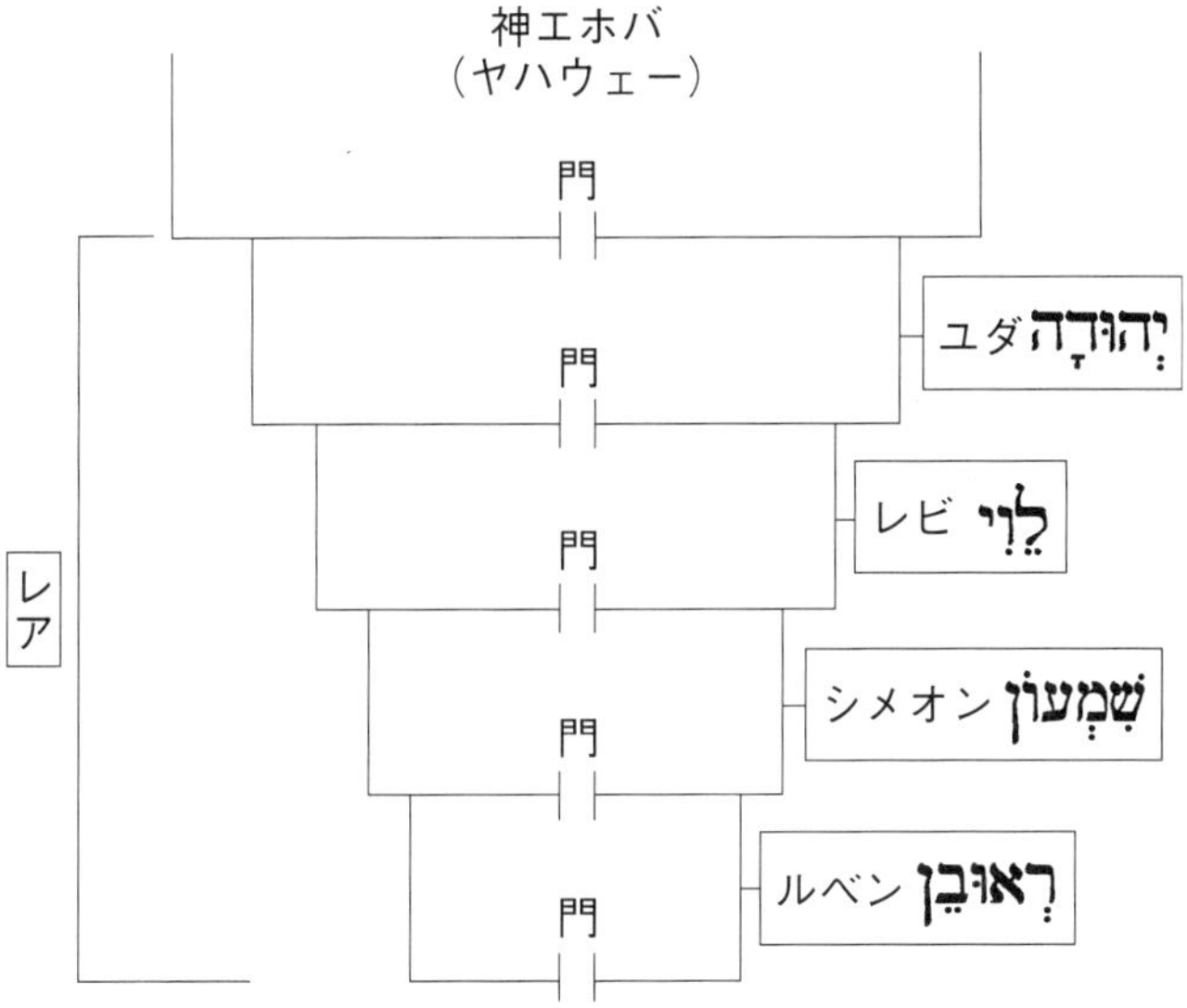

一、まず「四聖諦」に対応する第三の天に相当する「火炎性の天使」へと解脱の場合について解説し、次に「八正道」に対応する第二の天に相当する「光輝性の天使」へと解脱する場合について解説する。

第一の場合、「火炎性の天使」の解脱プロセスを図解すると、上図のような図形となる。

ここに記している名前は、いずれも有名なユダヤ民族の父祖ヤコブが生んだ十二部族の名前であるが、この名前の「宇宙性マトリックス多重性言語」の基本に基づいてそれぞれの名前の持つ宇宙的釈義を考察するとき、ＢＣ五世紀、釈迦無尼尊が古代インドに伝承されるリグ＝ヴェーダとヒンドゥ教、ウパニシャッド哲学等の伝統の背景にあって、激しい修行と深い瞑想の中に、人間的システムをはるかに超える宇宙的システムの生命の大海と再ドッキングして獲得された、「死からの脱出」の方法論であり、かつ、「智慧を獲得する方法」[1]である、「初転法輪」に属する教法と言われる、「四聖諦」の原型が現れてくる。

ヤコブがレアに産ませた子供が四名で長男ルベン、次男シメオン、三男レビ、四男ユダである。

エマヌエル・スウェーデンボルグの著書『天界の秘儀』段落項目三八五八番から三八六二番、三九一三番によると、それぞれ次のような内意を有している・

一、ルベン（ראובן）……神エホバから発している信仰

二、シメオン（שמעון）……神エホバから発している意志の信仰

三、レビ（לוי）……霊的な愛または仁

四、ユダ（יהודה）……愛の神的なものと、主の天的な王国

この四人の部族名はヤコブの妻「レア」がヤコブに産んだ子供たちの名前で、後にこれが拡大して部族名になるのである。

ちなみにヤコブは自分の意志によらないで、ある一つの運命により四人の妻を娶らざるを得なくならせられる。実のところ、ヤコブが妻としたかったのは、「ラケル」のみである。

この箇所は、釈迦の説法では、「四聖諦」に相当する部分と考えられる。「ルベン」（רְאוּבֵן）は「見ること」の意味で「エホバは見られる」（旧約聖書　創世記第二九章三二節）から来ている。これは行法の最外端の階梯を意味し、「四聖諦」の「苦」に相当する。すなわち、「ルベン」的状況が発生するときには、既にイエス・キリストは、内面から働きつつあるのであり、現象的には、「苦」の形相を取るのである。

次の段階は「シメオン」（שִׁמְעוֹן）と呼ばれる。その意味するところは「神エホバから発している意志の信仰」である。つまり「意志の信仰」の信仰である。「四聖諦」の「集」に相当する。すなわち行法の一歩内面の「意志」の問題に行法が発展していくのである。この「シメオン」は「エホバは聞かれたから」（旧約聖書　創世記第二九章三三節、）から来ている。行法では、「見ること」より「聞くこと」のほうがより内面的な行為とされる。

使徒パウロもいっている、

「信仰は聞くことによるのであり、聞くことはキリストの言葉から来るのである」（新約聖書ローマ人への手紙、第一〇章、一七節）。

またイエス・キリストも、ヨハネ伝に次のように言っておられる。

「門からはいる者は、羊の羊飼である。門番は彼のために門を開き、羊は彼の声を聞く。そして彼は自分の羊の名をよんで連れ出す。自分の羊をみな出してしまうと、彼は羊の先頭に立って行く。羊はその声を知っているので、彼について行くのである。わたしにはまた、この囲いにいない他の羊がある。わたしは彼らをも導かねばならない。彼らも、わたしの声に聞き従うであろう。そして、ついに一つの群れ、ひとりの羊飼となるであろう」（新約聖書　ヨハネ伝、第一〇章、二節から四節、一六節）

第三段目は「レビ」（לֵוִי）である。その意味するところは「霊的な愛または仁」である。これは「わたしに密着する」（旧約聖書　創世記第二九章三四節、）から来る。これはある意味で、意思の情愛による連結を意味し[2]、「四聖諦」の「滅」に相当する。これは愛への「滅」、すなわち新空間を意味しているからである。

例えば旧約聖書、イザヤ書第五六章三節、六節に、

「エホバに密着している他国人の息子に、エホバはわたしをその民から引き離し、引き離させると話させ、言わせてはならない。エホバをはなれないで、かれに仕え、エホバの御名を愛する他国人の息子たちをエホバの僕としなくてはならない」とある。

また旧約聖書、申命記第一〇章二〇節には、

「あなたは神エホバを恐れなくてはならない、あなたはかれに仕えなくてはならない、あなたはかれに密着しなくてはならない」とある。

これはまた天国的な夫婦愛を意味し、旧約聖書、創世記第二章二四節にある、「それで男はその父と母を離れて、その妻に密着しなくてはならない、かれらは一つの肉とならなくてはならない。」等も意味しているのである。

この段階で、東洋的な仁と愛と言う霊的な連結の新空間が広がるのである。

最後の第四段階が「ユダ」（יהודה）で、「愛の神的なものと主の天的な王国」を意味している。[3] これは「こんどはわたしはエホバを告白しよう」（旧約聖書　創世記第二九章三五節）から来ている。これは「四聖諦」の「法」に相当するものである。

これは「告白する」ことの、至上解である「重々深秘釈」の意味するところが、主神、ヤーウェー神を意味しているからである。即ち、ピノキオ変換した主イエス・キリストのことである。[4]

これはすでに、天界に奔流のように充満する神的愛の生命に身をさらすようになるからである。読者は、ベートーヴェンの交響曲第九番の「歓喜の歌」を想起されるであろう。

例えば旧約聖書　詩篇第七五章一節にある、
「ああ神よ、私たちはあなたに告白（感謝）いたします、あなたの御名は近く、あなたの驚くべき業は宣べつたえます、と」

これは一旦奔流のような天的生命に身を投じたものが、反射的に全身から放射される絶叫である。このときその人は、神と合一した自己は神の法身と共に、全宇宙を瞥見《べっけん》することができよう。この際、もうひとつ重要な要素があると言う。

これは小池辰雄先生が言うように、我執の完全な「砕け」の状態である。これが旧約聖書のモーセの書の一つである、レビ記に記される次のような記事であるとされる。
「以下がエホバに捧げなくてはならない酬恩祭（神恩に報いる祭り）のいけにえの律法である。若しこれを告白（感謝）のために捧げるのであれば、油を混ぜた種入れぬ菓子と、油を塗った種入れぬ煎餅と、よく混ぜた麦粉に油を混ぜて作った菓子とを、告白（感謝）の犠牲にあわせ、供え物として捧げなければならない」（レビ記、第七章、一一～一二節）

かく「ユダ」に関する「重々深秘釈」（愛の神的なものと、主の天的な王国）こそが旧約聖書に述べる「ユダ」についてのヤコブの予言の内容であるという[5]。

「ユダ（יְהוּדָה）よ、兄弟たちはあなたをほめる。
あなたの手は敵のくびを押さえ、
父の子らはあなたの前に身をかがめるであろう。
ユダ（יְהוּדָה）は、ししの子。
わが子よ、あなたは獲物をもって上って来る。
彼は雄じしのようにうずくまり、
雌じしのように身を伏せる。
だれがこれを起すことができよう。
つえはユダを離れず、
立法者のつえはその足の間を離れることなく、
シロの来る時までに及ぶであろう。

もろもろの民は彼に従う。
彼はそのろばの子をぶどうの木につなぎ、
その雌ろばの子をよきぶどうの木につなぐ。
彼はその衣服をぶどう酒で洗い、
その着物をぶどうの汁で洗うであろう。
その目はぶどう酒によって赤く、
その歯は乳によって白い」（旧約聖書　創世記第四九章八節から一二節）

実はこの「四聖諦」が創世記第二八章、一二節から一九節にいたる、ヤコブの梯子の意味するところの「宇宙性エネルギー」に準じる表示法であったのである。(6)

「さてヤコブはベエルシバを立って、ハランへ向かったが、一つの所に着いた時、日が暮れたので、そこに一夜を過ごし、その所の石を取ってまくらとし、そこに伏して寝た。
時に彼は夢をみた。一つのはしごが地の上に立っていて、その頂は天に達し、神の使たちがそれを上り下りしているのを見た。

そして主は彼のそばに立って言われた。『わたしはあなたの父アブラハムの神、イサクの神、主である。あなたの伏している地を、あなたと子孫とに与えよう。あなたの子孫は地のちりのように多くなって、西、東、北、南にひろがり、地の諸族はあなたと子孫とによって祝福をうけるであろう。わたしはあなたと共にいて、あなたがどこへ行くにもあなたを守り、あなたをこの地に連れ帰るであろう。わたしは決してあなたを捨てず、あなたに語った事を行うであろう』。ヤコブは眠りからさめて言った。『まことに主がこの所におられるのに、わたしは知らなかった』。そして彼は恐れて言った。『これはなんという恐るべき所だろう。これは神の家である。これは天の門だ』」

「四聖諦」に対応する第三の天に相当する「火炎性の天使」へと解脱プロセスは、密経における胎蔵界に相当する。

二、「光輝性の天使」の解脱プロセスの場合次に「光輝性の天使」の解脱に相当する場合について述べたい。

これはＢＣ五世紀、釈迦無尼尊が、古代インドに伝承されるリグ＝ヴェーダとヒンドゥ教、ウパニシャッド哲学などの伝統の背景にあって、激しい修行と深い瞑想の中に、人間的システムをはるかに超える宇宙的システムの生命の大海と再ドッキングして獲得された、「死からの脱出」の方法論であり、かつ、「智慧を獲得する方法」[1]である、「初転法輪」に属する教法と言われる、「八正道」に相当するものと考えられ、次頁の図のようになる。

ここでは光輝性の天使、すなわち密教系の用語を借りるならば、金剛界の天使へと解脱する方法論が述べられているわけである。

総体的にいって、ヤコブの十二人の息子たちによって、人間が解脱しつつある間の霊的なものと、天的なものへと導きいれられる手段となる十二の全般的な、または基本的な事柄が意味されているとされる[7]。

ここでは四人の女性によって表象される、連結の能力によって、一歩一歩、八正道と同じく、

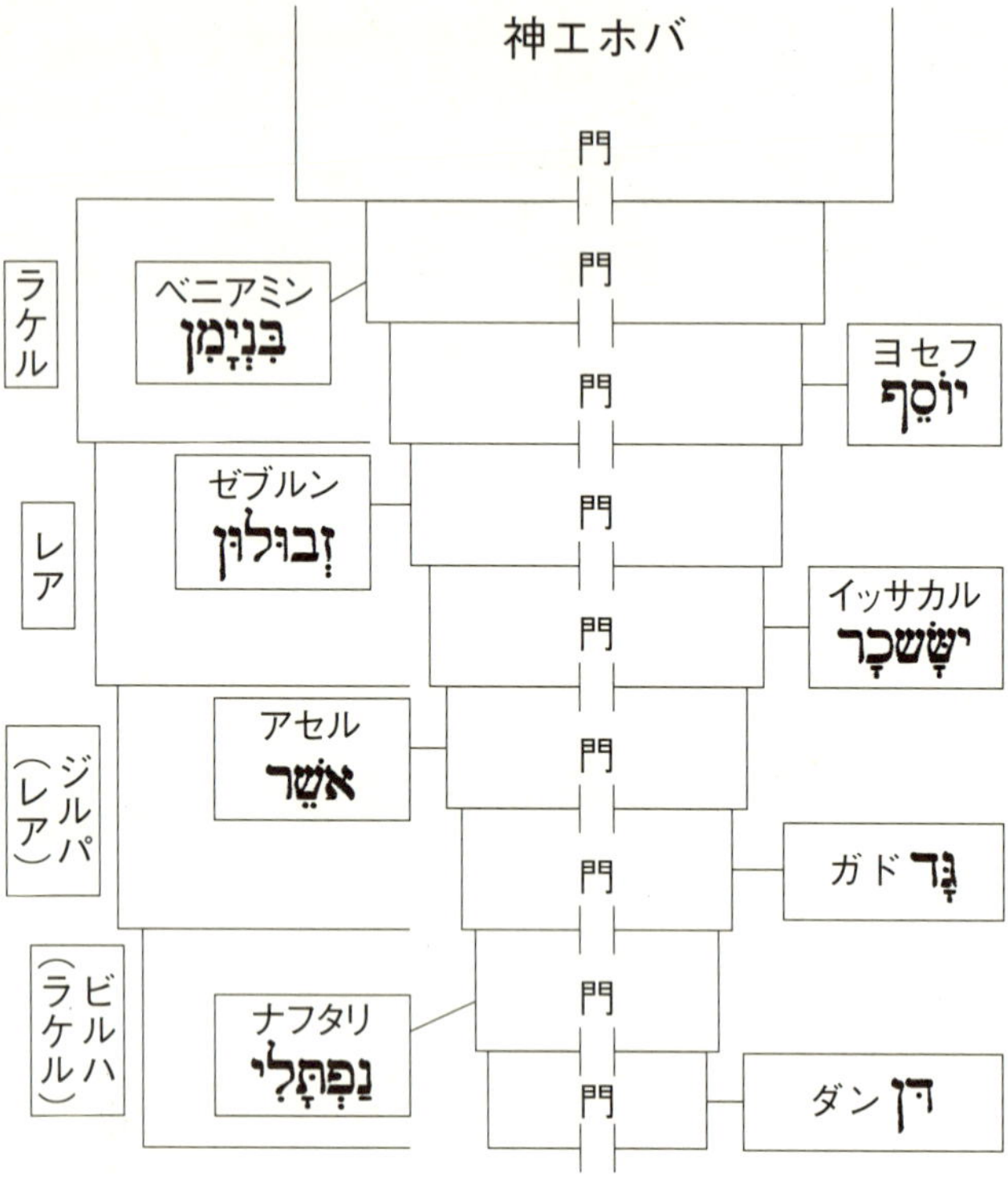

内的な生命の世界へと導かれる段階が描かれているわけである。

第一段階は「ダン」（דָּן）と呼ばれ、ラケルの女中ビルハがヤコブに産んだ子供である。

その意味するところは「神はわたしを審かれ、わたしの声を聞かれた」という意味であり（旧約聖書　創世記第三〇章六節）、八正道の「正見」に匹敵するものである。

すなわち釈迦はこの「正見」こそが、ニルヴァーナを成就する道程に入る必須事項であると観たその開裂面である[8]。

「ダン（דן）」の原意も「審くこと」の意で、「神の公正と慈悲を肯定すること」を含んでいる。つまり「正見」の意味するところを示している。

ヤコブがその息子たちについて語った予言に次のものがある。

ダン דן はおのれの民をさばくであろう、
イスラエルのほかの部族のように。
ダン דן は道のかたわらのへび、
道のほとりのまむし。
馬のかかとをかんで、
乗る者をうしろに落すであろう。
エホバよ、わたしはあなたの救を待ち望む（旧約聖書　創世記第四九章一六――一八節）。

また、十二種族にかかわるモーセの予言には次のようにある。

ダン דן はししの子であって、
バシャンからおどりでる（旧約聖書　申命記第三三章二二節）。

意味するところは、ニルヴァーナを成就する道程の入り口の開裂面のことである。(9)

第二段階は「ナフタリ」（נפתלי）である。その意味するところは「格闘すること」である。やはり、「ダン」に引き続き、ラケルの女中ビルハによりヤコブに生まれた子供である。命名は、「ラケルは言った、神の争いをもってわたしは姉（レア）と争って勝った」（旧約聖書　創世記第三〇章八節）から来ている。これは八正道の「正思」に匹敵するものである。一般にニルヴァーナへの旅路に「正見」、即ち「ガド」を通じて開始されると激しい霊肉の闘争に晒されると言う。

この闘争に勝つには、人間固有の力では決して勝つことができない。どうしても「正思」、すなわち正しい瞑想によって、天与の力に与からねばならない。(10)

第八章、「人間性について」の章で述べたように、「自己に対する第一の愛」と「この世に対する第二の愛」はそう簡単に、自己から離脱してくれないからである。ここで「ナフタリ」の工夫がくる。すなわち「正思」の訓練である。

この霊的闘争に打ち勝つことによりニルヴァーナへの旅路はますます本物となる。

ヤコブが「ナフタリ」について語った予言に次のものがある。

ナフタリ נַפְתָּלִי は放たれた（自由にされた）雌じか、

彼は美しい子じかを生むであろう（旧約聖書　創世記第四九章二一節）。

また、十二種族にかかわるモーセの予言には次のようにある。

ナフタリ נַפְתָּלִי よ、あなたは恵みに満たされ、

エホバの祝福に満ちて、湖とその南の地を所有する（旧約聖書　申命記第三三章二三節）。

注意すべきは、ここで分かるように、一段、一段が一つの（女性ビルハによる）出産という、

性的エネルギーという媒介を通じて構成されているということである。
釈迦は意識的には指摘していないが、この一段、一段が「性的エネルギー」によって、一つの分画に基づき分離独立しているように、それぞれが一つの領域を持っており、各行程が一つの部族を構成するに足るほどの孤立した単位であることを指摘しなければならない。事実、釈迦自身もその修行の過程に於いて、「性的エネルギー」のバリアー的存在に遭遇し、困惑したという逸話が残っている。

したがって、ここに一つひとつの段階に「チャクラ」が開設されて、このニルヴァーナへの進化の旅路が構成されていることを、ここで強調したい。この「チャクラ」についてはすでに数多くの成書が出版されていて、代表的なものとして、リート・ビータの『チャクラ』、宗教心理学研究所所長（文学博士）である本山博氏の著『チャクラ、異次元への接点』、および桐山靖雄管長の『密教　超能力のカリキュラム』（平河出版）などがある。

第三段階は出産する女性が、ラケルの女中ビルハから、レアの女中ジルパに変更する。すなわちニルヴァーナへの進化の旅路が異なった段階に入ることが明白となる。第三段階の名称は

「ガド」（גד）である。

その意味するところは、エマヌエル・スウェーデンボルグの訳では「軍勢が来る」で日本聖書協会の訳では「幸運が来た」である（旧約聖書　創世記第三〇章一一節）。英訳でも二種類がある。ここではエマヌエル・スウェーデンボルグの訳に準じ「軍勢が来る」をとりたい。

この内面的な意味は「重々深秘釈」では神の全能と全知を意味し、「深秘釈」では信仰、すなわち行法の生命を意味し、「秘釈」では、業即ち行動を意味する。[11] これは八正道の「正語」に匹敵するものである。すなわち「語密」の世界である。

新約聖書ではこれを「異言」と称している。

人類史上初めて、「聖霊」が人類の上に降り注いだとき、十二使徒をはじめ一二〇人のイエス・キリストの弟子達はこの「異言」を語ったという（新約聖書　使徒行伝、第二章、二節〜一七節）。

「突然、激しい風が吹いてきたような音が天から起ってきて、一同がすわっていた家いっぱいに響きわたった。また、舌のようなものが、炎のように分れて現れ、ひとりびとりの上にとどまった。すると、一同は聖霊に満たされ、御霊《みたま》が語らせるままに、いろいろの他国の言葉で語り出した。

さて、エルサレムには、天下のあらゆる国々から、信仰深いユダヤ人たちがきて住んでいたが、この物音に大ぜいの人が集まってきて、彼らの生れ故郷の国語で、使徒たちが話しているのを、だれもかれも聞いてあっけに取られた。

そして驚き怪しんで言った、『見よ、いま話しているこの人たちは、皆ガリラヤ人《びと》ではないか。それだのに、わたしたちがそれぞれ、生れ故郷の国語を彼らから聞かされるとは、いったい、どうしたことか。わたしたちの中には、パルテヤ人《びと》、メジヤ人《びと》、エラム人《びと》もおれば、メソポタミヤ、ユダヤ、カパドキヤ、ポントとアジヤ、フルギヤとパンフリヤ、エジプトとクレネに近いリビヤ地方などに住む者もいるし、またローマ人で旅にきている者、ユダヤ人と改宗者、クレテ人《びと》とアラビヤ人もいるのだが、あの人々がわたしたちの国語で、神の大きな働きを述べるのを聞くとは、どうしたことか』。

みんなの者は驚き惑って、互に言い合った、『これは、いったい、どういうわけなのだろう』。

しかし、ほかの人たちはあざ笑って、『あの人たちは新しい酒で酔っているのだ』と言った。

そこで、ペテロが十一人の者と共に立ちあがり、声をあげて人々に語りかけた。

『ユダヤの人たち、ならびにエルサレムに住むすべてのかたがた、どうか、この事を知っていただきたい。わたしの言うことに耳を傾けていただきたい。

今は朝の九時であるから、この人たちは、あなたがたが思っているように、酒に酔っているのではない。そうではなく、これは預言者ヨエルが預言していたことに外ならないのである。すなわち、神がこう仰せになる。終りの時には、わたしの霊をすべての人に注ごう。そして、あなたがたのむすこ娘は預言をし、若者たちは幻を見、老人たちは夢を見るであろう』」

また使徒パウロもこの「異言」をよく語ったといわれる

「わたしは、あなたがたのうちのだれよりも多く異言が語れることを、神に感謝する」（新約聖書　コリント人への第一の手紙　第一四章、一八節）。

すでに前述したように、手島郁郎先生はこの「異言」に関し、『預言霊修法』（キリスト聖書塾刊）なる著作を出版されている。

「語密」の世界は、初代キリスト教時代は、「聖霊」を受けた一つの強力な徴とされ、第三段階

「ガド」の「秘釈」、業即ち行動の初穂を意味するものである。

族長ヤコブが「ガド」について語った予言に次のものがある。

「ガドには略奪者が迫る。

しかし彼はかえって敵のかかとに迫るであろう」(旧約聖書　創世記第四九章一九節)

また、モーセの「ガド」に関する予言には次のものがある。

「ガドを大きくする者は、ほむべきかな。

ガドは、ししのように伏し、

腕や頭の頂をかき裂くであろう。

彼は初穂の地を自分のために選んだ。

そこには将軍の分も取り置かれていた。

彼は民のかしらたちと共にきて、

イスラエルと共に主の正義と審判とを行った」(旧約聖書　申命記第三三章二〇～二一節)

第四段階は「アセル」（אָשֵׁר）である。同じくレアの女中ジルパから生まれる。その意味するところは、「わたしは、しあわせです。娘たちはわたしをしあわせな者というでしょう」から来る（旧約聖書　創世記第三〇章一三節）。「アセル」の原語の意味は「祝福」である。[12]

これは、八正道の「正しい行い（正業）」に、匹敵するものである。この「アセル」の最高の意義である「重々深秘釈」は「永遠」を意味し、「深秘釈」では「永遠の生命の幸福」を意味し、「秘釈」では「情愛の歓喜」を意味するという。[13]

この段階では既に「チャクラ」が開設されていると言わなければならず、生体的変化が刻々と進展している段階である。それゆえにその「正しい行い（正業）」とは生体的変化がもたらす超越的な力がもたらす業であり、ある意味での奇跡的な業である。例えば「神癒」などである。種々のカリスマタ的行動といえるであろう。

「永遠」こそ我々の真の鼓動の源泉であり、「情愛の歓喜」は我々に「正しい行い（正業）」を呼び起こすものである。

族長ヤコブが「アセル」について語った予言に次のものがある。

「アセル אשר はその食物がゆたかで、
王の美味をいだすであろう」（旧約聖書　創世記第四九章二〇節）

また、モーセの「アセル」に関する予言には次のものがある。

「アセル אשר は他の子らにまさって祝福される。
彼はその兄弟たちに愛せられ、
その足を油にひたすことができるように。
あなたの貫の木は鉄と青銅、
あなたの力はあなたの年と共に続くであろう」（旧約聖書　申命記第三三章二四、二五節）

第五段階は「イッサカル」（יששכר）である。この場合、出産する女性は「レア」に変更して

いる。レアはヤコブの四人の妻となる女性の中では最年長の女性である。「イッサカル」という原意は「報酬」という意味から来ており、[14]これは旧約聖書創世記第三〇章一八節の「わたしがつかえめを夫に与えたから、神がわたしにその価を賜ったのです」から来ている。
最高の意義である「重々深秘釈」は「神的な智慧の愛と愛の智慧」を意味し、「深秘釈」では「天的な結婚愛」を意味し、「秘釈」では「相互愛」を意味するという。[15]

これは、八正道の「正しい生活（正命）」に匹敵するものである。神的な智慧の愛と愛の智慧に導かれ、天的な結婚愛と相互愛を土台にした生活こそまさに「正しい生活（正命）」であるからである。

この生活は勿論、「チャクラ」が開かれカリスマ的な生活の日々で、イエス・キリストがナタナエルにたいして、

「よくよくあなたがたに言っておく。天が開けて、神の御使《みつか》たちが人の子の上に上り下りするのを、あなたがたは見るであろう」。（新約聖書ヨハネ伝、第一章、五一節）といわれたような生活である。

族長ヤコブが「イッサカル」について語った予言は次のものである。

「イッサカル יִשָּׂשכָר はたくましいろば、
彼は羊のおりの間に伏している。
彼は定住の地を見て良しとし、
その国を見て楽しとした。
彼はその肩を下げてにない、
奴隷となって追い使われる。」（旧約聖書　創世記第四九章一四、一五節）

また、モーセの「イッサカル」に関する予言は次のものである。

「イッサカル יִשָּׂשכָר よ、あなたは天幕にいて楽しみを得よ。
彼らは国々の民を山に招き、
その所で正しい犠牲をささげるであろう。
彼らは海の富を吸い、

砂に隠れた宝を取るからである。」（旧約聖書　申命記第三三章一八、一九節）

第六段階は「ゼブルン」（זְבֻלֻן）である。

「ゼブルン」はやはり「レア」を通して生まれる。ゼブルンの意味するところは、「共に住むこと」の意味である[16]。これは旧約聖書、創世記第三〇章二〇節の「わたしはわたしの男に六人の息子を生んだため、かれはわたしとともに住むでしょう」から来る。

「ゼブルン」の最高の意義である「重々深秘釈」は、「エホバ神の神的なものそれ自身とエホバ神の神的な人間性、すなわち大日如来性」を意味し、「深秘釈」では「天的な結婚愛」を意味し、「秘釈」では「結婚愛」を意味するという[17]。

これは、八正道の「正しい努力（正精進）」に匹敵するものである。

新約聖書、ヨハネ伝、第一四章、九節にイエス・キリストは次のように言われている。

「ピリポよ、こんなに長くあなたがたと一緒にいるのに、わたしがわかっていないのか。わたしを見た者は、父を見たのである」

ここでイエス・キリストは自分の中にある、エホバ神の神的な人間性即ち大日如来性を語ったのであるといわれる。

すなわちキリスト教学上の真の三一性は、すでに説明したように使徒キリスト教会時代に認知されていた英字アルファベットの「U字型」、あるいは「転置コ型」をしていた三一性の神観で、AD三二五年、皇帝コンスタンチン一世の司会の下に、ニケア公会議において導入された「川字型」の三神の三位一体の三一性の神観とは異なる。

これは第一〇章に於いて既にエホバ神の「ピノキオ変換」なる用語で説明した通りである。

このエホバ神の「ピノキオ変換」は、すなわちエホバ神の神的な人間性で、大日如来性を物語るものである。この大日如来性を倒証するために、前掲した初代使徒キリスト教時代の「U字型」神観図および、原始仏教に記述される「四聖諦」と、初代使徒キリスト教学との統合図を次頁に再録しておきたい。

■大日如来性を例証する「U字型」神観

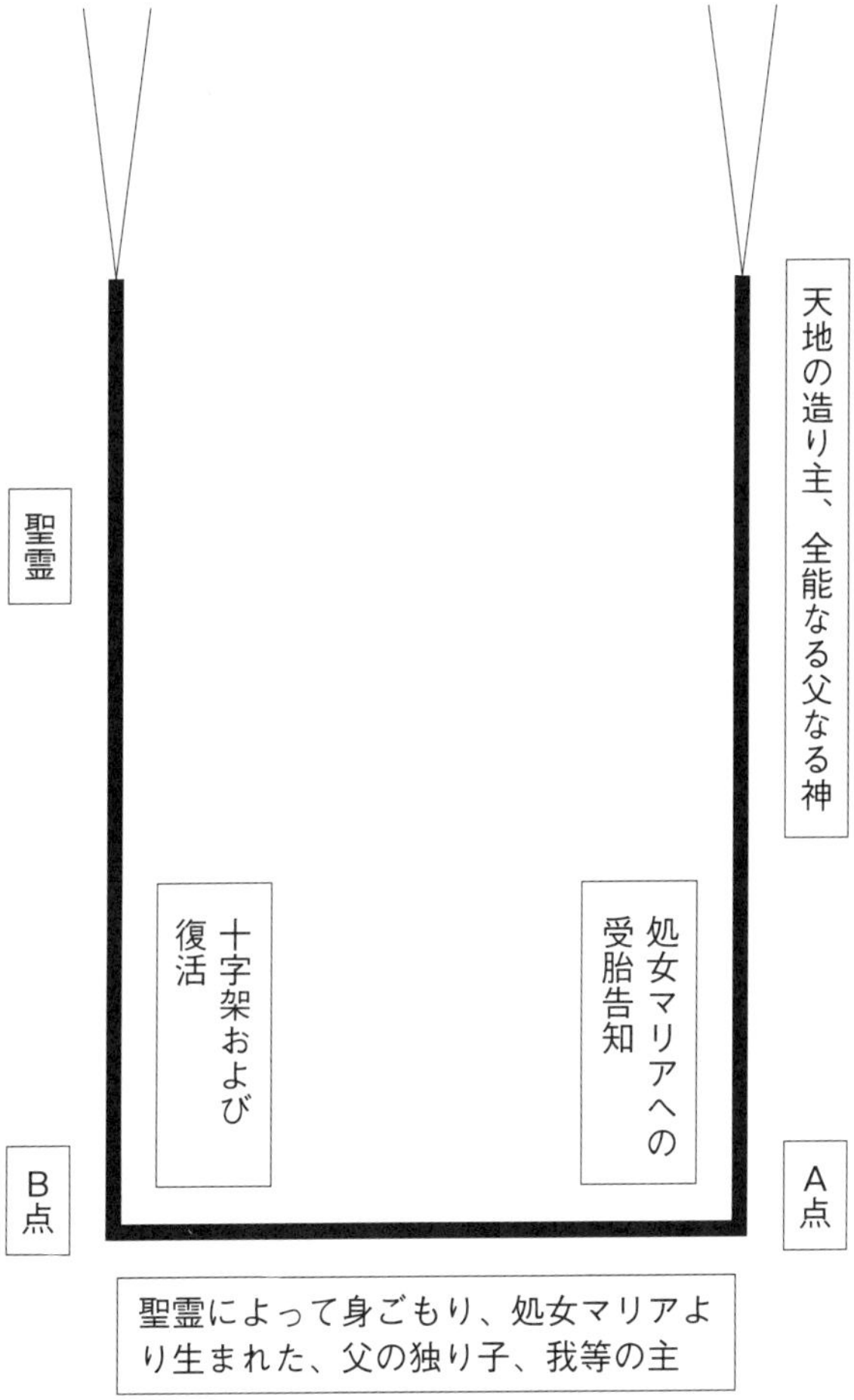

■大日如来性を示す原始仏教の「四聖諦」と初代使徒キリスト教時代の神観との統合

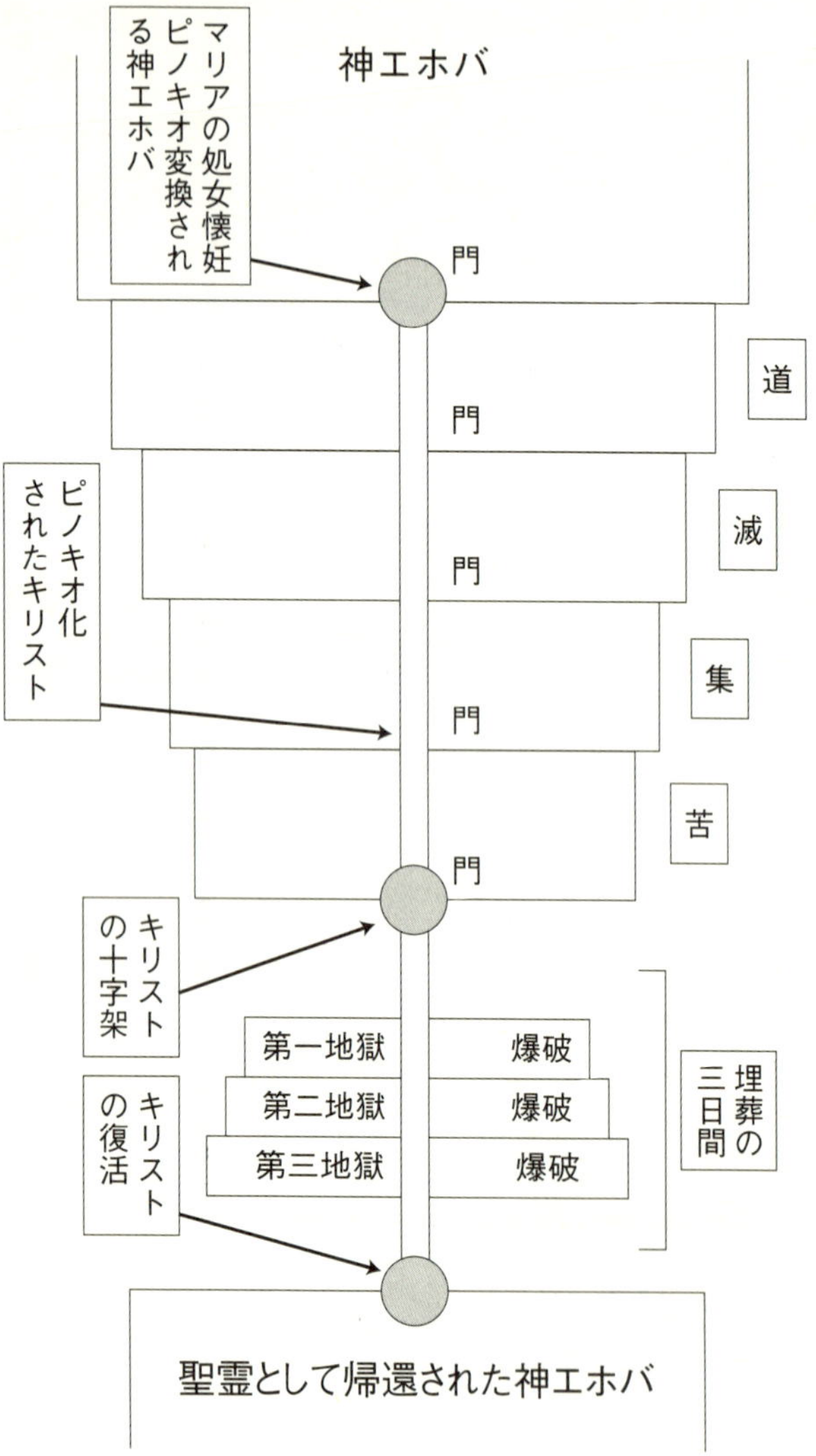

そして、エホバ神の神的な人間性の、イエス・キリストにおける神的栄化のゆえに、真の三一性として天界および銀河系宇宙に「聖霊」が創造され、これが人類と共住するのである。それで同じく新約聖書、ヨハネ伝、第一四章、一六、一七節に次のように書かれている。

「わたしは父にお願いしよう。そうすれば、父は別に助け主を送って、いつまでもあなたがたと共におらせて下さるであろう。それは真理の御霊《みたま》である。この世はそれを見ようともせず、知ろうともしないので、それを受けることができない。あなたがたはそれを知っている。なぜなら、それはあなたがたと共におり、またあなたがたのうちにいるからである」。

この「真理の御霊」である「聖霊」と共住することにより人間は、矢のような速さで進化の行程を突き進んでいくのである。それはちょうど、例えば西遊記にある孫悟空が筋斗雲に乗って飛行するのに似ている。

八正道の「正しい努力（正精進）」とはこのように、「聖霊」とともなる共住によって達成される「結婚愛」という新しい愛の空間での、「正しい努力（正精進）」を意味しているのである。

族長ヤコブが「ゼブルン」について語った予言は次のものである。

「ゼブルン זבולן は海べに住み、舟の泊まる港となって、その境はシドンに及ぶであろう」（旧約聖書　創世記第四九章一三節）

また、モーセの「ゼブルン」に関する予言は次のものである。

「ゼブルン זבולן よ、あなたは外に出て楽しみを得よ」（旧約聖書申命記第三三章一八節）

第七段階は「ヨセフ」（יוסף）である。このヨセフはヤコブの本命の妻であった「ラケル」から生まれるのである。ヤコブの喜びは、いかばかりであったろう。

事実、この「ヨセフ」をつうじてヘブライ民族は大きく変転していくのである。「ヨセフ」の原意は「神はわたしの恥をすすがれた」（旧約聖書創世記第三〇章二三〜二四節）という意味である。[18]

「ヨゼフ」の最高の意義である「重々深秘釈」は「光輝性の天界の主なる神」を意味し、「深秘釈」では「光輝性の天界」を意味し、「秘釈」では「救い」を意味するという。[19]

これは、「八正道」の「正しい念い」、すなわち「正念」に相当するもので、いよいよニルヴァーナに近接し、新世界における神の世界観と生命に満ち溢れて日々を過ごす生活を意味している。

「チャクラ」はひらかれ、生体変換を引き起こした、新しい人類としての日々、すなわち、古生物学者ティヤール・ド・シャルダンの提唱するホモ・スペリオールとしての新人類の自覚に沸く日々が始まる世界である。

族長ヤコブが「ヨセフ」について語った予言に次のものがある。

「ヨセフ יוֹסֵף は実を結ぶ若木、
泉のほとりの実を結ぶ若木。
その枝は、かきねを越えるであろう。
射る者は彼を激しく攻め、
彼を射、彼をいたく悩ました。しかし彼の弓はなお強く、
彼の腕は素早い。
これはヤコブの全能者の手により、
イスラエルの岩なる牧者の名により、
あなたを助ける父の神により、
また上なる天の祝福、
下に横たわる淵の祝福、
乳ぶさと胎の祝福をもって、
あなたを恵まれる全能者による。
あなたの父の祝福は永遠の山の祝福にまさり、
永久の丘の賜物にまさる。

これらの祝福はヨセフ יוסף のかしらに帰し、
その兄弟たちの君たる者の頭の頂に帰する」（旧約聖書　創世記第四九章二二節―二六節）

また、モーセの「ヨセフ」に関する予言は次のものである。

「どうぞ神エホバが彼の地を祝福されるように。
上なる天の賜物と露、
下に横たわる淵の賜物、
日によって産する尊い賜物、
月によって生ずる尊い賜物、
いにしえの山々の産する賜物、
とこしえの丘の尊い賜物、
地とそれに満ちる尊い賜物、
しばの中におられた者の恵みが、
ヨセフ יוסף の頭に臨み、

その兄弟たちの君たる者の頭の頂にくだるように。
彼の牛のういごは威厳があり、
その角は野牛の角のよう、
これをもって国々の民をことごとく突き倒し、
地のはてにまで及ぶ。
このような者はエフライムに幾万とあり、
またこのような者はマナセに幾千とある。」（旧約聖書　申命記第三三章一三節―一七節）

第八段階は「ベニヤミン」（בנימן）である。

このベニヤミンもヤコブの本命の妻であった「ラケル」から生まれるのである。しかし残念ながら、ラケルはこのベニヤミンの出産と引き換えに自分の命を失うのである。

「ベニヤミン」の原語の意味は、「右手の息子」である。この意味するところは「神の全能」であるといわれる。[20]

しかし具体的には、「光輝性の天界における智慧」を意味し、さらに具体的に言うと、「火焔性の天界と光輝性の天界をつないでいる媒介的なもの」という意味である。[21]

これはちょうど、音楽のオーケストラにおいて、弦楽器の一群と、管楽器の一群を音楽的につないでいるホルンのような楽器の役割と考えることができる。

この「ベニヤミン」は「ベツレヘム」と深い関係を持ち、主イエス・キリストがベツレヘムに生まれたのはこのような意味合いがあったからだという。[22]

すなわち神エホバが「ピノキオ変換」を通じて人間界に潜り込むとき、「火焔性の天界と光輝性の天界」を共に統括しつつ、全人類の総括的贖罪の使命に進撃されたわけである。

「ベニヤミン」は、「八正道」の「正しい瞑想」、すなわち「正定」に相当するもので「光輝性の天使」の解脱法の最終段階を示し、この段階で「火焔性天界」との接続性も生まれてくるのである。したがってこの段階で示す「正しい瞑想」、すなわち「正定」が如何に凄まじいものであるかは想像できるであろう。

この「光輝性の天使」の解脱法はこのように「八正道」に対応するもので、「金剛界」を形成し、「四聖諦」に対応する「火炎性の天使」の解脱法は「胎蔵界」を構成するものと考えられる。

これが「ベニヤミン」において、オーケストラ的に双方向に於いて展開される訳である。族長ヤコブが「ベニヤミン」について語った予言には次のものがある。

「ベニヤミン בִּנְיָמִן はかき裂くおおかみ、朝にその獲物を食らい、夕にその分捕物を分けるであろう」（旧約聖書　創世記第四九章二七節）

また、モーセの「ベニヤミン」に関する予言は次のものである。

「神エホバに愛される者、
彼は安らかに神エホバのそばにおり、
神エホバは終日、彼を守り、
その肩の間にすまいを営まれるであろう」（旧約聖書　申命記第三三章一二節）

ここで注意すべきは、上記の十二部族における、解脱法の説明でも分かるように、解脱法の一段階毎に「性的エネルギー」が関係しているということである。

釈迦による「八正道」ではそれが明確でないが、十二部族による旧約聖書の場合には、それが明確で、各段階が「性的エネルギー」で分画されている。

しかもそれぞれの各段階に一つの人格が付与され、一つの生活平面と人生を保有している。したがって、この段階一つ一つを上り詰めていくのは並大抵でないことは自ずから分かるであろう。

例えば「八正道」の頂点である「ベニヤミン」まで到達するには、一生の間に八人分の人生を体験せねばならず、しかも上にいくほど、その要求事項は増大していくのである。神ともなりせずば実行不可能であることは明らかである。

激しい修行と瞑想と共に、神あるいは仏による「他力」が正解である。しかし、ここで強調しなければいけないことは、「システムを保有する他力」ということである。おそらく、八段階まで上り詰めないで、人生を終える人々がほとんどではないだろうか。しかし道は上るべくして永遠にそこに存在し続けているのである。

第四章　儒教および道教とキリスト教教学

ここで古代中国国家において発生し、長らく中国国家の春秋時代、戦国時代以降各時代を経て中国に影響を与えてきた、儒教と道教について述べてみたい。

エマヌエル・スウェーデンボルグによると、古代キリスト教国家が遠くモンゴル平原から中国大陸に渡り広がり、そこのモンゴル系種族（原文Magna Tartariaすなわち大タタール）から、中国の古代帝国の多くの皇帝が輩出したという(1)。

孔子が春秋時代の中国の諸国を漫遊しながら各地の諸王、諸侯に懇々と話をして聞かせた三皇五帝の故事は、これらの皇帝である可能性が高い(2)。

もちろん三皇とは、『史記』三皇本紀によると伏羲、女媧、神農または天皇、地皇、人皇であり、五帝とは『史記』五帝本紀によると黄帝、高陽氏、高辛氏、堯、舜である。

孔子は周の霊王二一年（BC五五一年）、魯の陬邑城外の昌平郷（山東省曲阜の東南）に生まれている。父親の叔梁紇《しゅくりょうこつ》は陬邑城の大夫で、母は徴在《ちょうざい》である。

その祖先をたどると、殷王朝を建国した湯王までたどり着くというから、所謂名家である。釈迦、すなわちゴウタマ＝シッダルタが生まれたのが、BC五六六年で時代的にはほぼ同時代で、古代キリスト教国家からの時代間隔もほぼ同程度であったと思われる。

釈迦は激しい修行と瞑想によって、この古代キリスト教残響に肉薄し、遂にそれを再掬するに至るのであるが、孔子はそれを学習によって肉薄していくのである。

彼の少年時代および青年時代を、表紙の帯紙において、渡部昇一名誉教授、および谷沢栄一名誉教授が激賞される、丁寅生著、孔健、久米旺生訳の『孔子演義』によってなぞると次のようになる。ちなみに訳者の孔健氏は直系七十五代目の孔子の子孫に当たる人である。

孔子は物心がつく、三歳の頃より、記憶力が非常によかったようである。三歳のときにその父叔梁紇を失うが、五、六歳の頃から、母、徴在について読み書きを勉強し始める。

そのとき最初の約一月分の学習量である、科斗文字二百字を一日でペロリと覚えてしまい、たちどころに三百字になり、三、四日経つと千字覚えてしまった。母、徴在は食事をする暇もなく、それでは本を読むようにしましょうというわけで、本を読み出すと、孔子の読解力は驚くばかり。一度目を通すと中身を忘れない。

徴在が苦労してつけた句読点つきの文章を一度復誦するだけでたちまち覚えてしまい、日に百行読んでも、物足りない顔をしている。母、徴在もこれじゃたまらぬ、というわけで三年間塾に行くようになる。しかしここもとても満足するところではなく、結局母、徴在の父親である、顔襄に預けられることになったのである。

これが孔子に極めて幸いをしたわけである。

徴在の父親顔襄はいわば壮士の一人で、礼（礼法）、樂（音楽）、書（歴史）、数（算数）に通じ、この天才的な孫を特愛したからである。

ここで孔子は、万巻の書を次から次へと読破し、一度読めばその内容を忘れることがなかった。祖父顔襄は孫の、天才と容姿をいつも間近に見、これはただものではない、自分が指導を間違えさえしなければ、将来かならずや古代聖王の伝統を受け継ぐ人物に育つだろうと確信したとある。そして、常々聖王の歩んだ道を説き、人格を磨いて君子にふさわしい人間になるように励ました。

孔子が十九歳になったとき、この恩愛溢れる祖父顔襄は、そのすべてを孫に注ぎだし、天寿を全うして世を去っていく(3)。

実は孔子が生まれた魯国は、周公旦を国祖とする大諸侯国のひとつであり、周王朝、殷王朝それから夏王朝と古代王朝にさかのぼれる、歴史的ルートの中にあったと言うべきであろう。その上、孔子の家系が、その祖先をたどると、殷王朝を建国した湯王までたどり着くという名家であるからなおさらである。

エマヌエル・スウェーデンボルグによると、古代キリスト教国家が遠くモンゴル平原から中国大陸に渡り広がっていたという。

当時の古代キリスト教は現代のキリスト教と違って多重性構造を内容とする構造言語から成り立っており、内意に「秘釈」、「深秘釈」、「重々深秘釈」を有するもので、そのキリスト教国の何人かは生存中に、すでに天使界に交通が開かれ、天界の文明圏の模様を、地上にもたらす能力が付与されていた。
したがって、彼らの言語活動も天使社会と同じ、構造言語だったのである。
これが全世界に広がる神話と比喩的な伝承、詩歌の源泉となるのである。

すでに説明したように、このような構造言語をエマヌエル・スウェーデンボルグはラテン語で［corresspondetia］と呼んでいる。英訳では「correspondence」であり、翻訳家の柳瀬芳意氏は「相応」と訳しているが、(4)筆者はこの「聖言」の次元的多重構造を「宇宙性マトリックス多重性構造言語」と呼ぶことにしたい。

この中国の古代キリスト教国家にはユダヤ民族に基づく聖書以前に人類に与えられた別個の聖書が保管されていたという。そのいくつかは左記のものである。(5)

一、ヤシル（ヤシャル）書……旧約聖書ヨシュア記第一〇章、一二節、一三節およびサムエル後書　第一章、一七節、一八節に引用

二、エホバの戦争の記……旧約聖書　民数記　第二一章、一四節、一五節に引用
三、宣言（歌）……旧約聖書　民数記　第二一章、二七節—三〇節に引用
四、旧約聖書　創世記第一章から第一一章

中国の古代キリスト教国家から三皇五帝が選ばれたという。事実、霊域の天界には実際この地方からこの時代にやってきた人々の領域が存在するということである。[6]

宮城谷昌光氏の文学などで描かれる中国古代社会で、驚かされるのはその社会での祭祀の重要性である。これは当然ながら、旧約聖書のユダヤ民族の中には、十分認められる。それと中国古代社会における運命学の存在である。これは古代キリスト教国家の多重性構造を内容とする構造言語活動から発生したとしか考えざるを得ない。

また最近、白川静氏と梅原猛氏の両碩学による対談集「呪の思想」（平凡社）が刊行されているが、そこには、中国の漢字の背景が、神への礼拝、神との交通関係が主力になって展開されていること述べられている。[7]

もっとも、白川静氏はその広範囲な甲骨金文学の研究から、孔子は私生児ではなかったかという憶測を述べておられる。しかも巫女の私生児ではないかという憶測である。が、ともかく孔子は特異な体質を持っていたのであろう(8)。

何しろ釈迦と同時代の人であるから、出自その他社会的側面については更に研究を進める必要があるであろう。

しかし「論語」が中国の政治および聖徳太子から始まる長い日本の政権において、中心的な役割を担ってきたのは歴史的事実である。

儒教で中心的な思想として展開されているのは、「仁」、「義」、「礼」、「智」、さらにこれを演繹した孟子により、「忠」、「信」、「敬」、「恕」が追加された。儒教は中国および日本における、政権の中心的思想として用いられてきた思想であるから、これら儒教に関する資料は一大図書館に溢れるほどあり、これらについて筆者が論ずるということはあまりにも愚かというものであろう。

ただ筆者としては、孔子がその特異な体質ゆえに、歴史的なルートを通って古代キリスト教に深く接近し、これらの論語の中に展開される中心的思想を汲み取ったと指摘したい。

もう一人、このようにして古代キリスト教に触れた人間に道教を確立した老子がいる。「孔子演義」によると、孔子は若き日、友人の南宮敬叔と共に、この老子に出会い、大きな感化を受けている。(9)

白川静氏によると、老子以前に、荘子が歴史的に位置するそうである。しかも荘子は春秋時代の神官階級出身で極めて神秘的な傾向が強いという。(19)

老子はおそらく春秋時代の宋の人であろうというのが、白川静氏の見解である。(20)ところで論語で「仁」というのは全く聖書の思想である。すでに第七章で説明したように、人間は次の四つの愛で構成されている。

一、第一は「自己に対する愛」（Amor Sui）である。これはデンマークの哲学者キエルケゴールの著「死に至る病」の主要テーマである。精神の機構上、自己たろうとするがそれが反って「罪」を形成するというパラドキシカルな問いである。

二、第二は「この世に対する愛」（Amor Mundi）である。地位、名誉、名声、などを探求する愛である。

三、第三は「隣人に対する愛」（Amor Enga Proximum）である。主イエス・キリストが最も重要な戒めとして第二にあげたもので、詳しく述べると、「自分を愛するようにあなたの隣人を愛せよ」となる。

四、第四は神に対する愛（Amor in Dominum）である。主イエス・キリストが新約聖書マタイ伝第二二章三七節から四〇節にかけて律法の中で最も重要な戒めとして第一にあげたものである。律法全体と預言者とがこれにかかっているという、その一つである。

「仁」は左記のうち第三の「隣人に対する愛」（Amor Enga Proximum）に相当するもので、その内意は「自分を愛するようにあなたの隣人を愛せよ」ということである。

さらに「義」、「礼」、「智」、「忠」、「信」、「敬」、「恕」すべて然りである。これらの深い内容については、谷沢永一名誉教授によりなる著『日本人の論語　童子問を読む』（上）（下）（PHP新書）をお薦めしたい。

ただ、孔子は釈迦のように激しい修行と、深い瞑想によって古代キリスト教に接近しないで、学習と探求によって古代キリスト教に接近したのである。

釈迦は古代キリスト教の内面を再菊したのに対して、孔子は古代キリスト教に基づく統治組織に近接し、それを学んだのである。したがって、それは経世の学であり、帝王学であったのである。しかしその内面は等しいものである。

空海が彼の著「聾瞽指帰《ろうこしいき》」において、儒教、道教、仏教の中、仏教を最上位においたのも、空海という特性を考えるとき理解できるものである。瞑想の国、インドと、文字の国、中国との違いである。

古代キリスト教を別の角度から汲み取ったのが老子である。老子によって道教が確立された。老子は老耼《ろうたん》ともいい、若き日の孔子にも会っている。

白川静氏によると、「老子」という書物は全部箴言でできており、韻を全部含んでおり、格言みたいな箴言集であるということである。(10)

「老子」に関する特異な本として、五井昌久氏の著の『老子講義』を推奨したい。氏は白光真光会の主宰者で、すでに他界されている。この本の特徴とするところは、著者が激しい修行者で、学問で書いた書物でないというところである。
老子のような古代の人間は、学問的な追究ではどうしてもとらえがたい一線がある。
著者はこの一線を乗り越えて、老子の原像に迫っている。その実態はやはり、古代キリスト教である。

ここで少し古代キリスト教について説明しておきたい。

エマヌエル・スウェーデンボルグによると、地球上には古来四つのエクレシア（教会）が存在してきたという[11]。

第一のエクレシア（教会）は宇宙性古代エクレシア（教会）とも呼ばれるもので、ノアの洪水以前に存在していたものである。

スウェーデンボルグ財団のStandard EditionではMost Ancient Churchと英訳されているが翻訳家の柳瀬芳意氏はこれを、「最古代教会」と訳され、スウェーデンボルグ研究家の文化女子大学教授の高橋和夫氏は「原古代教会」と訳されている。しかし、筆者はこれを「宇宙性古代エクレシア（教会）」と訳すことにする。原文はラテン語でAntiquissima Ecclesiaとなっている

「宇宙性古代エクレシア（教会）」の登場人物はかの有名なる、「アダム」と「イブ」である。彼らの時代は永遠の生命が確立し、彼等は死というものを知らなかった。

彼らは、モンゴル地域で現在でも一部存在するように、テント（パオ）の中で生活していた。彼らの中では、コンピューターのいわばＬＡＮ構造が、天界との間に確立され、そのうちの何名かの者は、霊眼が開かれて天界にたびたび旅をし、天界のメッセージを地上の人々に伝え、かくして地上界の神的礼拝が維持されていたのである。

それはまさしく天使たちの天界での神に対する礼拝に則する厳かなものであった。しかし長い時間の経過の後に、エデンの園で、旧約聖書、創世記第三章一節より二四章に至る、楽園喪失という大事件を引き起こしてしまった。これは性的エネルギーの異常昂進による地上性過剰密着と考えられる過剰接地行動が起こされてしまったのである。ちょうど旅客機ボーイング７４７型機の胴体着陸にも例えられるべき大事件となったものである。

今までは天女のように天に羽ばたく人類の特性は徐々に消え、天界と確立していたＬＡＮ構造は崩壊し、人類は、天上にそのまま回帰する代わりに、以降必ず死を体験するようになったのである。死の開始がここから始まったのである。

まず女性の「イヴ」が誘引され、これに「アダム」が同調した。

この「宇宙性古代エクレシア（教会）」の時代は宗教的黄金時代と呼ばれる。

これ以降、人類は生命的降下を開始し、カイン、アベル、セツ、エノス、カイナン、マハラレル、ヤレド、エノク、メトセラ、レメク、ノアと続き、人類としての性格がこれ以上存続できなくなるほど、霊性的に低下していくのである。

エマヌエル・スウェーデンボルグはこの人類の下降線上の人類を一つずつ、現在彼らが居住している、天界に訪ね、その内容を詳細に確認し、我々に報告している。

この人類系は、遂にネピリムという悪性の人類をも生み出すようになるのである（旧約聖書創世記　第六章、四節）。

この人種は、ＢＣ一千年ごろイスラエルのダビデ王と戦う、ペリシテ人のゴリアテがこの種族である。この種族は「自分は神である」ということを他の人間に押し付ける、強力なヒュプノ力を有し、極めて危険なので現在、神エホバであるイエス・キリストによって地獄の一郭に押し込められている。

かくして第一の教会である宗教的黄金時代は、ノアの時代に大洪水が発生し、それと共に、そのとき幕が閉じるのである。

このノアの大洪水に対する考古学的根拠は、一九二五年、イギリスの考古学者、チャールズ・レナード・ウーリによって、ユーフラテス河口付近で古代都市ウルを発掘しているときに確認されている。またエジプトをはじめとする国々の神話にこれに関する記述を認めるということである。

第二の教会は古代エクレシア（教会）と呼ばれ、原文はラテン語でAntiqua Ecclesiaと表現され、スウェーデンボルグ財団のStandard Editionでは、Ancient Churchと訳され、和訳でも古代教会と訳されている。筆者はこれを、古代エクレシア（教会）、あるいは歴史的古代エクレシア（教会）と呼びたい。

この古代エクレシア（教会）は洪水後、ノアの一族によって開始されるわけである。

この古代エクレシア（教会）は宗教的銀時代と呼ばれ、ノアから始まってアブラハム、ヤコブ、ヨセフの時代まで続く。

この子孫はアフリカとアジアに渡って広がり、中国までも広がっていたと推定されている。ノアの子孫は大きく分けて、セム系、ヤペテ系、ハム系の三系統があった。

この系統の人類は、宗教的黄金時代の「アダム」と「イヴ」のように、天界と直結するLAN構造は持っていなかったけれど、しかし、その言語生活において、内意に「秘釈」、「深秘釈」、「重々深秘釈」を有する多重性構造を内容とする構造言語を保有しており、リグ=ヴェーダの基本になる天界的霊質を豊富に有し、中国において、三皇五帝、湯の殷王朝、文王、武王、周公の周王朝における古代教会的統治支配を実現する生命力を保持していた(12)。

その本質をなすものは、「仁」である。「仁」とは、前述した第三の愛の、「隣人の愛」で「自分を愛するようにあなたの隣人を愛せよ」を内容とするものである。

「イエスは言われた、『心をつくし、精神をつくし、思いをつくして、主なるあなたの神を愛せよ』。これがいちばん大切な、第一のいましめである。

第二もこれと同様である、『自分を愛するようにあなたの隣り人を愛せよ』。

これらの二つのいましめに、律法全体と預言者とが、かかっている」（新約聖書マタイ伝第二二章三七節―四〇節）

孔子はもちろんこれを汲み取って、論語に基づく儒教を確立したわけである。

また当時の古代教会は内意に「秘釈」、「深秘釈」、「重々深秘釈」を有する「宇宙性マトリックス多重性構造言語」の多重性構造を内容とする構造言語を保有しており、自然に対しても、現在の我々とはおよそ異なる多重性の感性を有しており、老子のように異なった角度から、その内容を再掬することもできたわけである。

第二の教会である古代エクレシア（教会）は、不幸にして、エジプト、インド、あるいはギリシャで多くその実例が見られるように、内意に「秘釈」、「深秘釈」、「重々深秘釈」を有する多重性構造を内容とする構造言語の一つひとつに、偶像を設定し、その偶像を礼拝するという、

精神的下降性を露出し、その偶像礼拝により、終末を迎えるのである。(13)

第三の教会はイスラエル・エクレシア(教会)(原文ではEcclesia Israelitica)と言われ、モーセによるシナイ山の十戒の布告と共に始まり、モーセと預言者に帰された聖書によって継続したものである。(14)

我々が通常ユダヤ教というのがこれである。

モーセによるシナイ山の十戒の布告は一九五六年作のセシル・B・デミル監督、チャールトン・ヘストン主演の『十戒』によって、その映像は我々にとって生々しいものがある。

このイスラエル・エクレシア(教会)は、宗教的銅時代と呼ばれる。(15) このイスラエル教会はイエス・キリストの受難である、十字架による、聖言の冒瀆によって終結するのである。主イエス・キリストは実に、聖言であり給うたからである。(16)

第四の教会は主イエス・キリストが新約聖書の福音書記者と使徒達によって設立し給うたキリスト教会である。このキリスト教会は、二期に別れ、第一期はイエス・キリストの時代から

ＡＤ三二五年のニケヤ公会議までで、第二期はニケヤ公会議から現代までである[17]。

この第二期はさらに、ギリシャ教会、ローマ・カトリック教会、プロテスタント教会と三つに分派しているが、これを統括して、キリスト教会と呼ばれている。このキリスト教会は宗教的鉄時代と呼ばれる。

この教会の終末は、新約聖書、マタイ伝二四章、一五節から二二節にある

「預言者ダニエルによって言われた荒らす憎むべき者が、聖なる場所に立つのを見たならば（読者よ、悟れ）、そのとき、ユダヤにいる人々は山へ逃げよ。屋上にいる者は、家からものを取り出そうとして下におりるな。畑にいる者は、上着を取りにあとへもどるな。その日には、身重の女と乳飲み子をもつ女とは、不幸である。あなたがたの逃げるのが、冬または安息日にならないように祈れ。その時には、世の初めから現在に至るまで、かつてなく今後もないような大きな患難が起るからである。もしその期間が縮められないなら、救われる者はひとりもないであろう。しかし、選民のためには、その期間が縮められるであろう」の記述が示す内容によっ

て示されている。

この「荒す憎むべき者」とは、エマヌエル・スウェーデンボルグによると、AD三二五年のニケヤ公会議で導入された三分割された神観、通称、三位一体といわれる、くり返すようであるが、次頁の図のごとき「川字型神観」である。[18]

イエス・キリストはいわゆる失楽園を通じ、地上に過度に物質化してしまった人類を救うべく、神エホバからいわばピノキオ化して、人類の中に潜入はしたものの、その際、人類はピノキオ化した、実はこの神エホバ自身であるイエス・キリストのことを、異なった人格、あるいは異なった神であると呼ぶのではないかと危惧したのである。

また十字架の苦難を超えて、聖霊として、本来の創造神、神エホバに帰還したとき、別個の神と考えるのではないかと危惧したのである。

それで新約聖書、マタイ伝二四章、一五節から二二節にかの「荒す憎むべき者」として警告を発せられたのである。

■ＡＤ３２５年のニケヤ公会議で導入された聖書に「荒す憎むべき者」とされる神観

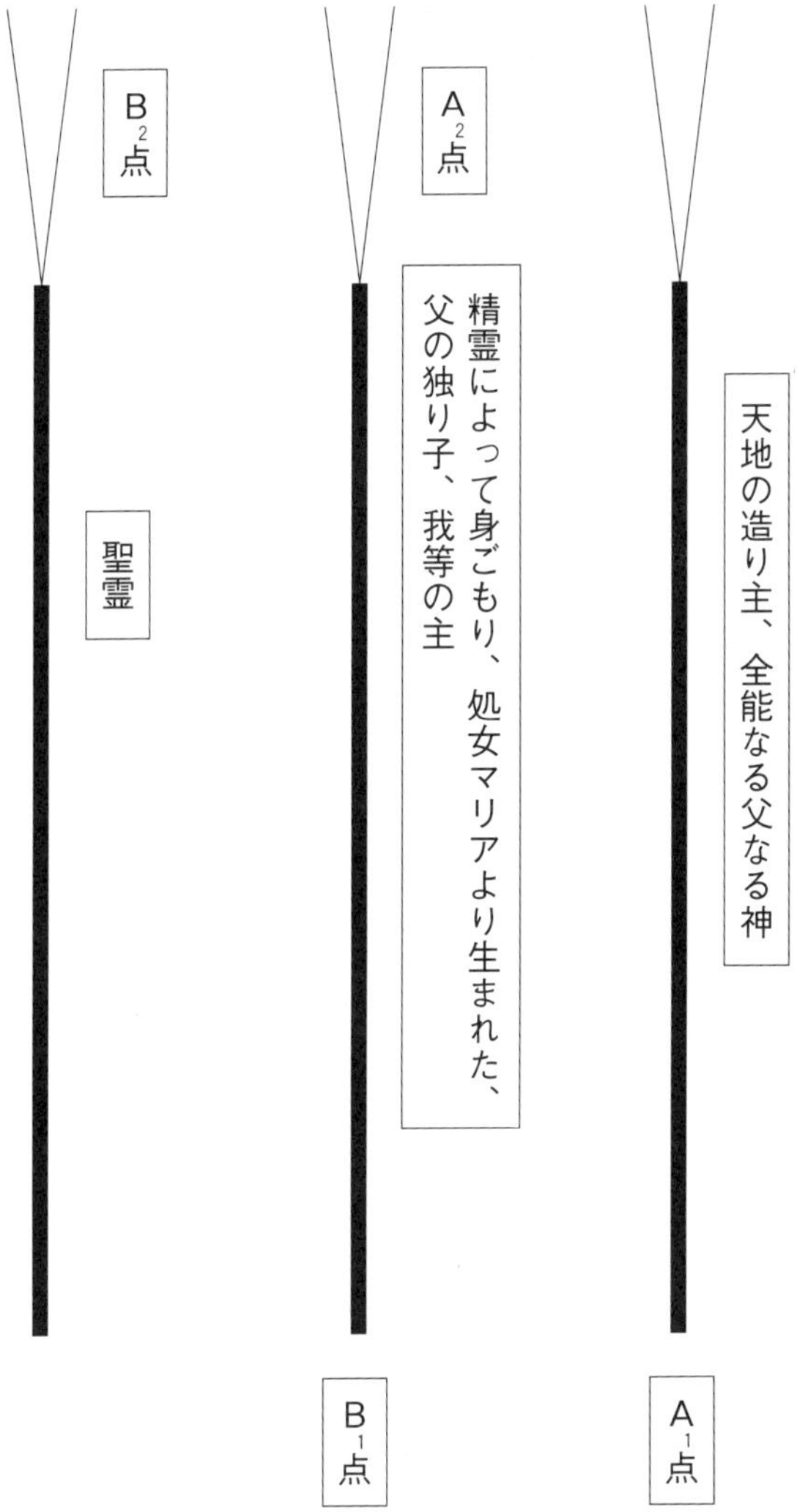

キリストの復活と昇天を直に体験した使徒たちが逝きて三百年、人々の体験的キリスト者は段々少数になり、しかもキリスト教の信徒は、使徒教会時代と異なって、経験主義を重んじるセム系のユダヤ人でなく、古代ローマ帝国の、推理と論理を尊ぶヨーロッパ人種系の人々であった。

その上、AD三一三年、ミラノ勅令によりキリスト教が公認され、AD三二五年に、ニケア公会議においてその教義を討議した頃には、「U字型神観」は崩れ、キリストの神聖がもはや疑われだしていた。

一般に世俗化し、「聖霊」が内住しないで、非道徳的な生活を送ると、イエス・キリストの神聖が疑われだし、63頁の図にあるA点とB点が切断して回転を起こし、イエス・キリストを勝手に解釈始めるのである。

しかし、当時の世界帝国、皇帝コンスタンチン一世の司会の下にAD三二五年に、ニケア公会議において一旦、「川字型神観」が確認されると、不幸にして、ローマ・カトリック教会と共に、全世界に喧伝され、それがプロテスタント教会まで伝達され、それが「景教」、「カトリック」、「プロテスタント」となって、日本に押し寄せることともなったのである。これはすでに説明したところであるが、ここにあらためて、繰り返し、強調しておきたい。

その結果、エマヌエル・スウェーデンボルグはその著『真の基督教』（柳瀬芳意訳）において、同書、項目一八二番に、「新しい天界と新しい教会とが主によって形成されない限り、いかなる者も救われることはできない」と、述べている。

一旦夜という異端の中に入ってしまうと、いかなる変更も可能となり、それはもはや、聖書の示すところの、真の信仰ではないのである。

以上で、儒教と道教のキリスト教教学との関連についての、解説を終了と致したい。

第五章　イスラム教（回教）とキリスト教教学

最近NHK教育テレビの人間講座においても、二〇〇二年四月、五月の両月にわたり、「イスラーム世界を読む」というテーマで、京都大学大学院教授の小杉泰氏による講座が開かれ、また、中近東における、イスラエルとアラブ諸国、とくにパレスチナ暫定自治政府との政治的闘争を通じて、イスラム教（回教）への関心も、日本でも、だんだん高まりつつある。

小杉泰教授によると、二十一世紀が始まった現在、イスラーム世界の人口はおおよそ、十三億人と推計され、世界人口六十一億（二〇〇一年現在）の五分の一を超える人口であり、また、世界の宗教を信仰する人口の多寡で評価すると、現在では最多がキリスト教、次にイスラム教、三番目に印度教、そして四番目に仏教がくるということである。また小杉泰教授によると「イスラーム」とは、「コーラン（クルアーン）に帰依する」ことの意だという説明がある。

しかし日本と異なり西欧諸国にとっては、イスラム教というのは、十字軍以降、長い間、寝ても醒めても忘れることができない頭痛の種であった。そして現在でもしかりである。わが師、手島郁郎先生もイスラム教の創立者、マホメットについて短い評伝を書いている。

マホメットはアラビア語では正式にはムハンマド・ビン・アブドッラーと言い、AD五七〇年ごろアラビアの紅海岸にある、ヒジャース地方の谷間の町メッカ（マッカ）で生まれた。二十五歳のころ、裕福な商人であった年上のハディージャと結婚している。彼が宗教生活に入るのは四十歳の頃である。山中で瞑想しているときに、唯一神アッラーの啓示を受けたという。実際彼は本当に啓示だったかどうか迷うわけであるが、姉さん女房のハディージャが「あなたは確かに啓示を受けたのですよ」と励ますのである。

エマヌエル・スウェーデンボルグによると、イスラム教がこのように中近東をはじめ、世界各地で信奉されているのは、深い神の摂理があるという。

一つはマホメット時代以前には偶像礼拝が、世界の多くの国々の間に隈なく広まっていたということである。

これは、イエス・キリストがいわば「ピノキオ変換」としてこられる前は、当時の教会は、すべてが表象的なものに変質しつつあったという事情に基づいている。

そして、エジプト、インド、あるいはギリシャで多くその実例が見られるように、内意に「秘釈」、「深秘釈」、「重々深秘釈」を有する多重性構造を内容とする構造言語の一つひとつに偶像を設定し、その偶像を礼拝するという、精神的に下降した偶像礼拝により、終末を迎えつつあったのである。

したがってこれらの偶像教を絶滅するために、神の神的摂理により中近東以東の民の資質と性質に適合した新しい宗教を起こされたということである。この宗教は、旧新約聖書のあるものを含み、イエス・キリストが世に来たり給い、最も偉大な、最も賢明な預言者、神の御子であることを教えたのである。かくして、イエス・キリストは彼らが、霊界に入る以前にイエス・キリストに関し、いくばくかの知識が得られるように配慮されたのである。(1)

事実、今回のアフガニスタンでの戦役に際し、二〇〇一年二月、アルカイダによるバーミアン洞窟での、歴史的に貴重な五五mの仏像の破壊や、インド、カシミール地域でのヒンドゥ教寺院での、インド教神像の破壊などで物議をかもしているが、彼らにはそのような特性があるということも事実である。

二つ目の摂理としては、AD三二五年に、ニケア公会議において、確認された「川字型神観」、三神、すなわち三神（三位）一体の神に対する、宗教的な修正項を構成するということである。

イスラム教徒に言わせると、ローマ・カトリック教徒は、一人の全能な神を語り、三人の神について呟き、頭を三つ持った一人の神を礼拝している偶像教徒であるというわけである(2)。

一般的に、善良なイスラム教徒は、天界において、この世ではイスラム教を奉じて、後にキリスト教に改心した天使から教えられということである(3)。

一神であるアッラー神のみを拝するというのは、ユダヤ教において、その長い歴史を通じて、唯一筋に唯一神、神エホバを拝してきたユダヤ民族に一脈相通ずるものである。

第六章　世界宗教の発生とその統合

以上、世界宗教といわれる主な宗教の発生とその経過を見てきたわけであるがそれぞれをまとめると次頁の図のようになる。

以上のように、現在我々の世界に存在する世界宗教と目されるものはすべて同一の根源から流れて我々を潤し、我々を祝福しようとして存在していることが分かるであろう。そしてそれぞれには、それぞれの役割があり、それぞれの使命があったのである。

神道についても、現在の日本に於いて、猶、皇室の祭祀を通し、および古事記や日本書紀に

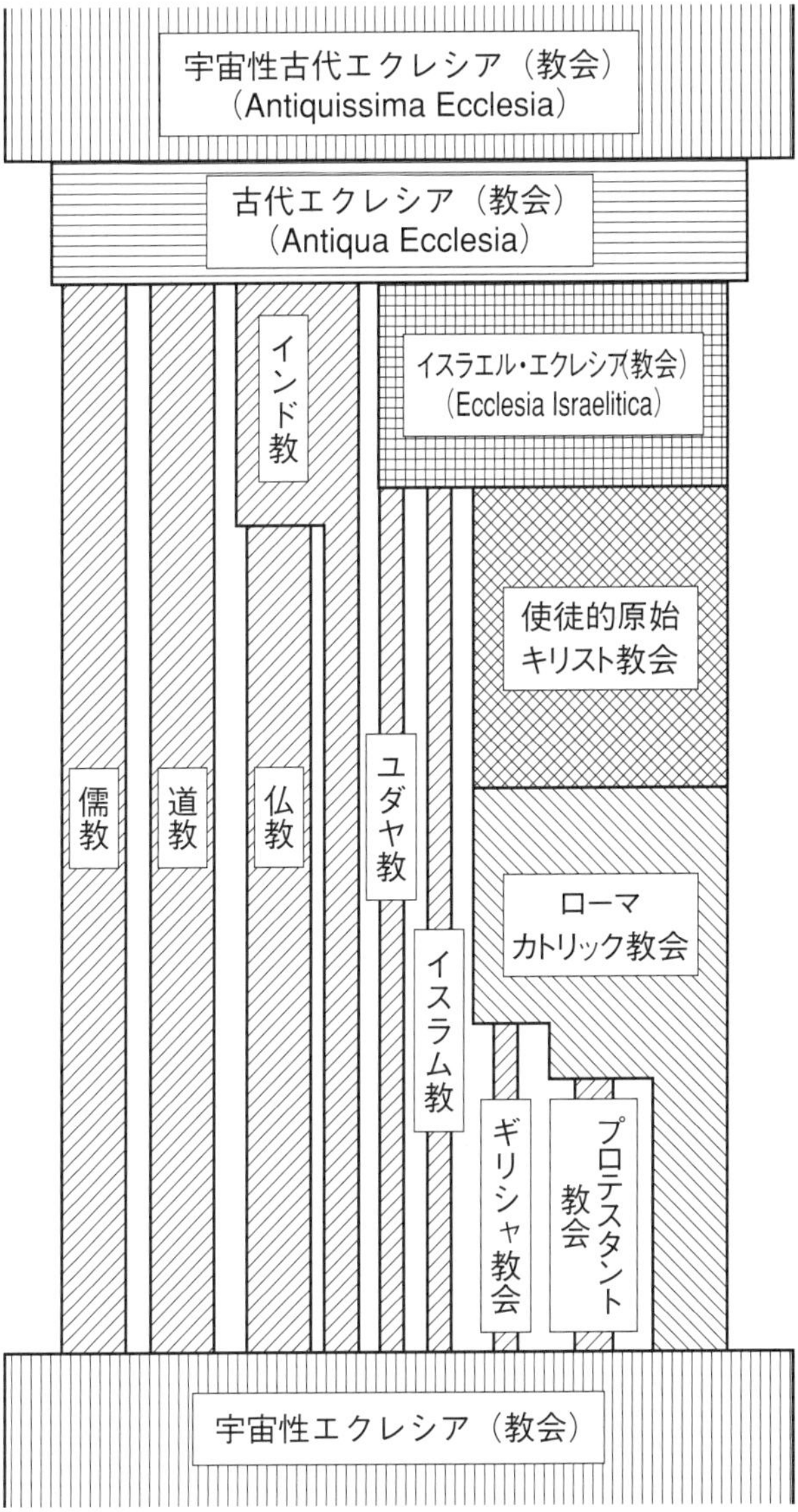
宇宙性古代エクレシア（教会）
（Antiquissima Ecclesia）
古代エクレシア（教会）
（Antiqua Ecclesia）
インド教
イスラエル・エクレシア（教会）
（Ecclesia Israelitica）
使徒的原始
キリスト教会
儒教
道教
仏教
ユダヤ教
ローマ
カトリック教会
イスラム教
ギリシャ教会
プロテスタント
教会
宇宙性エクレシア（教会）

記述される内容より、日本の歴史と伝統および我々日常習慣に、隠然たる影響力を持っている。

この神道は古事記に記されている神話の骨格から言って、まさに他の世界宗教である、ユダヤ教、インド教、儒教、等と同じく、古代エクレシア（教会）から降下した一つのエクレシア構成体であると考えられなくはない。特に神道とユダヤ教との親近性についてはすでに引用したように、一九六八年来日し、一〇年間、日本ユダヤ教団のラビとなったマーヴィン・トケヤー氏は「日本・ユダヤ封印の古代史」（久保有政訳　徳間書店）に詳しく述べられている。筆者としては、かかる歴史的親近性はともかく、古代エクレシア（教会）から降下した一つのエクレシア構成体としての近似性が重要であるように思える。であるならば、聖徳太子が隋の煬帝に対し差し出した隋書東夷伝に残る有名な書簡、「日出處天子致書日没處天子無恙（日いづる所の天子、書を日ぼっする所の天子に致す。つつがなきや）」も理解できるわけである。なぜならば双方とも、古代エクレシア（教会）から降下した対等なエクレシア構成体残遺であるからである。

神道に付いては、幸い手島郁郎先生の家系がもともと神道の御家系であり、その内容を、手島郁郎先生の名著の一つ「聖霊の愛」（キリスト聖書塾刊）にまとめられているので御一読いただきたい。

我々人間を動かし、変革し、我々人間を進化せしめるパワーは決して人間界自身の中から生まれたものでないということを知るべきである。ましてや我々頭脳の所産では決してないということを我々は承知しなければならぬ。たとえ、カントやヘーゲル、その他、巨大な頭脳であっても、それ自体は人類を進化せしめ、購う世界宗教たることはありえないのである。

それは地球系の外側から、外星系から、それらを貫通して、創造神から発して我々の間に還流しているのである。「他力」という言葉があるがそれは外星系からから来た「他力」であり、創造神から発した「他力」であって、「死」を貫通しているものである。

それで我々は次のような使徒パウロの絶叫を読むことができる。

「それでは、これらのことについて、なんと言おうか。もし、神がわたしたちの味方であるなら、だれがわたしたちに敵し得ようか。ご自身の御子（※注・神エホバのピノキオ変換のこと。本性は神エホバ御本人）をさえ惜しまないで、わたしたちすべての者のために死に渡されたかたが、どうして、御子（※注・ピノキオ変換した神エホバ御本人）のみならず万物をも賜らないことがあろうか。だれが、神の選ばれた者たちを訴えるのか。神は彼らを義とされるのである。だれが、わたしたちを罪に定めるのか。キリスト・イエスは、死んで、否、よみがえって、神の右（※注・ピノキオ変換を超脱し聖霊として神エホバ本性に復帰されたこと）に座し、また、わたしたちのためにとりなして下さるのである。だれが、キリストの愛からわたしたちを離れさせるのか。

患難か、苦悩か、迫害か、飢えか、裸か、危難か、剣か。

『わたしたちはあなたのために終日、

死に定められており、ほふられる羊のようにみられている』

と書いてあるとおりである。

しかし、わたしたちを愛して下さったかたによって、わたしたちは、これらすべてのことにおいて勝ち得て余りがある。わたしは確信する。死も生も、天使も支配者も、現在のものも将来のものも、力あるものも、高いものも深いものも、その他のどんな被造物も、わたしたちの主キリスト・イエスにおける神の愛から、わたしたちを引き離すことはできないのである」（新約聖書　ローマ人への手紙　第八章、三一節〜三九節）

ニケア公会議において確認された、誤った「川字型神観」、三神、即ち三神（三位）一体の神に対して、使徒的キリスト教時代に信じられていた「転置コ字型神観」も、通常の概念ではなかなか把握し難いので、インドの神秘的なキリスト者で世界的に尊敬されている、サドウー・サンダー・シング（インド名、スンダル・シング）の霊的体験を左記に紹介したい(1)。

サドウー・サンダー・シングは一八八九年九月三日、北インドの現パンジャプのパティアラ州ランプルに生まれた。家族は由緒あるインド教の一つ、シーク教の貴族で、父のシルダー・シャー・シングはこの地方の荘園領主であった。彼はその末子として生まれたのである。幼い彼に、最も大きな宗教的感化を与えたのは、彼の母である。

彼女は敬虔な宗教心を持ち、息子のサンダー（スンダル）に「神と永遠」を求める気持ちを植えつけた。

サンダー（スンダル）が七歳の頃には既にバガヴァッド・ギーターを全巻そらんじていたという。成長するにつれて、真の魂の平安（シャーンティ）を求める魂の渇望やみがたく、遂に死を決した、一九〇四年一二月一七日の夜明け、四時半ごろ、輝く光輪のなかに、肉体を持って現れた給うたイエス・キリストを見神するのである。

そして彼の耳に「おまえは、なにゆえにわたしを迫害するのか。わたしがおまえのために十字架上で、わが命を捨てたことを思い起こせ！」と轟くような御声が彼の母国語であるヒンドスタニ語で響き渡るのである。

彼はすべてを捨てその前に拝跪したとき、彼は今までかつて経験したことがない魂の平安（シャーンティ）と歓喜を体験するのである。

それから、彼は敢然とキリスト者になる決意をするのである。彼の家系はシーク教の貴族の名門である。

キリスト者を宣言する彼に、家族、縁者を挙げての大迫害が起こり、毒殺まで実行されるが、彼は決然とひるむことなくただイエス・キリストの御足の跡だけを歩んでいくのである。

左記はサドゥー・サンダー・シングの告白である。

「わたしは、聖三位一体の教えに頭を悩ましていた時期があった。

三つの別々の人格が三つの座についているのだろうかと考えたこともあったが、ある幻

■サンダー（スンダル）・シングにより天界で確認された神観

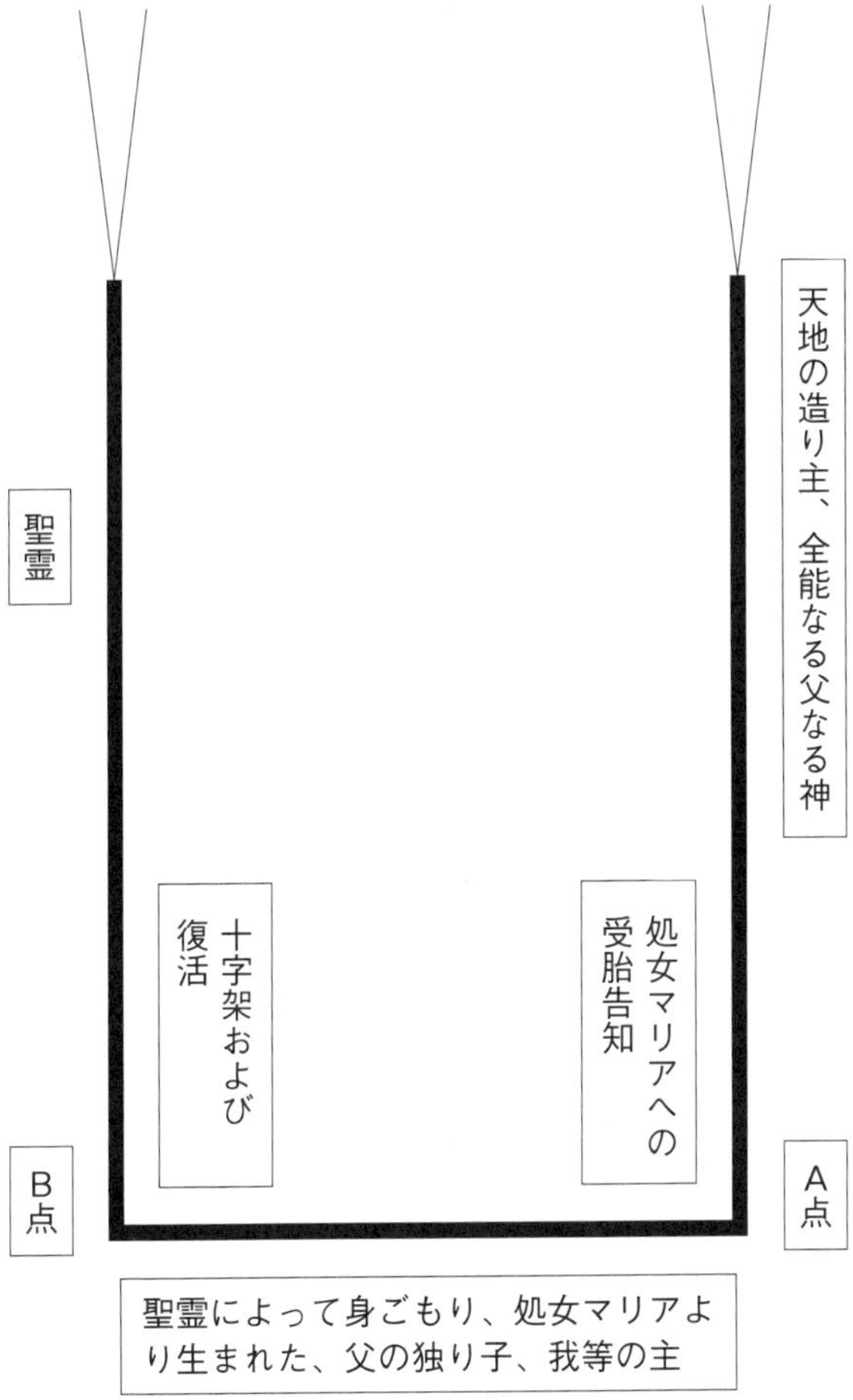

（vision）の中ですべてが理解できた。

エクスタシー（ecstasy入神）の中で、わたしは第三天へ入った。

そこは、聖パウロが上げられたのと同じ場所であるとの説明を受けた（新約聖書コリント人への第二の手紙第一二章、二節〜四節）。

キリストが神々しい霊体を持って座につかれているのを見た。

どこに行こうと同じであった。

キリストは言語に絶する御姿で、常に中央におられる。

主の御顔は太陽のように照り輝いているが、目が眩むようなことはまったくない。

あまりに麗しいため、わたしは何の苦もなく御顔を仰ぎ見ることができた。

主は常に優しく、輝くような笑みをうかべておられる。

最初に主を見たとき、『あなたはこのわたしを通して創造された』と主がいわれたかのような思いにとらえられた。

遠い昔の、忘れていたつながりが二人の間にあるかのような思いにとらえられた。

それは、長い年月のあとに父に再会したときの感じに似ていたが、それよりはるかに強いものであった。遠い昔の愛が甦り、自分がかつて主のものであったことを、わたしは知った。初めて天界に入ったとき、わたしは周囲を見回して『神はどこにおいでですか』とたずね、このようにいわれた。

『神は無限であられるため、地上と同じく、ここでも見ることができない。だがキリストがおられる。主は神であられ、見えざる神の御姿であられる。そして、主を通してのみ、われわれは天におけるように、地上においても神を見る』。

そして、わたしは、光り輝き、平和を与える波のようなものがキリストから流れ出て、天の御使いと聖徒たちの間を貫き、ちょうど暑い気候の中で水が木々を瑞々しくするように、あらゆる場所を瑞々しくするのを見た。それが聖霊であった」(2)

筆者は世界宗教の統合において、以上の世界宗教以外に、エジプトの大ピラミッド群やスフィンクス、ボビリアの巨石都市、ペルーのナスカ地上絵やメキシコのテオティワカンなどグラハム・ハンコック著の『神々の指紋』にある古代文明については、ここでは言及していないが、これらもすべて、上記の古代エクレシア（教会）から発生しているものと考えられる。

筆者も機会があり、メキシコ・シティーの郊外にある、テオティワカンと、オアハカの郊外にあるモンテ・アルバン遺跡を訪ねることができたが、テオティワカンは、とても単なる古代神殿や墳墓などではなく、古代エクレシアにおける、宇宙性エネルギー・ステーション、あるいはエネルギー高等研究所という感じであった。

しかも、太陽のピラミッドの頂上には、雲母（mica）が張り詰められていたというのであるが、ますますもってその匂いがする。雲母（mica）で工学者が想像するのは、電気絶縁体、で普通の岩石などとは異なる特殊な工学的材料だからである。太陽のピラミッドの頂上の上に、高電圧が降り注いでいたのではないかなどというのは、筆者の想像である。

モンテ・アルバン遺跡も単なる神殿の跡とはとても思われない。古代の天文学研究所、あるいは、宇宙エネルギー研究所という感じである。

今後の考古学的研究に待ちたい。

第三部　外星系の見解

第一章　外星系の問題（一）　ＵＦＯ母船への招待

外星系の情報は、地球では非常に少ない。しかし確実な情報がいくつかある。そうした貴重な文献として、筆者が列挙すると、第一に、ジョージ・アダムスキー著の『宇宙からの訪問者』（『Flying Saucers Have Landed』と『Inside the Space Ships』）（ユニバース出版社、久保田八郎訳）、であり、次に、アンジェルッチ・オーフェイオ・マシュー著の『円盤の秘密』（『The Secret of the Saucers』（絶版）、三番目に村田正雄著の『空飛ぶ円盤と超科学』（白光真宏会出版部）および『宇宙人と地球の未来』（白光真宏会出版部）、四番目として、オスカー・マゴッチ著『わが深宇宙探訪記（上）（中）（下）』（加速学園出版部、石井弘幸訳、関英男監修）である。

最初にジョージ・アダムスキー著の『宇宙からの訪問者』から引用を始めよう。ジョージ・アダムスキーは一八九一年四月一七日、ポーランドに生まれた移民の子である。

一九一三年から五年間、米国陸軍に服役していた以外は、とりたてて、ＭＩＴやハーバード大学などの高等教育の学歴は有していない。

一九四四年のころより、カリフォルニア州のパロマー天文台の麓に引越し、自営農業を営みながら喫茶店を経営、十五インチの天体望遠鏡で天体観測を続ける。これが宇宙からの訪問者との接触の契機となるわけである。

一、地球の歴史

彼によると、彼ら宇宙人たちは、イエス・キリストの十字架以降、約二千年間地球に駐在して活動を続けているそうである。というのはこの間、彼らの惑星（金星）で宇宙船の大発達があって、肉体を持ったまま、志願者がやってこられるようになったからである。彼らは七千八百万年さかのぼって、地球の歴史を知っているということである。

通常、考古学上、最初の人類が発生したのは、約百万年前の新世代第四紀の頃と考えられているから、どれほど過去にさかのぼっているかが分かるであろう。

七千八百万年といえば、過去一億四千五百万年から五千五百万年にわたる中生代、白亜紀となる。まだ恐竜などが生息していた時代である。その頃から人類がいたのだろうか。彼らによると、地球人によって築かれた似たような歴史は、彼ら自身が破壊した諸文明と共に失われたということで、これは現在我々が脅かされている同じパターンの破壊、すなわち核爆弾による破壊があったということである。

彼らによると、地球人が戦争と呼んでいる状態は、この太陽系では、数百万年このかたはないとのことである。

すなわち、数百万年前は他の惑星でも戦争があったということ。ただ地球の場合、秩序ある自然の進歩をしなくて、むしろ成長と破壊、成長と破壊の無限の反復ということである[1]。

彼ら宇宙人において驚くべきことは、火星人、金星人、土星人とお互いに差別なく交流しているということである。

ちょうど我々がアメリカ人、ドイツ人、あるいは中国人と交流しているのと少しも変わらない。これは、エマヌエル・スウェーデンボルグの場合と同一で、彼も同じような発言を行っている(2)。

彼らによると、太古、地球に住んでいた人々は、音響と振動に関する宇宙的な法則を完全に理解して応用していたそうである。

この知識は地球の現代の文明ではすっかり失われているが、他の惑星では、この振動の法則が教育システムの基本的な考え方になっているとのこと。

これを基礎として生徒たちは知識と表現のあらゆる分野で急速に学ぶことができるのである。これなどはまさに古代エクレシア（教会）において存在した、内意に「秘釈」、「深秘釈」、「重々深秘釈」を有する多重性構造を内容とする構造言語そのものでないだろうか(3)。

二、太陽系について

ここでしばらく、ジョージ・アダムスキーに語りかける、宇宙人の長老の話に耳を傾けてみよう。彼は年齢がおよそ一千歳で、宇宙の各惑星には、このような偉大な進化を遂げた人が必

ず存在するということである。(4)

●宇宙人の長老……「広大な宇宙には地球人が惑星と呼ぶ無数の天体があります。これらは万物がそうであるように形が異なりますが、私たちの惑星や地球に非常によく似ています。しかも惑星のほとんどには人間が住んで、あなたがたや私たちと同様な人間によって支配されております。(中略)あなたがしらねばならないのは、各世界は〝形態(フォーム)〟に過ぎず、それらの世界も最小の物から最大の物に至るまで、万物が体験する長い成長の期間を経ているということです。

各惑星は中心の太陽の周囲を、他の多くの惑星と完全なタイミングを保ちながら、同等に運行し、一単位すなわち、いわゆる太陽系を、構成しております。

私たちが宇宙旅行によって学び得たかぎりでは、どの場合でも、一太陽系には十二個の惑星があります。それ以上になると(一太陽系以上の構成単位の意味)、十二個のこのような太陽系が太陽に相当する中核(祭司星と呼ぶ。通常霊化されていて、通常の天体望遠鏡では見えない)の周囲に結合されていて、これらの太陽系が地球の科学者の言う〝島宇宙〟を形成しているのです。さらにこのような十二個の島宇宙が多くの館をもつ〝父〟の住み家の中で、広大な一単位を形成する……というわけで、結局は無限です」

ここで驚くであろう。十二というイスラエルの十二部族の単位が、また十二使徒の単位が一太陽系の惑星の単位にもなっているということである。ここでしかし、我々の太陽系は、九つの惑星しか発見されていないではないかという反論があるであろう。理由としては二つ考えられる。

一つは、後三個はまだ未発見である、という考え方である。あと一つの考え方は、後三個は霊化されて、通常の天体望遠鏡では観測されないようになっているという考え方である。この根拠としては、使徒パウロの書簡、新約聖書ローマ人への手紙第八章、一九節〜二二節にある。ここに、

「被造物は、実に、切なる思いで神の子たちの出現を待ち望んでいる。なぜなら、被造物が虚無に服したのは、自分の意思によるのではなく、服従させたかたによるのであり、かつ、被造物自身にも、滅びのなわめから解放されて、神の子たちの栄光の自由に入る望みが残されているからである。実に、被造物全体が、今に至るまで、共にうめき、共に産みの苦しみを続けていることを、わたしたちは知っている」とある。

三、太陽系内の他の惑星

さらに長老の話を続けると、

●宇宙人の長老……「私の惑星や、私たちの太陽系内の他の惑星では、あなたがたが〝人間〟と呼ぶ創造物は、各種の発達段階を通じて、地球人が想像もつかないほどに、知的に、社会的に、発達し進歩しています。この発達は、あなたなら自然の法則と名づけるものを、固く守ることによってのみ達成されたのです。

私たちの世界では、それは時間と空間のすべてを支配する〝至上なる英知〟の諸法則に従うことによる成長として知られております。

あなたもごらんになったように、私たちはあなたがたが部屋を横切るのと同じように、容易に宇宙空間を航行できます。宇宙旅行は、惑星や人間ばかりでなく、あらゆる天体を生かして活動させている諸法則を、マスターした人にとっては、困難ではありません。そうなると、宇宙のこのような二個の天体間の距離、すなわち各世界間の距離は、地球で距離について考えら

れるようなものとは、全く異なることがわかります。（中略）

あなたがた地球人がまだ知らない別な事実がありますが、それはどんな人間の肉体でも、どの惑星でも適応して生きられるということです。惑星の大きさや年齢によっては、大気の状態に多少の相違はありますが、地球の海面と、数千メートルもある山上で、経験する相違と大差はありません。なかにはこの変化で影響を受ける人もありますが、やがてみな順応するようになるものです」

この長老の、一言は地球人には理解できないものが多いであろう。

なぜなら、月には大気はほとんどないと知られているし、金星は一九八九年五月に打ち上げられた米国の探査機マゼランによると、大気は約九〇気圧の炭酸ガスで、表面温度は摂氏一三〇度から四三〇度の高熱の表面だと知られているし、火星は一九七六年のヴァイキング着陸船によると、大気はほぼ七ミリバールの炭酸ガスで、表面温度は摂氏二二度から一二三度と知られているからである。

しかしこの問題は、地球の科学が非常に未発達であるために発生している誤解であって、地球の科学はあまりにも、物質主義的に偏っているために起こった問題である。

例えばゲームの麻雀などでは、一ゲーム終わるごとに麻雀牌が倒されて、ガチャガチャと掻き回される。現在の地球の科学は物質主義的に麻雀牌が倒された状態で、すべての現象を観測している状況といえるのではないだろうか。

しかし、最近、バイオテクノロジーの世界で、一九九七年に発表された、英国ロスリン研究所のクローン羊『ドリー』に端を発するクローン技術などの展開があり、改めて生命の世界の不思議さが世界を驚かせている。

宇宙性古代教会のところで説明したように、「天界」とコンピューターのLAN構造が設定されるほど、「死」を超克した科学文明が展開されると、金星や火星といった現惑星の内部に単に物質的ではない半物質、半空間世界というものが検出され、金星人や火星人が驚くべき文明を持って生活していることが瞥見されるであろう。

現在の科学でいえば、少々SF的であるが、別次元の科学といえば、容易に理解できると思われる。本件については更に章をあらためて詳細に論じたいと思う。

四、他の惑星の科学

長老の説明によると、

●宇宙人の長老……「地球人が認識しなければならぬもう一つの事実は、〝宇宙〟はその外側にではなく内側に物質を含んでいるということです。なぜなら、宇宙の内部で起こるあらゆる物事も、創造主の内側で起こるのであって、外側でないからです。私たちは自分の世界と同様に、あなたがたの世界や生命と関係があるのです(5)」

内側とは、半物質、半空間世界を作る物質が内側にあるということである。

さらに、長老の話を続けると、

●宇宙人の長老……「地球はこの太陽系では最低の発達状態にありますが、他の太陽系の惑星にはそこの住民が、社会的にも、科学的にも、地球の水準に達していないのもありますし、また科学の分野で素晴らしい進歩をとげて、宇宙旅行などをやっていながらも、人間や社会的な理解の面では、低いままにある惑星もあります。
私たちの太陽系の、地球を除く全惑星の住民は自由に宇宙を旅行しております。近距離だけを行う人もあるし、非常な遠距離の旅行に出かけて別の太陽系群に到達する人もあるのです。生命と宇宙に関する地球人の理解力は実に貧弱なものです。
その結果、他の世界や宇宙の構成について、多くの誤った考えを持っているわけです。それどころか人間自身についてもほとんど知識はないのです！

（中略）まず、地球人が理解しなければならないのは、他の惑星群の住民は根本的には地球人と変わらないという事実です。他の世界の生命の目的は、基本的には地球人のそれと同じです。あらゆる人類の天性として――たとえその天性がどんなに深く埋もれていようとも――高遠なものに昇華しようという憧れがあります」(6)

まだ政治的には、地球人という概念に透徹していない我々にとって、面映い感じがするが、人間と地球にいかに深い理解を持っているかが理解されるであろう。

彼らは、基本的には菜食主義者で、食物のほとんどを〝生きている〟状態で食べるのを好むということである。この点、日本の刺身料理に似ている。しかし、まさかの場合で他の食料が得られないときは肉も食べるということである。[7]

五、彼らの宇宙船と言語認識

彼らはまた、科学研究所専用の宇宙船を保有しており、太陽系内のすぐれた男女の科学者が集められて、宇宙空間に発生する絶え間ない変化を研究している。[9]

彼ら科学者の年齢はほぼ地球年齢で、三十歳から数百歳の年齢であるが、みな二十代の青年の顔つきをしている。まさに百歳青年を実現しているのが彼らである。

研究室内は驚くべき機械設備が充満しており、例えば、彼らの宇宙に普遍的に存在する言語についての調査の一端を紹介すると、

●宇宙人の長老……「宇宙の万物はどれもそれ自体の特殊なパターンを持っています。例えば、もし誰かが、〝家〟という言葉を口に出すと、一、二種類のメンタルイメージが心の中に浮かぶ

でしょう。人間の感情を含むあらゆるものが記録されるものです。

これらの機械の使用によって、地球人の考えていることや、地球人が私たちに対して敵意を持っているかどうかということも分かります。もし粗暴な脅威的な言葉が出るか、またそのような想念が発せられても、これらが同様にそれ自体を描き出して、私たちのレコーダーがそれを正確にピックアップするのです」(8)

六、地球人の起源

ある日、著者のアダムスキーはロサンゼルスのとあるレストランで二人の宇宙人と会食し、地球の起源について重要な情報を聞かされるのである。少々長くなるが以下にそれを引用してみよう。

●宇宙人……「以前お話ししましたように、種々の惑星や太陽系は絶えず形成や崩壊の過程にあります。惑星群からなる一太陽系は万物とよく似ております――。一定の期間を経て発達の極に達し、やがて衰退し、分解し始めます。私たちの太陽系が形成の過程にあるよりもずっと以前に、人間のいた無数の惑星からなる多くの太陽系がありました」
なんと驚くべき情報であろう。われわれ宇宙は繰り返し発生しては、消失していたのである。かかる意味において、現在の天文学の基本的前提である、ＢＩＧ　ＢＡＮＧ理論も根底から見直す必要があるであろう。そして、

●宇宙人……「当時も今日と同じように、各太陽系内や、太陽系間の宇宙旅行が行われていましたが、その旅行の主な目的は、現在の私たちのそれと同じでした。宇宙空間のあらゆる面における活動を研究するためです。それで、一太陽系内で、一個の新しい惑星が形成されているのが発見されますと、多くの惑星からやって来た旅行者によって観測され、綿密に研究されました。

新しい惑星が人間の住居に適した段階にまで発達したことが分かると——あらゆる惑星は早晩その段階に達するのですが——旅行者たちはこの事実を他の諸惑星や別な諸太陽系の惑星群の住民たちに知らせます。そして新世界へ進出して開拓をしようとする志願者が募られます。

それから大船団にこの志願者と必要な装備一切を積み込んで、新惑星へ輸送します。その後

も、たびたびパイオニアたちの装備や補給品を必要に応じて運びます。そこへ行った人々は故郷の惑星へ訪問のために帰ることもできます。

このようにして表現の新しい経路が開かれ、同時に新しい世界が、人間によって住まわれるようになるのです」

我々は確かに、ダーウィンの進化論に基づいて、人類の発展を古生物からその展開を考察し、アフリカ起源説により、五百万年前の猿人「アルディピティクス」および二百五十万年前の「アウストラロピクテス・ガルヒ」を経由し、百五十万年前の原人「ホモエレクトス」に至り、さらに数万年前の「ネアンデルタール人」を経て現在人「ホモサピエンス」に至っているというのが通説であろうが、(10)そして、事実、人類学的にはそのような経路をたどることができるとしても、宇宙文明の人類という観点から見る場合、右記のように、宇宙から飛来したものであることが現実的であるように思える。

一九五五年没のフランスのカトリック司祭、イエズス会士、古生物学者、テイヤール・ド・シャルダンは、その著『現象としての人間』（美田稔訳、みすず書房）において、近代自然科学の世界観、とくに進化論的世界観とキリスト教的世界観を総合する理論を提唱している。

筆者としては、すでに引用した使徒パウロの書簡、新約聖書、ローマ人への手紙、第八章、十九節〜二二節を含めて、すべての被造物は神に回帰しようとする潜在的特性を持っているというのが筆者の見解である。さらに彼らの説明を続けると、

●宇宙人……「地球は人間の生命の維持可能な段階に達した惑星として、この太陽系では最も遅れた世界でした。地球の初期の住民は他の惑星群から送られてきたのですが、まもなく地球の大気中に思いがけないことが起こり、移住民は数世紀もたたぬうちに、この惑星の生活条件が、好ましくないものになることに気がついて、その結果、最初の住民は少数のものを除いて、所有物をすべて宇宙船に積み込み、別な惑星に向かって離れました。

残留を希望した少数のものは、この新世界のみずみずしく繁茂した美と裕福のさなかにあって堕落してしまい、それ以上のものを求めなくなりました。

次第に彼らは、自然の洞窟の中に住んで満足するようになり、遂に記録から消えてしまったのです。地球ではこの最初の住民の記録は存在しません。ある種の神話に残っているだけです。

この最初の文明の記憶はトリテリアの原始民族にちなんでトリトン神と呼ばれているものの中に保たれています」

著者のアダムスキーによるとトリテリア大陸は南半球のオーストラリアの近くに存在し、グラハム・ハンコックの著『神々の指紋』に出てくる、アトランティス大陸よりもさらに古いのではないかということである[11]。トリトンはギリシャ神話では海神ポセイドンの息子ということになっている。古くからの海神ネレウスの娘（ネレイデス）の一人アンフィトリテとの間の息子である。

半身半魚（いわゆる人魚）の姿で、法螺《ほら》貝を吹き鳴らし、波を静めたりするらしい。多くはひげ面の男性の姿で描かれ、性格は乱暴で波間からニンフ（妖精）や女性をさらったりする好色な生き物として表現される。

また一説によると、トリトンはポセイドンの持つ武器、トライデント（三つ又の矛）の擬人化とするものもあり、ポセイドン神との縁が深い[12]。

●宇宙人……「宇宙のパイオニアたちが去ってからまもなく、地球の表面には多くの自然の変化が起こりました。海底深く沈下した大陸がありますし、反対に隆起したのもあります。その後再びこの世界は人間の居住に適するようになりましたが、こんどは大気中に残っている諸条件のために、志願者は募られませんでした」

この事実は、すでに地質学者や古生物学者、気象学者によって確認されており、大陸移動説は一九一五年、ドイツの気象学者、アルフレート・ヴェーゲナーにより提案され、現在は地殻のプレートテクニクス理論として結実されている[13]。大体この時期は二億九〇〇〇万年前の、古生代後期、ペルム紀とされている。ペルム紀にはパンゲアという超大陸が存在したという。

さらに説明を続けると、

●宇宙人……「惑星地球の形成と発達を私たちが興味を持って観察したもう一つの状態は、その仲間として、一個の月しか形成されなかったことです。自然の諸条件のもとでは、いつかもう一つの月が形成され、生成する世界である、小さな仲間である月をおぎなってやらないと、アンバランスを起こすかもしれません」

これは我々地球の科学ではおよびもつかない宇宙の科学のコメントである。地球でこのようなことを考える天文学者はまだ誰もいないであろう。

七、地球の不幸の原因

ここで、彼らは現在の地球の多くの不幸な状態の、真の原因について説明を始めるのである。

●宇宙人……「人間は不思議な生物ですね！」

これが彼らも正直な感想である。しかし、

●宇宙人……「大体人間というものは、万物と調和して平和に暮らすことを好むものですが、あちこちで少数の人が、個人的なエゴと侵略思想をもって成長しますし、貪欲になって、他人に権力を振るっています。このことは、人間は創造主の法則に従って生きねばならぬ、という教えがあるにもかかわらず、私たちの惑星でも起こる可能性があります。

このような態度が、悪にいたることを私たちは知っているのですが、宇宙の法則に従っている私たちは、ここの兄弟たちを、束縛することはできないのです。

それで大昔、多くの惑星の賢者たちの会合で、このような利己主義者を、生存可能な新しい惑星へ送るようにきめました。多数の太陽系中の最低段階の惑星が、こうした罪人の追放場所として選ばれたのです。そこで、今述べたような理由から、この太陽系の内外の、多くの惑星から来た、この始末におえぬものたちの、新しい住家として、太陽系内の地球が選ばれました。この罪人たちは地球の、いわゆる厄介者でした。私たちは彼らを殺すことも監禁する事もできませんでした。

というのは宇宙の法則に反するからです。しかし彼ら追放者は、すべて同じ傲慢な性質の者ばかりでしたから、だれも他人に譲歩しないと思われるので、結局は、自分自身の調和を完成せざるを得なくなるでしょう。これが地球の元の〝十二の部族〟の真の源泉です」


なんと驚くべき内容であろうか。我々地球は太陽系の内外の、多くの惑星から来た、この始末に終えぬものたちの流刑地であったのである。そう言えば、古代王朝間の数多くの戦争、ヨーロッパで起こった三十年戦争の悲惨さ、現在の中近東の数限りない紛争の状態が納得できる気持ちになる。

実にこの地球は、宇宙における、"Forbidden Planet" あるいは〝禁断の惑星〟であったのである。この元の〝十二の部族〟というのは、もちろんすでに説明した、イスラエルの十二部族とは異なるが、内意においてはおおいに関係があるであろう。

サミュエル・ハンチントン著の〝文明の衝突〟も改めた感慨で読むことができる。我々はお互い、この子孫である可能性が大きい。

●宇宙人……「彼らは、多くの惑星から、宇宙船に乗せられて地球へ輸送されたのです。今度は最初の志願者たちに与えられたような、いかなる種類の装備品や必要品などありません。すべての人々は、各自の惑星で十分な教育を受けて、土壌、無機物、大気、その他肉体を維持する上に必要な多くの物事について知っていました。

この新世界では、彼らは自分の知識を応用して、自然が供給するものだけで生活を始めなければなりません。これは彼らを働かせることによって、自分たちのもつ才能を引き出させるためであり、創造主の願いに従っている人々すべての囲いの中に、彼らを引き戻そうとしたためです。これらが、あなたがたの聖書に出てくる〝堕落天使〟です。つまり高度な生命の状態から落ちて、この世界に今存在する悪循環のタネをまいた人間たちのことです」

この〝堕落天使〟こそ、十七世紀の英国の詩人、ジョン・ミルトンの『失楽園』に描かれるルシファーである。後述するがアンジェルッチ・オーフェイオ・マシュー著の『円盤の秘密』(The Secret of the Saucers)によると、太古の昔、現在の火星と木星の軌道の間に、ルシファーというこの太陽系で最も霊光に輝く惑星があったということである。

しかしこのルシファー星の人々は、その進化の高みで自惚れに達し、遂に純粋水素爆弾を開発、ルシファー星自体を水素爆弾の連鎖反応の中で爆破させてしまい、彼ら住民は大挙して地球に強制送還させられてしまったそうである。現在では最大一千キロメートル、最小数キロメートルの小惑星数万個となって、火星と木星の軌道の間を巡っている。

このルシファー星の堕落については旧約聖書、イザヤ書一四章、一二節から二一節に次のように歌われている。

「黎明の子、明けの明星よ、
あなたは天から落ちてしまった。

もろもろの国を倒した者よ、あなたは切られて地に倒されてしまった。
あんたはさきに心のうちにいった、
『わたしは天にのぼり、
わたしの王座を高く神の星の上におき、
北の果なる集会の山に座し、
雲のいただきにのぼり
いと高き者のようになろう』。
しかしあなたは陰府に落とされ、
穴の奥底に入れられる。
あなたを見るものはつくづくあなたを見、
あなたに目をとめて言う、
『この人は地を震わせ、国々を動かし、
世界を荒野のようにし、その都市をこわし、
捕らえた者をその家に、
解き帰さなかった者であるのか』。

もろもろの国の王たちは皆
尊いさまで、自分の墓に眠る。
しかしあなたは忌みきらわれる月足らぬ子のように
墓のそとに捨てられ、
つるぎで刺し殺された者でおおわれ、
踏みつけられた死体のように穴の石に下る。
あなたは自分の国を滅ぼし、
自分の民を殺したために、
彼らと共に葬られることはない。
どうか、悪を行う者の子孫は
とこしえに名を呼ばれることのないように。
その子孫のために、
先祖のよこしまのゆえに、
その子孫のためにほふり場を備えよ。
これは彼らが起こって地を取り、
世界のおもてに町々を

満たすことのないためである」

●宇宙人……「この人たちを地球へ連れてきてから、長い間、多くの惑星の人々が、しばしば彼らを訪れて、許す限りの援助と指導を与えようとしました。しかし彼らは高慢で反抗的な連中で、私たちが差し出した援助を受け入れようとはしなかったのです。それでも最初の衝突の後、長いあいだ、彼らは互いに何とかうまく生きることができました。その当時の地球は確かに〝エデンの園〟でした。すべてが豊かで、食物や生活の必要品にも恵まれて、自然は豊かであったからです」

これはまさしく、聖書に描かれるアダムとイブの世界である。エマヌエル・スウェーデンボルグによると、このアダムとイブというのは決して個人名でなく、一種族あるいは一国家の名称であったということである。

事実、スウェーデンボルグは霊界に生活する彼ら民族に接触を許されている。それは天界の火焔界にある、いと高き「第三の天」に所属しており、これこそまさに宇宙性古代エクレシアと称すべきものであったのである。

●宇宙人……「新世界の歓喜の中にあって、この新来者たちは、互いに平和と幸福の中に住み始めましたが、これは他の惑星群の喜びでもあったわけです。ところが聖書に述べてあるように、人間は〝善悪の知識〟の木の実を食べたのです。それまでは存在しなかった分裂が起こってきて、貪欲と所有欲が、再び人間の間にはびこり、彼らは互いに、敵対し合うようになったのです」

ここらあたりから、我々にとり既知となる歴史時代が始まるわけであるが、現実的には、我々の歴史時代が接続するのは、もう一つの大事件、「ノアの箱舟」に絡む大洪水の後に展開する、古代教会、すなわち宗教的銀時代以降である。

●宇宙人……「年月が流れ、人口が増加するに従ってこの元種族の中から、うぬぼれた人間たちが立ち上がって、数種族に分裂し始めました。この人間たちのいずれもが、他の誰よりもはるかに進歩した惑星から来たのだと称し、その資格により支配権が与えられているのだと言って、全人類の支配権を要求したのです」

これこそ、現在の我々も身につまされる問題ではなかろうか。サミュエル・ハンチントン著の『文明の衝突』もその内容であり、各王朝における、王権神授説の歴史的背景も以上の経過の中に我々は認めることができる。

●宇宙人……「私たちは、常に彼らを同胞愛に目覚めさせようと願いながら、この迷える兄弟たちを訪問し続けました。しかし自称支配者たちはますます強力になり、私たちの努力はむなしくなったのです。分裂は続き、増大し、ついに今日いわゆる〝国家群〟の発生となったわけです。

国家群の成立はさらに同胞を分裂させ、全人類はもはや創造主の法則どおりに生きなくなりました。

この分裂の結果、多くの異なる様式の礼拝の仕方が起こりましたが、当時でさえも、私たちは地球の兄弟を救うために、他の人々を送り続けました。この人々が〝救世主〟として知られている人たちです。

彼らの使命は、地球の兄弟を助けてその本来の理解に返らせることにありました。どの場合でも、少数の信奉者がこの賢者の周囲に集まりましたが、いつも賢者たちは救おうとした相手によって、殺されました」

典型的なのが、主イエス・キリストの十字架上における受難であろう。それ以外に、使徒パウロや使徒ペテロ、ヨハネその他十二弟子達の受難、ソクラテスの受難、洗礼者ヨハネの受難、近くではジャンヌ・ダルク等々、我々の記憶に新しい。その他、屈原など多くの古代中国の義人たち、古代エジプト王朝を含め、数多くの義人の受難があったに違いない。

エマヌエル・スウェーデンボルグによると、この分裂の結果、多くの異なる様式の礼拝の仕方が発生したのは、「ノアの箱舟」以降の古代エクレシアからだとされる。

●宇宙人……「宇宙の中の、この太陽系内で、なぜ地球が最低の惑星であるか、今お話ししたのがその理由です」

我々地球人には今まで想像もつかなかった、地球の歴史的背景が今やかくのごとく明らかに説明されたことは驚きとなる。これこそまさに、地球の真の宇宙的歴史的背景というものであろう。

八、「輪廻転生」の問題

次に、我々仏教的伝統を持つ民族としてどうしても関心が高い、「輪廻転生」の問題について論じられており、この問題に関し、宇宙人の認識に耳を傾けてみたい。まず問題になったのは、前生涯の記憶を、次の生涯でどれぐらい持ち越すことができるかということである。

●宇宙人……「それは意識の発達の程度に応じて可能です。永遠を生きる人間は何事も忘れません。

しかし前生の肉体において学ばれた物事の記憶は、ある親しい物事の本能的な知識、またはそれに向かおうとする傾向以上には、ほとんど現れません。

地球人の顕在意識には、なぜそのようになるかという理解力がほとんどないのです。このような素質が少しでも現れるとき、あなたがたはそれを才能とか天性といいます。それが著しく現れるとき、特に幼少年期に現れる場合には、そのような人々を天才児と呼んでいます。

地球はいわば低い周波数の下で活動しております。その結果、あらゆるものの生命の成長と発達は――特に人間のそれは――遅く、出生と成熟の間に多くの年月を必要とします。人間が地球で生まれると、他の惑星の場合よりもはるかに長期間、無力な幼時の段階にとどまります。彼らが青年の男女になるまでには、いかなる記憶が出生のときに付随してこようとも、それらは、幼年時代中にずっと満たされてきた、誤った考え方という混乱状態のもとに、埋められてしまうのです。

自然の法則から分離してしまうと、人間の理性力は著しく制限されます。新しく生まれた人は、その惑星の過去数百年の伝統と因習を詰め込まされ、前世の体験のたしかな記憶は押し出されてしまいます。

このような真の記憶は時として、いわゆる潜在意識から健在意識の中へひらめき出ることがあります。これは初めて会った人を、なんとなく以前から知っているような感じがするとき、また今生で、まだ訪れたことがない場所を見て、現実の関連や記憶があるような気がするときがそうです。このような体験のすべては、ほとんどの地球人にとって神秘的です。しかしこうした記憶は通常、真の記憶であり、その説明は非常に簡単です」

なんと明確な回答であろう。心理学者C・G・ユングが聞いたならば小躍りして喜ぶであろう。彼らの主張の根拠は、地球が低周波数の下で活動しているということである。

●宇宙人……「他の惑星では新生児はこのような障害は負わされません。それどころか万事が子供を自由にするように配慮されます。各人の表現は他の人と多少相違し、個々の体験の背景は、各自の運命の遂行の基礎として役に立つことを私たちは知っております。

惑星というものはある周波数のもとに機能を果たしていますが、この周波数はそこに住む住民によってのみ確立されます。私たちの各惑星では周波数が高いため、生まれた子供は幼年期から成熟するまでに、地球のようにゆるやかな発達の期間を必要としません。私たちの場合、出生から青年期までの平均期間は、地球の十八年またはそれ以上と比較すると、わずかに二年です。

地球人は〝生まれ変わり〟という言葉を誤った意味で用いています。その本当の意味は、地球の各人が同胞の無知から脱却して、より高次な生命の理解に達したとき、別な惑星での生まれ変わりが許されることなのです。すると本人は、地球の体験の生き生きとした記憶を持って生まれ変わります。

あらゆる生命を支配する基本的法則に関する本人の概念は卓越したものになるでしょう。本人の日常の習慣、家族と仲間との関係など記憶はなおも鮮明におこりますが、それは二次的なものになるでしょう。

二つの生の間の断層はなく、地球での、本人を混乱させた、雑多な名称や区別にわずらわされぬ、進化の継続があることを悟るでしょう。

地球では、個人の幼年期から成熟期までの発達に、長期間を必要としながら、年をとることと老化は早くきますが、これは個人の中に表現され続けられている、古い伝統と因習のためです。真実の知識は、どんな大昔にそれが得られたにしても、容易に持ち越されます。

しかしたびたび繰り返された人類の重荷と苦悩は、数千年間記憶され、克服できないほどに、人間の魂にのしかかっているのです。

ごらんのように私たちは外見や気分などで老化しません。これは十分に学んだ教訓の賜物を、日々新たに持ち込むからであり、無益と分かったものはすべて捨てるからです。常に新鮮さを肉体に表現するので、このように若くなるのです」

我々の世界でも「百歳青年」という用語がある。これは百歳でも三十歳や四十歳の若々しい生命を保っている状態である。現在の医学はこれを目標に研究が進められている。

旧約聖書、イザヤ書六五章、二〇節には、

「わずか数日で死ぬみどりごと、
おのが命の日を満たさない老人とは、
もはやその中にいない。
百歳で死ぬ者も、なお若い者とせられ、
百歳で死ぬ者は、のろわれた罪びととされる」

とある。

老人力の問題は、高齢化社会の問題もあって最近は一般社会の話題にもなり、赤瀬川原平著の『老人力』（筑摩書房）、石原慎太郎著の『老いてこそ人生』（幻冬舎）など有名なベストセラーがある。

また、わが師、手島郁郎先生は『老いゆけよ我と共に』（キリスト聖書塾刊）という名著を出版している。これは十九世紀の英国の桂冠詩人、ロバート・ブラウニングの詩「ラビ・ベン・エズラ」を講解したものであるが、全編、雄渾な解説に満ちており、「The best is yet to be. The last of life for which the first was made . 最善は　これからだ。人生の最後、そのために最初も造られたのだ」と、まさに「老人力」が主役になっている。

●宇宙人……「彫刻家が両手に粘土を取り上げたときに描くイメージは、完成されたときにその粘土が表現する形を既に決定していますが、人間の肉体もこれと同じです。

人間は自分自身を作る彫刻家であり、創造主から供給される材料で仕事をしているのです。自分の肉体を鋳造し、容貌に美醜を吹き込むのは、宇宙の中にある人間の自分自身に関する考え方です。

地球では老齢で、しかも永遠なる神を想像しますが、これは大きな矛盾です。なぜなら永遠なる者に年齢はないのですから——。

海の底深いところや水面では、絶え間のない活動が行われているために、海はいつまでも行き続けますが、内部の活動が停止している池は、かつての清純な水を、ゆっくりと濁らせる外来物によって、古くなっていきます。いわゆる〝よどみ〟が起こったのです。肉体の病気と崩壊はほぼ同じ過程から生じます。

地球人は自然の法則によって生きることを知らないために、個人的〝よどみ〟を起こすのです。時折、地球でも平均年齢よりもはるかに長寿を保ちながら、若々しい印象を与える人がおりますが、これは並外れた精神活動、関心、熱心さなどの特質を保つ能力によるものです」

宇宙人が「自然の法則」という場合は、神と共なる自然の法則で、現在の科学でいえば、多少「超科学的」なところが含まれており、筆者はここで瞑想の重要性を強調したい。

九、宇宙人の長老との対話

ジョージ・アダムスキーは数回、一千歳の年齢を持つ宇宙人の長老と数回、対面しているが、その中で、次のような事項について重要な情報が与えられているので、これについて考察を試みたい。

一、人間の基本的な成り立ちについて

二、死について
三、金星人と地球人との相違
四、仕事について
五、人間の目的
六、食生活に於ける「殺」の問題
七、全地球人が〝知らねばならない〟一大真理

九―1、人間の基本的な成り立ちについて

●宇宙人の長老……「地球人の犯している大きな誤りは、絶対に分割してはならない多くの部分を分割する習慣にあります。あなたがたは形式や教訓などにたくさんの差別を設け、多数の人は好き嫌いをはっきりさせていますが、これらすべては、地球の混乱状態を増大させるのに役立っているだけです。

他の世界の私たちは、このような差別をしないで、万物の相互関係と相互依存を認めております。

あなたがたの面前にある障壁に、創造主に対する私たちの想念の力と輝きが注がれているのを、あなたが深く感じてきたことは、私にわかっています」

アダムスキーは各宇宙母船および宇宙人の各家庭にかかげられている「永遠の生命」を象徴する神の肖像画を見るのである。それは燦然《さんぜん》たる輝きにつつまれる十八歳ないし二十五歳ぐらいの一人の神の頭部と両肩をあらわし、その顔は男性と女性の完全な融和が具体化され、目は名状しがたい英知と憐れみをたたえている。これこそが、二〇〇〇年前地上そぞろ歩きされたイエス・キリストであり、創造神ヤーウェー神に他ならないのである。(7)

●宇宙人の長老……「このイメージを常に私たちの眼前で映像化し続け、心の中に記憶されることによって、私たちは創造主の中に万物が存在することを決して忘れないのです。創造主こそは人間に対する、いわゆる〃生命〃の贈り主です。

また創造主は私たちを通じて、私たちの創造物に対する、生命の贈り主（生産活動のこと）でもあり、何を創造すべきかを教えてくれる教師でもあるのです。無機物や元素類の化合法を知っているのは創造主であり、それは人間ばかりでなく宇宙をも生かしていますし、それら無機物や元素類が一つのフォーム（形ある物）の体験を通じて、より高次なフォームに適合するように高められるにつれて、創造主はさらに多くのことをやっているのです。金星や、その他さまざまの程度に、進化している惑星群にいる私たちは、無機物や元素などを、不変の新しさを持つ、永遠に活動する創造主の表現のエッセンスとして認めています。

だから地球人が知っているような単調さは決してあり得ないのです。

したがって、全宇宙の聖なる創造物（天体や月）が私たちによって崇拝されるように、いろいろ異なる貢献の分野において、元素類を支配する人間の創造物（自動車やヴィタミン剤）も、同様に崇拝され、讃えられるのです。かわって元素類も自分がさらに高次な貢献の基準にまで高められるようにと、日々よりよき貢献——決して止むことない貢献をしたがるようになります。

その奉仕は永遠であるからです」

「こうしてあなたは人間に貢献する無機物や他の元素類に関して私が話す意味がわかるでしょう。こうすることによってそれら自身には、創造主に対する貢献を通じて、ある理解力が与えられます。この法則は、地球では変異の法則または、進化の法則として知られていると思います。

あなたや私もそうですが、人体は元素類や無機物で構成されています。あなたの体を構成しているこれらの元素類や無機物はそれ自身に刻まれた印象類に従うということが、あなたにも立証できます。

というのは、もし印象類が喜ばしい性質のものであるならば。〝人間〟と呼ばれる生物も喜ばしくなるからです。しかし怒った状態にあれば、肉体もそのように表現します。これで肉体内の無機物や元素類は絶えず創造主に貢献していることがわかります」

ここで、長老が創造主と呼んでいるのは、もちろん宇宙性古代エクレシアにおいて、神エホバあるいはヘブライ語の原音に近く、ヤーウェーと呼ばれている神のことであって、マリアを通して、いわゆるピノキオ変換を通して、イエス・キリストとして我々の間をそぞろ歩きをされた初代使徒教会時代のあの神のことである。

真の人間を改変できる真の宗教は必ず宇宙から到来しているのであって、人間の所産ではありえない。

筆者もバルセロナを訪れたことがあるが、サグラダ・ファミリアである聖家族教会はもとより、グエル公園などでガウディの作品に触れると、あの鈍重で重たい石が、躍動して躍り上がっているのがよくわかる。

そして歓喜を挙げているのが、こちらに伝わってくる。天才の手にかかると、かくも鈍重な石が躍動してくるものであるかと驚かせられるが、物質自体も本来はかく躍動しているものである。

地球の物質も本来は、宇宙性古代エクレシアに天界とＬＡＮ構造が設置されていたころは、このように輝いていたのである。

●宇宙人の長老……「あなたがた地球人は、共同で働く（ハーモニーを引き起こして）よりも、むしろ互いに敵対しあう共同動作（例えばライバル意識）を起こすことによって、絶えず不幸を招いています。あなたがたは源を創造主に発しながら、他のものに成り下がってしまいました。

（神にある）自然の状態にある代わりに、自分に対して多くの誤った概念を加えております。ちょうど高貴な美しさを持つ美人が、多くのつまらない装身具を見につけて、結局その効果を高めるだけで、自分の美しさをだめにするのと同じです。

あなたがたは、真の生命または英知を伴わないものを加えることによって、これと同じことをやっているのです。

人間の実体の中にある先天的なものについて、話してみましょう。金星の私たちはそれに従って生活していますが、地球ではやっていません。ただしこの原理は他の惑星ばかりでなく、地球でも応用できるものです。

あなたがたは、人間が五つの感覚から成り立っていると主張し、さらに第六感、第七感などを加えています。真に存在する感覚を理解し発達させる代わりに、これらの独断的に考えられた感覚を、発達させようとしております。

透視力、透聴力、テレパシー、超能力などの力が存在することを明言するのに、一語で全部を表現できるものを、少なくとも四つにそれぞれ分類しています。

その結果、人間の真の本体が混同され、失われるようになっております。

これをもう少しはっきりと説明いたしましょう。第一に、人間はあなた方が自然と呼んでいる無機物と元素類による産物です。第二は、人体という知的表現として聖なる創造物の産物です。

人体の無機物と元素からなる部分は四つの経路、すなわち感覚を与えられており、その感覚を通じてその部分は、いわゆる物理現象として現れているのです。英知または神性は、あなたがたが物質的といっている肉体全体の、あらゆる細胞を通じて現れております。

私が今述べた四つの感覚とは、視覚、聴覚、味覚、嗅覚です。地球のあなたがたが〝触覚〟と言っている感覚を私があげなかったことを考えてご覧なさい。というのは、触覚こそは他のすべての感覚に勝る〝英知〟であるからです。

このように説明してみましょう。

いかなる世界でもあなた方のような人体を作ることはできないし、それを生かすこともできません。これは宇宙の創造主に依ってのみ可能です。そこであなたがたは、一つの肉体の内部で一つの肉体の形成が行われるとき、母になる人は別の肉体の完全な組み立てについて、何をなすべきかを知らないことを、認識する必要があるのです。

それでも胎児は完全な表現に向かって成長し、やがて、いわゆる物質の世界に生まれてきます。生まれるとき、この幼児は眼、耳、口や鼻を持っています。目は初めてのものを見るし、耳は初めてのものを聴き、鼻は初めて嗅ぎ、口は初めて味わう。これらは肉体の一部分として創造されたのです。

肉体が初めて物質の世界を目撃するのと同様に、これら四種の表現径路も初めて物質界を見ます。肉体に属するからです。

しかし、幼児の母親は、幼児の肉体がどのようにして作られたかを、知りません。しかし、私が各種の〝感覚〟から除外した触角は知っています。なぜなら、それはこういうわけなのです。

赤ん坊がまだ母の胎内で成長しつつある間に、もし母の胎内に圧迫が加えられると、内部の胎児もその圧迫に気づきます。

この場合の両者の分離状態について考えてご覧なさい。というのは、生まれようとする胎児が母体内で、変化するための準備ができたとき、母親はこの行為を制御もしなければ指導もしません。この場合、この変化しようとする行為が、感覚を二つの異なる反応——母親と子供の反応——に分離してしまうのです。

このことは、感覚の分野において、両者の感覚が互いに独立して働いていることを立証します。

またこの〝触覚〟、または〝感覚〟は、英知の分野でも働いており、何をしたらよいか、いつやればよいかを、知っていることも立証します。それは〝知る者〟であるらしいのです。

私たちが分析の目的でこれを考慮に入れるとき、触覚は基本的なるもの、即ち実際には肉体の魂——全包容的な英知の一部として認められるのです。なぜならそれは一感覚であり、しかもご存知のように感覚は警戒の状態であって、これは私たちの言う意識的意識なのです。

さて、この意識が〝人間〟と知られる無機物とチリを離れるとき、眼、耳、鼻、口はもう機能を果たしません。肉体が無意識になると触覚のようなものを起こさないからです。

言い換えれば、人体を叩くことはできますが、人体は感覚という知覚作用または触れられているという感じは起こさないでしょう。

これに反して、もし人が目を失い、聴覚、味覚、嗅覚を失っても、意識である触覚は残ります。それで本人は多少とも生きて人間らしく動くことができます。そして人間が何かで打たれると、それは前述の場合と異なって、触覚または苦痛を感じます。

これで次のことが容易に理解できるでしょう。

すなわち人間と呼ばれる肉体の真の英知は、これまで非常に誤って用いられ、見当違いされていたものですが、実は触覚と知られている感覚が真の英知であり、肉体の魂または生命、なのです。

〝人体〟は——万物も同様ですが——その無機物や元素類が〝四種〟の主要な肉体的表現経路を通じて役立つように構成されていますが、一方、五番目の〝触覚〟は宇宙的なもので、これが他の四つに対して知覚力を与えます。したがって一度この触覚が離れると、他の四つは知覚力または機能を失うのです。

人間がこの事実も認めるとき、仮想の背後にある自己の実体を見出して、これがなされるならば、長く住んでいた狭い牢獄は瓦解し、宇宙の住民になるのです。

そのままで人間は、いかなる物にせよ自分の住む惑星を含めて万物の中に働く法則を発見し、その時こそ人間は自分自身を〝知る〟のです！　そうすることによって人間は万物を知ります。

また、それまで決して知らなかった、〝大宇宙の英知〟である創造主をも知ることになります。

無機物の人間が創造主と一致した状態まで高まり、創造主とその子が一体化するのは、この認識または理解によるのです。

ひとたび地球人がこれを学び、悟って、心で知るばかりでなく、私たちがやっているように
それを生かすならば、彼らは他の惑星で我々が持っているのと同じような、生活の喜びを持つ
ようになります。

人間には付け加えるべきものは何もないことを、同胞に気づかせなさい。
人間は既に所有しているものを、表しさえすればよいのです」

「しかし所有しているものが何であるかを、理解しなければなりません。そしてこの理解を〝実行〟に移す必要があります。重要なのは実行であるからです。
ひとたびこれが達成されると、地球人の苦悩はすぐに消えるでしょう。というのは、そのとき視覚、聴覚、味覚、嗅覚の四つの感覚器官を作り上げるのに用いられているこれらの元素類は更に向上して、それにより各感覚器官がもっと敏感な器官になるのです。
しかもそれら各器官はいわゆる物質世界ばかりでなく、宇宙的な貢献をするでしょう」

ここに、宇宙人の長老によって極めて重要な提言がなされている。それをまとめてみると、左図のようになるであろう。

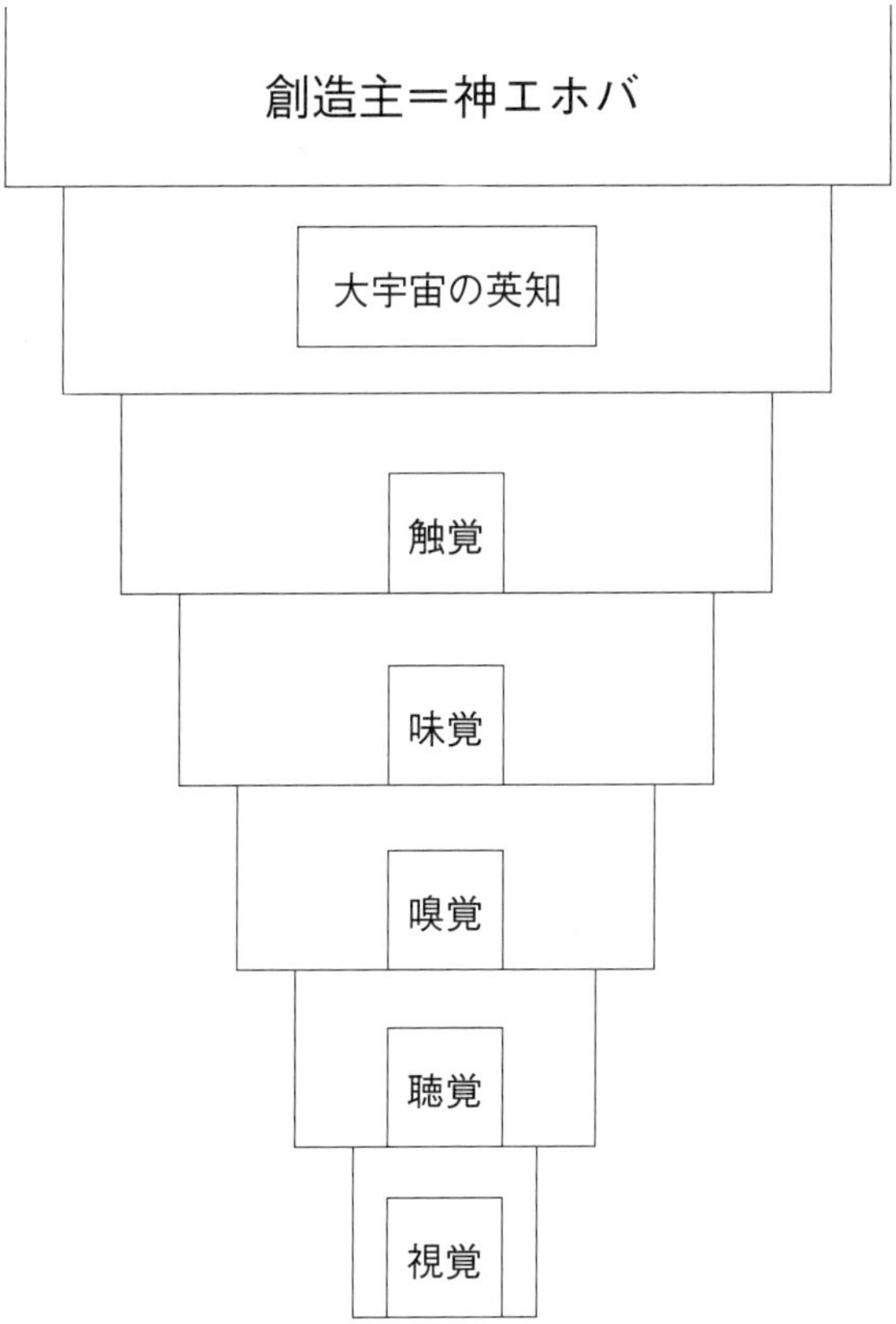
創造主＝神エホバ
大宇宙の英知
触覚
味覚
嗅覚
聴覚
視覚

ここでも逆ピラミッドの宇宙性エネルギーの構図が表示されているが、これは偶然なるものではない。

この最初の視覚は「八正道」における最初の、「正しい見解（正見）」に相当するものである。[14]

第二番目の聴覚は「正しい思惟（正思）」に相当するものである。[15]

第三番目の嗅覚は、視覚と聴覚が結合したもので、直覚が関係している。[16]

これは「八正道」の「正しい行い（正業）」、および「正しい生活（正命）」に相当している。

第四番目の味覚は直覚がさらに凝縮したもの、直覚の固有化である。[17] これは「八正道」の「正しい生活（正命）」、および「正しい努力（正精進）」、に相当するものである。

そして最後の触覚が、「八正道」の「正しい念い（正念）」と「正しい瞑想（正定）」である。

かの聾、唖、盲の三重苦に悩んだ、ヘレン・ケラー女史も、幼き日、井戸端でサリバン先生に手のひらに「water」と書かれたときの衝撃を生涯忘れなかったという。その時の深い衝撃が、後年、彼女がエマヌエル・スウェーデンボルグを学ぶ上で大いに役に立ったと言われている。このことこそはまさに、先に述べた宇宙人の長老の「触覚」にヘレン・ケラーが目覚めた瞬間に違いない。

さらに宇宙人の長老はこれに付随して次のような重要な、発言を行っている。

●宇宙人の長老……「地球人が認識しなければならぬもう一つの事実は、〝宇宙〟はその外側でなく内側に物質を含んでいるということです。なぜなら、宇宙の内部で起こるあらゆる物事も、創造主の内部で起こるのであって、外側ではないからです。

だから私たちは、自分の世界と同様に、あなたがたの世界や生命に、関係があるのです。私たちは皆同じ〝至上なる英知（創造主）〟の国にいるからです。私たちは長い時代を通じて、このことを学び、実行しています。

この理解があるために、地球人がやっているように、危害を加えようという動機で、他人を傷つけることはできません。自分たちがゆがめたものは何にせよ、万物は一家族なので、それと共に生きなければならないことを、私たちは知っているからです。

ひとたび肉体人間の心が、この程度の理解にまで達するならば、醜悪なものや不快なもの見ることなく、万物が美と高揚の聖域に向かって進んでいるのを、見ることになります。地球人がこの法則を考えるならば、万物が低次の状態から高次な状態へ働いている（努力する）様子を見て、それを理解するでしょう。

これは宇宙的な目的で働いているのです。高次から低次へ働く（努力する）のではありません。しかしその力は、低次なものが高次なものに高まる力を持つことができるように、高次から低次に降りてきて現れることもあります。

この法則を知っている私たちの諸惑星の住民は、自分の発達のためにそれを応用しています。その応用によって、永遠の生命と万物の役割を認識する段階にまで成長しているのです」

近年、素粒子物理学の理論と実験の研究の成果は目覚しいものがあるが、特に物質の構造に関する研究は、我々にその多くの情報を提供してくれている。

一八世紀に、英国の化学者、J・ドールトンにより原子論が展開され、これに基づき、一九世紀、ロシアの化学者メンデレーフにより元素周期律表が作成されが、これに対して、英国の物理学者、J・J・トムソンは原子に対し始めてメスをいれ、陰極線が電子であることを、一八九七年発見し、一九〇四年、陰極線である電子と、陽極性成分とで構成される原子模型を提案するのである。

これに対して、一九〇三年、長岡半太郎が、土星系原子模型を提案したりしている。

これに対する次の第一歩は、一九一一年、英国の物理学者、ラザフォードのα粒子散乱によってあたえられた。

原子核の発見である。つまり原子は、共通して、電子と原子核によって構成されることが判明されたのである。

しかも、電子の質量は、水素原子の一八〇〇分の一で質量のほとんどは、原子核に集中していることが発見されたのである。

一方、デンマークの物理学者、ニールス・ボーアは一九一三年、ドイツの理論物理学者プランクが発見した量子仮説を、原子モデルに適用し、水素原子の半径を計算している。通称これはボーア半径a_0といわれ、その値は、

$$a_0 = \frac{\varepsilon_0 h^2}{\pi m e^2} = 0.529177249 \times 10^{-10}\,\mathrm{m}$$

である。なお、e= 電気素量、ε_0＝誘電率、mは電子の質量、hはプランク常数で、ほぼh＝6.58×10^{-34}J・sである。

直径にするとほぼ1.06×10^{-10}mになる。

これに対して、原子量の質量がほとんど集中している原子核の直径をラザフォードの公式に基づいて推定すると次のようになる。

薄い銅箔にラジウムからのα線を当てたときの散乱の実験においては、散乱角θが180°近くまでラザフォードの公式が実験結果によく合っていた。このときのα粒子のエネルギーはE＝5.3MeVである。銅はZ＝29である。α粒子が原子核に正面衝突する場合に原子核に最も近づく。

そのときの最近接距離は、

$$(r_{min}\text{の最小値}) = \frac{2Ze^2}{4\pi\varepsilon_0 E}$$

$$= \frac{2\times29\times(1.6\times10^{-19})^2}{4\pi\varepsilon_0\times5.3\times1.6\times10^{-13}} \approx 1.58\times10^{-14}\,[\mathrm{m}]$$

となる。

この結果、銅の原子核の大きさは1.6×10^{-14}mより小さいと考えられる。

原子の大きさが10^{-10}mであることと比べると原子核の大きさは、約1/5000以下である。

原子核がいかに小さいかが分かる。

その後、原子核を中心に研究が進み、一九一九年に、ラザフォードにより原子核内に陽子が発見され、一九三二年、英国の物理学者、チャドウィックにより中性子が発見されている。そして一九三四年、原子核内で、陽子と中性子が安定した結合状態でいるため、湯川博士により、中間子論が発表され、一九四七年、英国の物理学者C・F・パウエルによって、パイ中間子は発見された。

これで原子核の問題はうまく収まりそうであったのであるが、自然はそうは簡単に回答を与えるような代物でなかったのである。

それ以降、世界各国で高エネルギー粒子衝突型加速器が続々と建設され、原子核内の性質、特に、陽子と中性子について調べられていったのであるが、最初、究極の素粒子と思われていた、陽子と中性子に多くの共鳴状態が発見されたのである。

また宇宙線の中にも数多くの、陽子と中性子以外に、陽子と中性子に匹敵するハドロンが発見された。

これは、陽子と中性子が、さらに内部構造を持つということである。

そこで一九六三年にアメリカの物理学者マーレー・ゲルマンとジョージ・ツワイクによってクォーク理論が、この内部構造を説明するものとして、同時期に提出された。このクォーク理論の初期の理論（八道説）では、クォークは三種類が知られていた。アップクォーク、ダウンクォーク、ストレンジクォークの三つで、例えば、陽子はアップクォーク二個とダウンクォーク一個からなり、中性子は逆に、アップクォーク一個とダウンクォーク二個からなるという。

世　代	名　　前	電　荷	静止質量(単位：Mev)
第1世代	アップ（u）	+2/3	1.5から4.5
	ダウン（d）	−1/3	5から8.5
第2世代	チャーム（c）	+2/3	1,000から1,400
	ストレンジ（s）	−1/3	80から155
第3世代	トップ（t）	+2/3	174,300±5,100
	ボトム（b）	−1/3	4,000から4,500

その後、一九七四年には、第四のクォークのチャームクォークが発見され、一九七七年にはさらにボトムクォークが加わり、同時に対称性の理由からトップクォークも存在するだろうと予測され、その存在証明が必要だったが、一九九五年に、フェルミ国立加速器研究所からようやく最後のクォークを発見できた報告が出された。

現在知られているクォークは、上の表の通りである。

現在このクォークの直径もほぼ推定されていて、10^{-18}m以下で電子の大きさに等しい[18]。

現在、自然界における物理的な力として左の四つの力に要約されている[20]。

一、電磁相互作用…電荷を持つすべての粒子間に働く作用、相互作用のおよぶ範囲は無限大で、光子によって媒介。

二、弱い相互作用…核子レベルで中性子が陽子に変わり、その際、電子、反電子、ニュートリーノを放出する現象として現れる。

クォーク・レベルで見ると、一個のクォークが別のクォークに変わる現象、すなわち、クォークの香りの変化を引き起こす相互作用である。

レプトンの崩壊反応や、粒子捕獲反応にも関与し、弱い相互作用の前後で、パリティが保存されないのが特徴である。四種の相互作用の中で、到達距離は最も短い（10^{-18}m）。この弱い相互作用はウィーク・ボゾンにより媒介される。

三、強い相互作用…10^{-15}m m以下の距離に近づいた粒子間に働く相互作用。この距離内では強い相互作用が電磁相互作用の力を上回り、例えば、原子核内に中性子とともに正の電荷を持つ陽子をひとまとめにしておくことができる。この強い相互作用は、現在、中性子や陽子を構成するクォーク間に働く「色の力」に基づくと考えられており、この強い相互作用を媒介する粒子をグルーオンという。湯川博士が発見した中間子もこの部類に入る。

四、重力相互作用…質量を持つすべての粒子間に働く相互作用で、十七世紀、アイザック・ニュートンが発見したものである。相互作用の常数（万有引力の定数）は四つの相互作用中最小。しかし、天文学のようなスケールの大きい世界では、電磁相互作用は正と負が相殺されて、主に、重力相互作用のみが残る。媒介粒子としては、グラビトンが仮想される。

そして現在の最先端の素粒子論においては、この四種の力を一種の力に統合する、究極の理論を求めてしのぎを削っているというべきであろう。

事実、一九六七年、スティーブン・ワインバーグとアダブス・サラムによって、すでに記した第一の電磁相互作用と第二の弱い相互作用は、電弱統一理論として発表され、ウィーク・ボゾン（W粒子とZ_0粒子）の存在によって、証明されている。

現在は、これに第三の強い相互作用を含める、大統一理論（GUT＝Grand Unification Theroy）、およびこれに第四の重力相互作用を含める超対称性大統一理論（SUSY―GUT＝Super Symmetry-Grand Unification Theroy）の鋭意研究が進められている。

ところで現在発見されている素粒子をまとめると、362頁に記したようになる。

[ハドロン(複合粒子)…クォークの複合体]

	記号	粒子名	質量(MeV)	電荷	スピン	寿命(秒)
メゾン	π^+	パイ中間子	139.6	+1	0	2.6×10^{-8}
	π^0		135.0	0	0	0.8×10^{-16}
	π^-		139.6	−1	0	2.6×10^{-8}
バリオン	P	陽子	938.3	+1	1/2	安定
	n	中性子	939.6	0	1/2	887
	Λ	ラムダ粒子	1,115.7	0	1/2	2.6×10^{-10}
	Σ^+	シグマ粒子	1,189	+1	1/2	0.8×10^{-10}
	Σ^0		1,193	0	1/2	7.4×10^{-20}
	Σ^-		1,197	−1	1/2	1.5×10^{-10}
	Ξ^0	グザイ粒子	1,315	0	1/2	2.9×10^{-10}
	Ξ^-		1,321	−1	1/2	1.6×10^{-10}

[基礎粒子]

	記号	粒子名	質量(MeV)	電荷	スピン	寿命(秒)
ゲージ粒子	Y	光子(フォトン)	0	0	1	安定
	$W^\pm$	ウィークボソン	80,330	±1	1	1.4×10^{-18}
	Z^0		91,187	0	1	1.6×10^{-18}
	g	グルーオン	0	0	1	
レプトン	e^-	電子	0.511	−1	1/2	安定
	μ^-	ミュー粒子	105.7	−1	1/2	2.2×10^{-6}
	τ^-	タウ粒子	1,777	−1	1/2	2.9×10^{-13}
	ν_e	電子ニュートリノ	?	0	1/2	安定
	ν_μ	ミューニュートリノ	?	0	1/2	安定
	ν_τ	タウニュートリノ	?	0	1/2	安定
クォーク	アップ、ダウン、ストレンジ、チャーム、ボトム、トップの6種		別　表 (P359)			

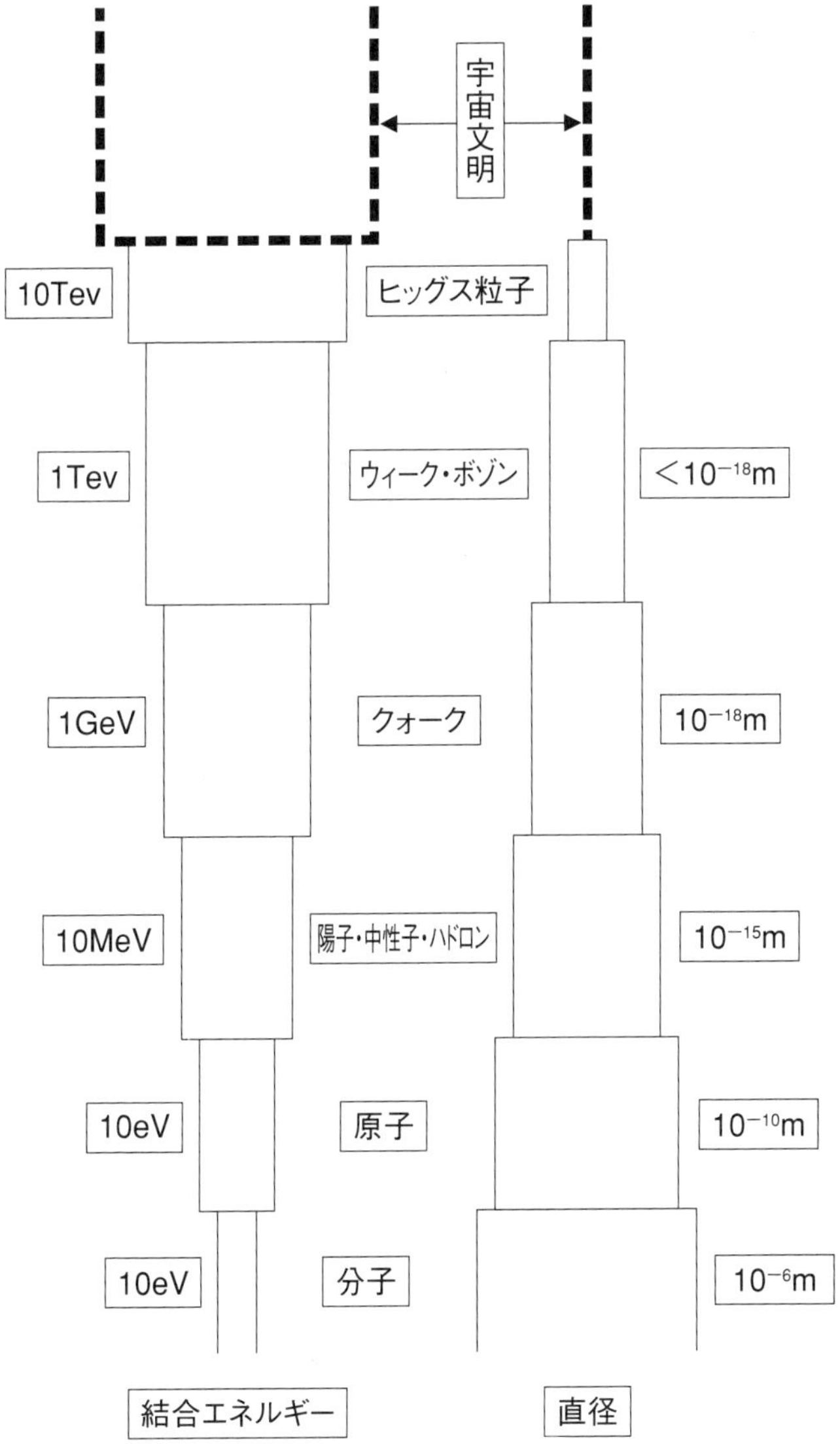
宇宙文明
10Tev
ヒッグス粒子
1Tev
ウィーク・ボゾン
＜10⁻¹⁸m
1GeV
クォーク
10⁻¹⁸m
10MeV
陽子・中性子・ハドロン
10⁻¹⁵m
10eV
原子
10⁻¹⁰m
10eV
分子
10⁻⁶m
結合エネルギー
直径

これらの素粒子論の展開を見ていると、物質の内部に深く踏み入るほど、エネルギーは高くなり、空間は小さくなっていることが判るであろう。これを図形で表示すると363頁の図のようになる。

宇宙人の長老が、「内側に物質を含んでいるということです。なぜなら、宇宙の内部で起こるあらゆる物事も、創造主の内部で起こるのであって、外側ではないからです」と言っているのは、以上の意味である。

我々地球人にとっては、まだまだはるかに高いエネルギー領域があるということであって、そのエネルギー領域に到達したとき、初めて真の意味で彼らとの交流が始まるのである。しかし我々は好むと好まざるとに関わらず、徐々に、地球の文明はそこに接近しつつあるということを知らなければならない。

確かに、現在のところでは、彼らの母星である金星、火星は、地球の科学で判断すればとても人間の住めるという場所ではないということになるであろうが、それは仮想であって、さらに高度に進んだ科学にとっては、全く別の現実があるということである。

現実的に考えて、我々が「死」という現象に突き当たったとき、死後の世界にはやはり、現在我々の物質的大気環境と同一の大気を想定する人間は少ないであろう。

日本における知の大家、立花隆氏の大著『臨死体験』という著書があるが、現在医学における調査でほぼ100％近い確度で死後、人間はすべて、霊界に遷移しているというデータが存在するということである。

その時の酸素呼吸は、おそらく異なった酸素呼吸であることは誰しも想定することができるであろう。

事実、エマヌエル・スウェーデンボルグによると、霊界においては我々は全く異なった、酸素呼吸の状態に入るのである。しかもそれはさらに素晴らしい呼吸状態になるのである。

したがって、宇宙的規模の科学基準から見て、はるかに幼稚と見える我々の科学の基準をもってして、我々の判断のすべてとしてはならない。

もちろん彼らとて、地球の肉体条件そのままで移行すれば、他の惑星におもむけば、直ちに死が訪れることは知っている。しかし、彼ら宇宙人は、地球人の科学がまだ到達していない、物質と接続しておりしかも死後の世界とも連結しているような「波動変換」を熟知しているということである。[19]

このことを最も端的に表現されたのは主イエス・キリストに他ならない。

十字架上で受難の後、復活されたのはいうまでもなく、ユダヤ人の迫害を恐れて、石造りの密室にひっそりとたたずむ弟子たちの前に、石造りの密室を貫通して、忽然とその姿を現し、その弟子たちを慰めると共に、焼いた魚を彼らの前で食べてみせて、物質との濃厚な接触を示し、また忽然と石造りの密室を貫通して消えていかれたのである。これはまさに波動変換の事実を示すものではないだろうか。


「そして、すぐに立ってエルサレムに帰って見ると、十一弟子とその仲間が集まっていて、『主は、ほんとうによみがえって、シモンに現れなさった』と言っていた。

そこでふたりの者は、途中であったことや、パンをおさきになる様子でイエスだとわかったことなどを話した。

こう話していると、イエスが彼らの中にお立ちになった。〔そして「やすかれ」と言われた〕。

彼らは恐れ驚いて、霊を見ているのだと思った。

そこでイエスが言われた。『なぜおじ惑っているのか。どうして心に疑いを起すのか。わたしの手や足を見なさい。まさしくわたしなのだ。さわって見なさい。霊には肉や骨はないが、あなたがたが見るとおり、わたしにはあるのだ』。

こう言って、手と足とをお見せになった。

彼らは喜びのあまり、まだ信じられないで不思議に思っていると、イエスが「ここに何か食物があるか」と言われた。

彼らが焼いた魚の一きれをさしあげると、イエスはそれを取って、みんなの前で食べられた」

（新約聖書　ルカ伝　第二四章、三三節～四二節）。


またヨハネ伝、第二〇章、二六節～二九節によると、別の日に、石造りの密室を貫通して弟子たちの前に、そのみ姿を再び現し、前回不在であった弟子のトマスに自分の手の十字架の跡に手を触れ、わき腹の、ヤリの傷跡に触れるように求めるのである。

もちろんトマスはここで、「わが主よ、わが神よ」と絶叫するのである。

「ほかの弟子たちが、彼に『わたしたちは主にお目にかかった』と言うと、トマスは彼らに言った。『わたしは、その手に釘あとを見、わたしの指をその釘あとにさし入れ、また、わたしの手をそのわきにさし入れてみなければ、決して信じない』。

八日ののち、イエスの弟子たちはまた家の内におり、トマスも一緒にいた。戸はみな閉ざされていたが、イエスがはいってこられ、中に立って『安かれ』と言われた。

それからトマスに言われた、『あなたの指をここにつけて、わたしの手を見なさい。手をのばしてわたしのわきにさし入れてみなさい。信じない者にならないで、信じる者になりなさい』」

トマスはイエスに答えて言った、「わが主よ、わが神よ」。

そして最後に弟子たちの多くを、筆者も訪れたことがあるが、ベタニアの近くまで連れて行き、手を上げて彼らを祝福し、祝福しているうちに波動変換が静かに進行し、彼らを離れて、天に上げられたのである。

「それから、イエスは彼らをベタニヤの近くまで連れて行き、手をあげて彼らを祝福された。祝福しておられるうちに、彼らを離れて、〔天にあげられた〕。

彼らは〔イエスを拝し〕、非常な喜びをもってエルサレムに帰り、絶えず宮にいて、神をほめたたえていた」（新約聖書　ルカ伝　第二四章、五〇節、五一節）

九―2、死について

●宇宙人の長老……「〝死〟は地球と同様に他の惑星群にありますが、私たちはそれを死とは言わないし、また地球人のように死者を悲しむこともしません。

私たちはこの離別が、一つの状態または場所から、別の状態また場所への変化を意味するに過ぎないことを知っています。

私たちはある場所から別の場所へ行くときに、自分の家を持っていくことはできません。これと同様に死んだときも、ある世界から別の世界へ、家である肉体を持っていくことはできません。

地球人の肉体を構成する材料は地球のものですから、その世界を維持するためにそこに残さなければなりません。

一方、地球から別の惑星へ移動する場合は、その世界がそこに存在する必要物や状態に応じて家を建てるための材料を提供してくれます。

宇宙に関する人間の概念は実に貧弱なものです。彼らは無限の宇宙を想像できないのに、永遠という言葉を使用します。人間自身の定義に依れば、永遠とは始めも終わりもない状態を言います。

そうすると宇宙はどんなに広大なのでしょうか？　永遠と同様に広大なのです。したがって、人間は一時的な現れでなく、〝永遠〟の具体化なのです。

そしてこの真理を体得している私たちは、不変の現在の中に生きています。真理そのものは常に現在であるからです」

九―3、金星人と地球人との相違

●宇宙人の長老……「金星の私たちは地球人と同様に着飾っていますし、似たような具合に多くの物事を行います。
私たちの肉体と地球人の肉体や衣服に大差はありません。非常に違うのは〝自分とは何か〟の理解です。私たちは生命は全包容的であり、私たちがその生命で〝ある〟ことを知っていますから、他人を傷つければ必ず自分を傷つけることになるということもわかっています。
そして生命体が永遠に生命体であるためには、その状態の基本的な状態を続けなければなりませんし、これを表現できるためには常に新しくある必要があるのです」

「あらゆる惑星状の大気はわずかな相違があるけれども、地球の科学者が現在信じていることとは違って、地球人は不安なしに宇宙のどこへでも行けるはずです。実際ひとたび地球人が自分自身を理解して、人体の偉大な適応性に気づけば（波動変換法に気がつけばの意味）、これは彼らの自然の天性になるでしょう。」

九―4、仕事について

●宇宙人の長老……「私たちは退屈というものを決して体験いたしません。過ぎ行く一瞬一瞬が歓喜の瞬間です。
どんな仕事をやらねばならぬということはない。もし、いわゆる労働をする必要が起こるならば、私たちは全身に喜びと愛を持ってそれを行います。私たちの惑星では地球と全く同様に、日常の仕事の割り当てがあるのですが、あらゆる人間は自ら行う奉仕のために等しく尊敬されています。欠点を非難する人はいません。たとえいわゆる召し使いのような仕事であろうとなかろうと、行われる奉仕に差異はありません。

あらゆる奉仕は等しく認められるのです。

地球人はこの法則を与えられてきました。それを知っていて、かつて他の惑星で実行した人々によって、地球へもたらされたのです。それはソロモンの宮殿の建設の部分で述べられています。

一日の終わりに、平等に一ペニーを支払ったブドウ園の労働者の雇用は、救世主イエスが詳しく語ったように、奉仕に対する等しい名誉の承認であったのです」（新約聖書　マタイ伝　第二〇章、一節　一六節）

九―5、人間の目的

●宇宙人の長老……「私たちは人間の集まりの中に座れば、必ず祝福の念を起こすほどに、意識的な知覚力が発達しております。眼前に人間が存在しているそのことが、一つの祝福であるからです。私たちは、相手を単に人間としてみないで、人間として知られるフォームを通じて、生きた状態にある、創造主の英知としてみるのです。

私たちのこの理解は、人間以外の万物に対しても同様です。私たちは最小のものから最大のものに至る万物の成長を通じて、創造主の英知が自らを現しているのを見ます。いかなる物でも、それを流れる、または支える生命なしには、その物ではあり得ないことを私たちは学んでいます。

私たちが知っている生命とは、〝創造主〟の至上なる英知なのです。睡眠中でさえもこの創造主の存在を感じないことは、一瞬間といえどもありません。

これが人間の真の目的なのです――そのためにこそ人間は創造されたのです。なぜなら、他の万物は各自の特殊な貢献の分野で自己を現していますが、人間こそは、創造主の英知という最高の状態を、表現することが可能な、無機物と元素類の進化したフォームであるからです。私たちは互いに他人を警戒しませんし、他人の所有物を欲しがったりしません。皆が各惑星の財産の平等な関係者なのです」

九―6、食生活における「殺」の問題について

●宇宙人の長老……「友よ、あなたがチサの葉を食べると、それはあなたの一部分になりますね？　その結果、そのときからチサの葉は、あなたと一緒に物事を体験し始めるのです。

したがって、あなたが実際に行ったことは一つの物をあなた自身に変形したことです。もしあなたが食べなければ、そのチサの葉は成熟し、種を生じて再び同種族を増加させますが、それだけの体験で終わるかもしれません。

しかしあなたに役立つことによって、あなたを通じてより高い貢献をするように高められることになります。

動機というものも、この原理に関係してきます。もしあなたの動機が、破壊のためや傷つけたり搾取したりすることなら、それは間違っていますが、その動機が、他のものをあなたの標

準にまで高めることによって、そのものに対してなし得る奉仕を含んでいるならば、それは正しいのです。

あなたは実際には、一無機物を一つの状態から別の状態に変形させて、それがなおも大きな奉仕になるようにしているわけです。

そうすることによってあなたは、成長または発達の法則や、地球で〝進化〟と呼ばれる時間の法則に従って行為していることになります。これがあなたの創造主の法則なのです。

地球人はフォーム（形態）を重視し――崩壊するものですが――そのフォームがすべてだと考え始めたために、進化の法則に気づいていません。

しかし、フォームはそれを通じて、生命または英知が現れる経路に過ぎないのです。〝全包容的英知〟は一枚のチサの葉を通じて表現できませんから、チサの葉は漸進的な階段によって、より高い物に変形される必要があり、その物を通じて、より高次な貢献を現せるのです。そのようにして葉は報われるのです。

この法則が、他の惑星群や他の太陽系の住民によって認められ応用されてきたように、地球人によって完全に認められ〝実行〟されるならば、地球の大気の状態は浄化されるでしょう。

そのとき万物は、それ自体から喜びの放射線を放射し、それが人類の住む大気圏内に、浸透するからです」

九―7、全地球人が〝知らねばならない〟一大真理

●宇宙人の長老……「地球人が、自分は肉体、すなわち家屋でなく、家屋の〝居住者〟に過ぎないことを知るならば、彼らはどこでも望みの場所へ家屋を建設できます。彼らも元素に支配される代わりに、元素の支配者になるからです。

地球人は、ある程度まである元素類を支配する知識を得たのに、一方その知識の誤用が広がって、地球の多くの文明が過去に破壊されてきたように、元素類は人間を破壊するものに変わりつつあります。これが今日、わたしたちの見る地球人の段階です。私たちは機会がありさえすれぱどこでも援助を試み続けますが、地球人のようにほとんど発達してない人々に、多数でもって援助の手を伸ばすことは困難です」

「私たちはいわゆる精神的宗教的な真理ばかりでなく――元々そんなふうに区別しないのですが――他の世界の物質的生活についても語りましょう。

〃ただ一つ〃の生命が存在するだけです。その生命は全包容的です。地球人は、二つの生命に仕えることができず、一つの生命だけに役立ち得るのだということを悟るまでは、絶えず互いに反目し合うでしょう」

「だれも、ふたりの主人に兼ね仕えることはできない。一方を憎んで他方を愛し、あるいは、一方に親しんで他方をうとんじるからである。あなたがたは、神と富とに兼ね仕えることはできない（新約聖書、マタイ伝、第六章、二四節）。

これは、地球の生活が他の諸惑星の生活に匹敵するようになるまでに、全地球人が〃知らねばならない〃一大真理です」

第二章　外星系の問題（二）　ルシファー星の問題

外星系の問題、その二として、アンジェルッチ・オーフェイオ・マシューの著になる『円盤の秘密』（「The Secret of the Saucers」AMHEST PRESS 1955）をとりあげたい。残念なことに本書は現在絶版である。

本書の特徴は、現在の地球人のほとんどがかつて、現在小惑星群として主に火星と木星の間に分布している位置に存在していた、ルシファー星に居住していたことを記述していることである。

その当時、このルシファー星はこの太陽系の中では最も霊的に輝いていた星であったと言われている。

しかし、彼らルシファー人はその太陽系随一の霊的な高みにあって、高慢にとらえられたとある。ついに武器をとってお互いに戦うようになり、真性水素爆弾（つまり現在の重水素“Deuterium”を使った水爆でなく、純粋水素“Hydrogen”を使った水爆）を開発し、星系の水と連鎖反応を引き起こし、太陽系の中では最も霊的に輝いていた星であるルシファー星を、小惑星として分解してしまったのである。(1)

本星の物語はパレスチナ生まれで言語学者兼考古学者であるゼカリア・シッチンの世界的なベストセラー『地球年代記（The Earth Chronicles）』全五巻にも記述されている。

もっとも、この『地球年代記』の中で取り扱われるネピリムは、もちろん堕落した最後の人類であるかのネピリムでなく、アダムを頂点とする宇宙性古代エクレシア、つまり神界とも交流、つまり神界とも交流を持つ宇宙文明期のことである。

すでに述べたように、ジョージ・アダムスキー著の『宇宙からの訪問者』（「Flying Saucers Have Landed」と「Inside the Space Ships」）（ユニバース出版社、久保田八郎訳）の中にも、次のような文章がある。

「大体人間というものは、万物と調和して平和に暮らすことを好むものですが、あちこちで少数の人が、個人的なエゴと侵略思想をもって成長しますし、貪欲になって、他人に権力を振るっています。このことは、人間は創造主の法則に従って生きねばならぬ、という教えがあるにもかかわらず、私たちの惑星でも起こる可能性があります」

「このような態度が、悪に至ることを私たちは知っているのですが、宇宙の法に従っている私たちは、ここの兄弟たちを束縛することはできないのです。それで大昔、多くの惑星の賢者たちの会合で、このような利己主義者を、生存可能な新しい惑星へ送るように決めました。多数の太陽系中の最低段階の惑星がこうした罪人の追放場所として選ばれたのです。そこで、今述べたような理由から、この太陽系の内外の、多くの惑星から来た、この始末に終えぬものたちの新しい住家として、太陽系内の地球が選ばれました」

この〝堕落天使〟こそ十七世紀の英国の詩人、ジョン・ミルトンの『失楽園』に描かれるかのルシファーである。

これは、すでにしばしば引用したように旧約聖書に述べられており、それをもう一度ここに引用すると、イザヤ書一四章、十二節から二一節に次のように歌われている。

「黎明の子、明けの明星よ、
あなたは天から落ちてしまった。
もろもろの国を倒した者よ、あなたは切られて地に倒されてしまった。
あなたはさきに心のうちにいった、
『わたしは天にのぼり、
わたしの王座を高く神の星の上におき、
北の果なる集会の山に座し、
雲のいただきにのぼり
いと高き者のようになろう』
しかしあなたは陰府に落とされ、
穴の奥底に入れられる。
あなたを見るものはつくづくあなたを見、
あなたに目をとめて言う、

『この人は地を震わせ、国々を動かし、
世界を荒野のようにし、その都市をこわし、
捕らえた者をその家に、
解き帰さなかった者であるのか』
もろもろの国の王たちは皆
尊いさまで、自分の墓に眠る。
しかしあなたは忌みきらわれる月足らぬ子のように
墓のそとに捨てられ、
つるぎで刺し殺された者でおおわれ、
踏みつけられた死体のように穴の石に下る。
あなたは自分の国を滅ぼし、
自分の民を殺したために、
彼らと共に葬られることはない。
どうか、悪を行う者の子孫は
とこしえに名を呼ばれることのないように。

先祖のよこしまのゆえに、
その子孫のためにほふり場を備えよ。
これは彼らが起こって地を取り、
世界のおもてに町々を
満たすことのないためである」

この著者のアンジェルッチ・オーフェイオ・マシューはジョージ・アダムスキーと同様、とりたてて高学歴の人間ではなく、ロサンゼルスのロッキード社に工員として勤める、極、平凡なアメリカ人であった。

事件は一九五二年、五月二十三日に発生し、かつてルシファー星系に居住し、高度の科学文明を享受しつつ、驚くべき神の生命に遊弋《ゆうよく》していた人類との再接触が始まるのである。もちろん彼らは多くの当時のルシファー人と同じく行動を共にし、神に反逆し、真性水素爆弾を爆発させてルシファー星を破壊させる側に組みしなかった人々で、かわりにより高度の神の生命に転出した人々であった。

やがて、アンジェルッチ・オーフェイオ・マシューは、現在は小惑星群として主に火星と木星の間に散在する依然ルシファー星であった現在数キロメートルの小惑星の一つに転送され、約一週間過ごすことになるわけである。そこで、ルシファー星の破壊と現地球人の発生の状況についてさらに詳しく学ぶことになる。(2)

本書でもう一つ特記すべきことは、アンジェルッチ・オーフェイオ・マシューが経験する性欲の暴発に対する体験である。転送されたかつてルシファー星の破壊残遺である小惑星で、ルシファー星時代の美しい女性の友人「リラ」のいろいろな世話を受けるのであるが、ふとした弾みに、「リラ」に性欲を暴発してしまうのである。もちろん心に瞬間「性」がよぎるだけである。しかしその清浄な元ルシファー星空間ではそのこと自体が大変であった。たちどころに旧約聖書に描かれる蛇から「知識の樹の実」を与えられて、失楽園を経験するかのアダムとイブのどす黒い姿が、空間内に再現されるのである。

「女はへびに言った、『わたしたちは園の木の実を食べることは許されていますが、ただ園の中央にある木の実については、これを取って食べるな、これに触れるな、死んではいけないからと、神は言われました』。

へびは女に言った、『あなたがたは決して死ぬことはないでしょう。それを食べると、あなたがたの目が開け、神のように善悪を知る者となることを、神は知っておられるのです』。女がその木を見ると、それは食べるに良く、目には美しく、賢くなるには好ましいと思われたから、その実を取って食べ、また共にいた夫にも与えたので、彼も食べた。

すると、ふたりの目が開け、自分たちの裸であることがわかったので、いちじくの葉をつづり合わせて、腰に巻いた」（旧約聖書　創世記第三章一節～七節）

筆者はこの物語からまことに、羊水空間の存在について教えられたものである。いみじくも、イエス・キリストも聖書に述べておられる。

「『姦淫するな』と言われていたことは、あなたがたの聞いているところである。しかし、わたしはあなたがたに言う。だれでも、情欲をいだいて女を見る者は、心の中ですでに姦淫をしたのである」（新約聖書　マタイ伝第五章二七節～二八節）

人類は以前、この言葉の成立するような清浄な空間に居住していたのである。

もう一つ、ここで言及すべきは真性水素爆弾の開発に関する問題である。これはサンフランシスコ東方にある核兵器開発機関、ローレンス・リバモア国立研究所の敷地内に、世界最大のレーザー核融合実験装置「国立点火装置」（ＮＩＦ）が建設されている事実である。この計画責任者の一人、ビル・ホーガン博士によると、この「国立点火装置」（ＮＩＦ）は核分裂物質を必要としない究極の核兵器「純粋水素」を含む、新兵器の開発・拡散の引き金になりうる、ということである[3]。

もしこれが、開発されるとルシファー星系の二の舞となり、膨大な海水と連鎖反応が起これば、地球は大爆発を引き起こし、この太陽系の中に、もうひとつの第二小惑星群を形成することになる。

ある日、目を覚ましてみると、我々は宇宙の空間に浮遊していたということになりかねない。実に恐るべきことである。

第三章　外星系の問題（三）　月と金星への招待

これから紹介するのは村田正雄著の『空飛ぶ円盤と超科学』（白光真宏会出版部）および『宇宙人と地球の未来』（白光真宏会出版部）についてである。ジョージ・アダムスキーとアンジェルッチ・オーフェイオ・マシューがアメリカ人であるのに対して、村田正雄氏はれっきとした我々同胞の日本人である。

筆者が村田正雄氏の著書に気がついたのは、筆者が未だ東京の渋谷に住んでいた一九七七年頃のことである。ある日、渋谷の紀伊国屋書店で、ふと村田正雄氏の『空飛ぶ円盤と超科学』を手に取り一見して驚いてしまった。そこに次のような文章を発見したからである。

「その日は気分もよく、全く瞬時にして深い深い統一状態に入りました。すると眼前が黄色に光り輝きました。その光は私が見つめたところが中心となり、大きく広がってまいります。そして肉体から抜け出した私が、その中心へ中心へと吸いこまれるように昇っていきます。それにつれて光の色が次第に黄白色に変わってまいります。私は大変遠くのほうに飛行するのを感じます。

その日の統一は先に申し上げた如く、全く肉身から離脱（完全離脱）してしまったかのようでありますが、肉体と幽体との間は、霊線でいつも保たれながら、瞬時にして自分の肉体に戻ることができるのであります。しかし遠くを飛行しておりますと、その間に、肉体の周辺に何事かが起こっておりましても、全く知らないこともあります。仮にこのような状態を深い統一と申し上げておきます」(1)

この思想は聖書の記述と全く同じものである。旧約聖書、伝道の書に次のような記述がある。

「その日になると、家を守る者は震え、力ある人はかがみ、ひきこなす女は少ないために休み、窓からのぞく者の目はかすみ、町の門は閉ざされる。その時ひきこなす音は低くなり、人は鳥の声によって起きあがり、歌の娘たちは皆、低くされる。

彼らはまた高いものを恐れる。恐ろしいものが道にあり、あめんどうは花咲き、いなごはその身をひきずり歩き、その欲望は衰え、人が永遠の家に行こうとするので、泣く人が、ちまたを歩きまわる。

その後、銀のひもは切れ、金の皿は砕け、水がめは泉のかたわらで破れ、車は井戸のかたわらで砕ける。

ちりは、もとのように土に帰り、霊はこれを授けた神に帰る」（旧約聖書　伝道の書　第一二章三節～七節）

また讃美歌に次のような讃美歌もある。(2)

「しろがねのひもの
　たゆる日はありなん
そのときぎたらば

みくにのぼりて
親しく我が主に
つげ奉らまほし
救いをうけしは
御恵なりき」と。

それで意を決し、一年半近く村田正雄先生の下にお伺いし、空飛ぶ円盤と超科学について親しく学ばされたことがある。村田正雄先生は既に白光真宏会の長老であられた。

本書で特記すべきことは、いままで門外不出とされたＵＦＯの作動原理について詳細に説明されていることである。(3) これをかいつまんで説明すると次頁の図のようになる。

つまり、「円盤の作動原理」というのは、ＵＦＯの作動原理はいままで述べてきた、八正道などに表現される宇宙エネルギー性ピラミッド構造の逆方向性進行によって、一つの神的エネルギーである宇宙波を物質的エネルギーに変更しているということである。

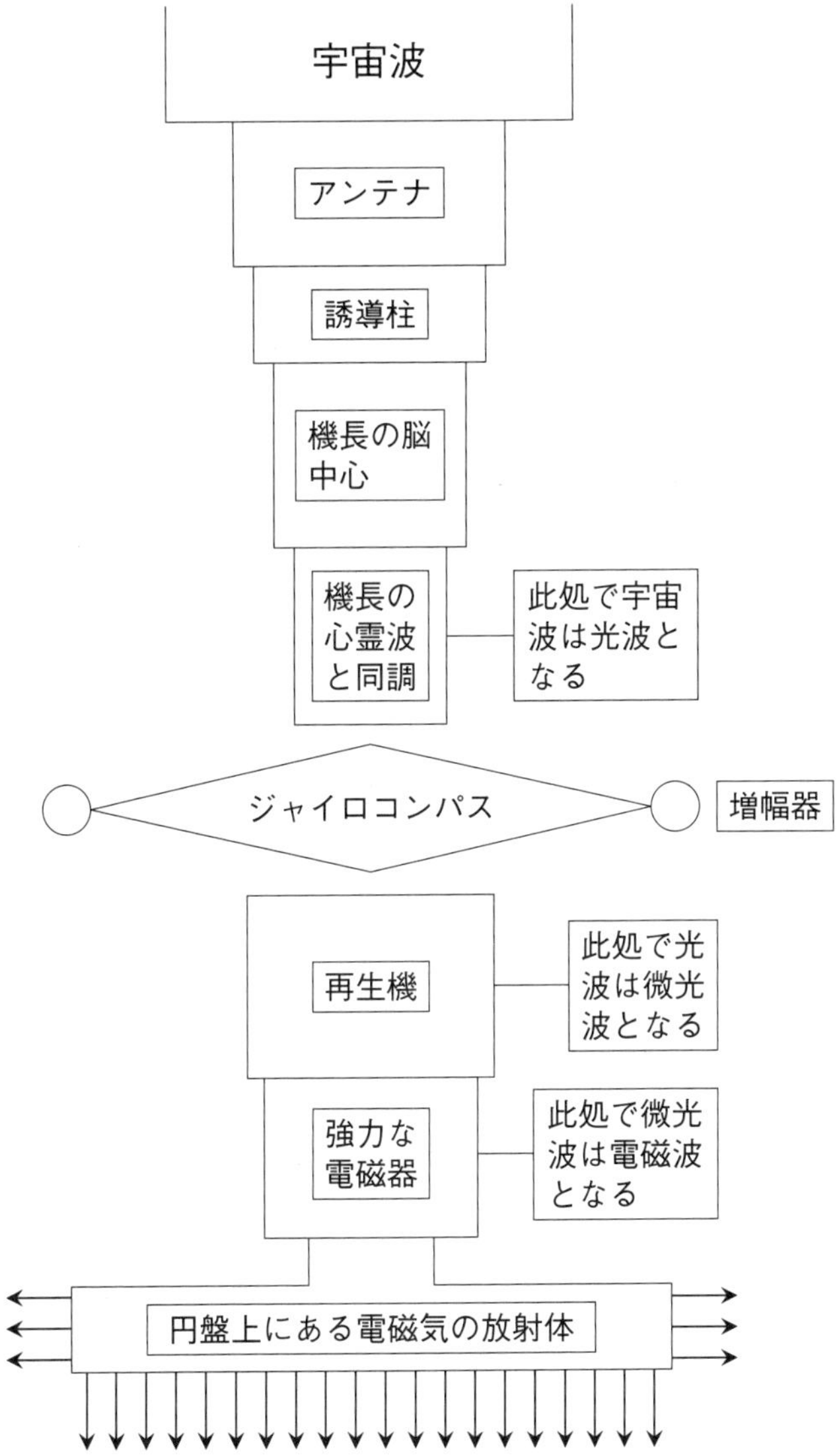
宇宙波
アンテナ
誘導柱
機長の脳中心
機長の心霊波と同調
此処で宇宙波は光波となる
ジャイロコンパス
増幅器
再生機
此処で光波は微光波となる
強力な電磁器
此処で微光波は電磁波となる
円盤上にある電磁気の放射体

村田正雄先生はこれら二つの著書で、月と金星に招待され、月と金星の自然科学、文化活動、および社会活動、社会構造などについてまことに詳細に報告されている。それらは、まさに中世期におけるマルコ・ポーロの東方見聞録に匹敵する、怖るべき内容である。

第四章　外星系の問題（四）　太陽系を超えて

外星系の問題として最後にオスカー・マゴッチ著、『わが深宇宙探訪記』（上）（中）（下）』（加速学園出版部、石井弘幸訳、関　英男監修）について論じたい。

同書は一九二八年ハンガリー生まれの電気技術者で、現在カナダのトロントに住んでいるオスカー・マゴッチ氏の著になるもので、国際政治評論家の中丸薫先生とも既知の間柄である。本書は一九八〇年に書かれているから、ごく最近の物語となる。最初の事件は一九七四年九月に発生した。

同書の主人公は三人の宇宙人がいて、アレクサンドル・デュマ作の『三銃士』よろしく長い歴史を通じての心からの親友である。

一人は通称「クゥエンティン」と名乗るその実「スペクトロン司令官」で、地球とは全く別次元の人間であるが、地球に自由に出入りしている宇宙人である。スペクトロンとは「スペクトラン方式」で旅をすることができるということで、宇宙船というハード・ウェアを必要とせず、「変換」で宇宙旅行ができるという意味で、宇宙性古代エクレシアにおいては、これが可能であるグループがあったということである。[3] その齢三万年を超える。[1]

二人目はアーガスと呼ばれるサイキアン宇宙艦隊諜報部の参謀将校である。彼は銀河系間問題調整官アルドヴァールの生まれ変わりであるといわれる。一度、アルゴンとして生まれ変わり、二度目の再生は地球軌道にあった宇宙巡洋艦級宇宙船で現在の肉体に生まれた。両親は「神」のような艦長と東地中海地域出身の地球人女性であった。[4] その齢は三万年を超える。

三人目は通常インディアンの風情をして現れる通称ドン・ミゲルである。本名はマイカという。[2] 彼は年齢一千歳から四千歳まで銀河系間問題調整官として活躍した。彼の年齢は推定三万一千歳である。

彼ら三名の上部構造には、ガーディアン委員会というのがあり、その上部にはさらにアセンディド・マスターズがおられる。もちろん彼らの頂部には、創造神ヤーウェ神の化身であられる我らの主イエス・キリストがおられるわけである。

この三名は一緒になって、宇宙的レベルの数々の難問を解決してきたのである。[5]その一つがスター・ゲートといわれる、宇宙間航路の悪魔勢力からの防衛であり、もう一つが、悪魔群に乗っ取られた一銀河系「XXゼロ」の救出である。

筆者の感ずるところ、本書に述べられているサイキアン世界連盟というのは前述した、外星系の三者の場合と非常に異なっており、その宇宙活動のあり方が極めて異なっているように思える。

ジョージ・アダムスキー、アンジェルッチ・オーフェイオ・マシュー、村田正雄先生の場合は、基本的に、肉体離脱という方法で、高次文明に接触しているのに対して、サイキアン世界連盟というのは、原則的に肉体の存在のままに接触が可能であるということである。

次に異なるのは、前三者の場合は、その高次文明の世界は遠く悪魔的世界から隔絶した神の生命が漲る世界で生活が営まれており、悪魔群との直接対決はほとんど感じられない。

ところがサイキアン世界連盟では、高次元の宇宙艦を有する悪魔群との直接対決という事態がしばしば発生しており、場合によっては一銀河系が悪魔勢力に乗っ取られるというケースも発生している。サイキアン世界連盟では強力なハード・ウェアとしての宇宙艦隊というものを保有しており、戦闘場裏においては、戦死という事態もしばしば発生している。

星間貿易も存在しており、極めて泥臭い世界である。ただ我々地球の概念と異なるところは、生命の解釈が聖書に準拠して宇宙的であるということ、および時間・空間の考え方が全然異なっているということである。

そこで、彼らサイキアン世界連盟の活躍している世界をもう少しつっこんで考えると、サイキアン世界連盟という機構は、ちょうど国連機構のように、筆者が提案している次頁の図において、天使界と悪魔界のバランスの上に成立している、霊的平衡すなわち自由意志平面において、宇宙全体において構成された神の構造体の自由意志平面体で活動していると解釈することができる。

これを統括しているのは、もちろんガーディアン委員会という天使群である。したがって天

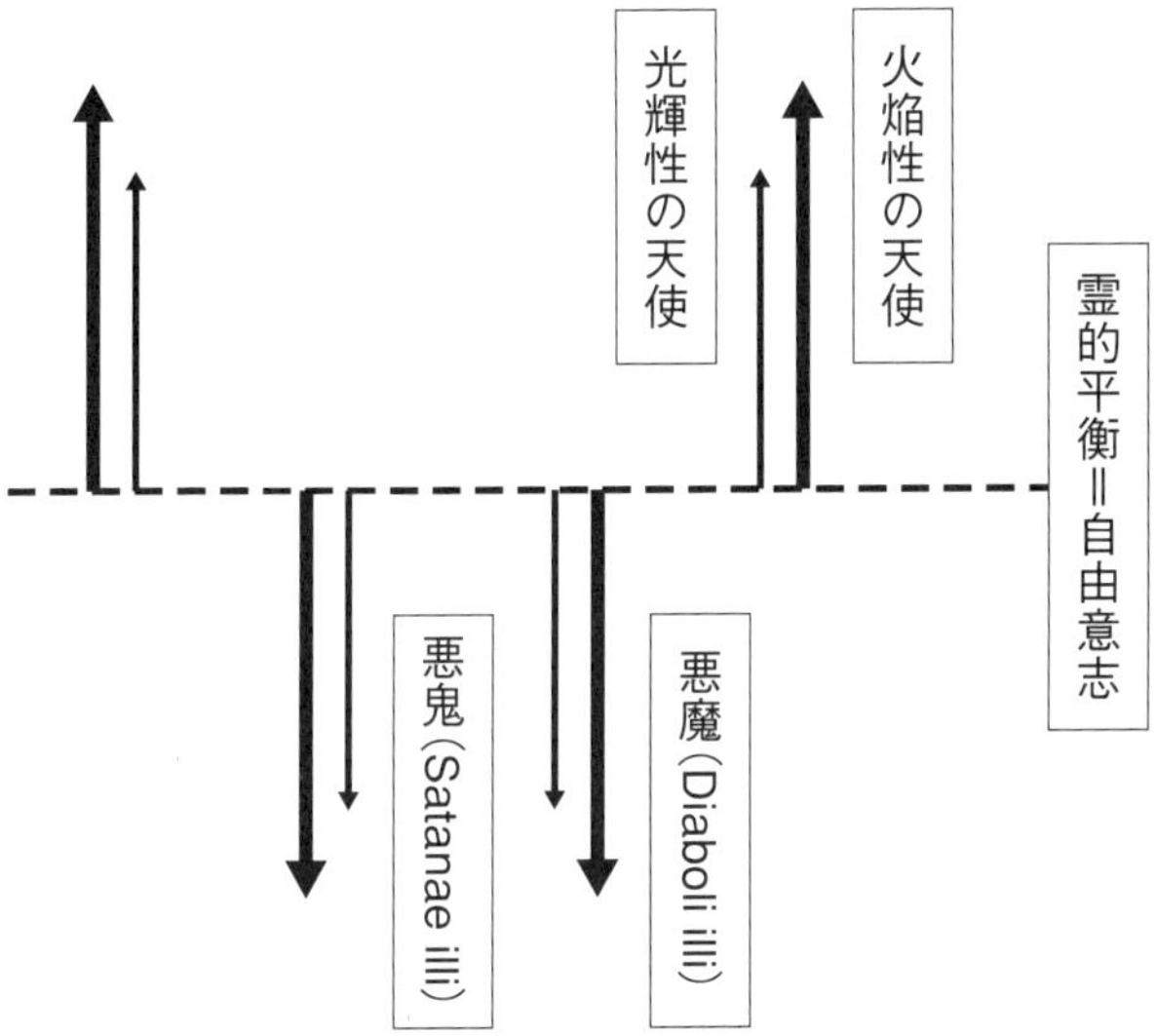

使界を構成する内部天界と異なって、霊的平衡すなわち自由意志平面において、常に直接的に悪魔群の艦隊による攻撃に常に曝され、内部天界を防御する意味で常に戦わねばならぬということである。

すなわちこの世界では、悪魔群によるテロがいつでも容易に、しかも銀河系規模で起こりうるということである。

今回、彼ら三名の名コンビの活躍舞台は、主イエス・キリストの再臨を迎えつつある、この変動期の真っただ中にある地球系の救済にあるように見える。

なぜならば、この地球には、陸続と悪魔群が高次元から、通常の物質眼では不可視の形

で上陸しつつあるからである。これは「スペクトロン司令官」であるクゥエンティンから発言から立証される。(6)

かくしてその使者の一人として選ばれたのがオスカー・マゴッチ氏であった。銀河系の中心にかなり近い、「オム・オン」系の惑星「アルゴナ」に導かれ、特殊な訓練を受けることになるのである。かつ肉体のままで、天使群であるガーディアン委員会やアセンディド・マスターズに面会するという、栄誉あるオッデセイの旅も備えられるのである。

ところで、ここに特記すべきことは、地球の万が一の崩壊を懸念して、第二地球がしかるべき太陽系の宇宙空間に構成されつつあるということである。ことはそれほどまでに差し迫っているというべきであろう。

それから、『わが深宇宙探訪記（中）』の主人公バズ・アンドリウスの物語で分かるように、異星系間の結婚、つまり性生活も成立するということである。

第五章　ＵＦＯの問題について

第三部第一章から第四章にかけて、外星系の問題を論じたがここで改めて、ＵＦＯについて論じたいと思う。筆者がキリスト教学を修学した手島郁郎先生や、小池辰雄先生といったスケールの魂になると、ＵＦＯについても、常にポジティブに反応されるものである。また、精神分析学で世界的に有名な心理学者、Ｃ・Ｇ・ユングもそうであった。彼の書いた著作に"Flying Saucers, A Modern Myth of Things in the Skies"という著名な本がある。

手島郁郎先生は、我々基督教原始福音運動の恒例の夏季セミナーを一九六六年七月、愛知県三谷町で開かれたことがある。このとき奇しくも夜間屋外セミナーの広場で、キャンプ・ファイアの大きなかがり火をたいて、約二千五百人で礼拝を行っているときに、UFOが突然空中に出現したのである。手島郁郎先生はこれを見て直ちに、古代社会において、人類史上にしばしば登場したケルビム天使と同定し、「四翼の天使」と命名された。(1)

古代社会から親しく人類を導き守護したのが、この「四翼の天使」であるケルビムであることを手島郁郎先生は説いている。実はこのケルビムが人類史上に登場したのは、例のアダムとイブの楽園喪失の事件があった時である。

「神は人を追い出し、エデンの園の東に、ケルビムと、回る炎のつるぎとを置いて、命の木の道を守らせられた」(旧約聖書　創世記　第三章、二四節)

第二の出現は、古代エジプト第十九王朝、ラメセス二世(BC一二九〇—一二二四)の時代、ユダヤ民族がモーセに導かれ出エジプトをしたとき、シナイ半島の荒野において会見の幕屋を構成したときである。

例のモーセに授けられた十戒の「あかしの板」を収める聖櫃を安置する、至聖所である贖罪所の両端に安置されたケルビムである。

「また二つの金のケルビムを造らなければならない。これを打物造りとし、贖罪所の両端に置かなければならない。

一つのケルブをこの端に、一つのケルブをかの端に造り、ケルビムを贖罪所の一部としてその両端に造らなければならない。

ケルビムは翼を高く伸べ、その翼をもって贖罪所をおおい、顔は互にむかい合い、ケルビムの顔は贖罪所にむかわなければならない。

あなたは贖罪所を箱の上に置き、箱の中にはわたしが授けるあかしの板を納めなければならない。

その所でわたしはあなたに会い、贖罪所の上から、あかしの箱の上にある二つのケルビムの間から、イスラエルの人々のために、わたしが命じようとするもろもろのことを、あなたに語るであろう」（旧約聖書　出エジプト記　第二五章、一八節〜二二節）、
第三番目としては、イザヤが預言者として召命されたときの宗教的体験である。

「ウジヤ王の死んだ年（BC七四二）、わたしは、主が高く上げられたみくらに座し、その衣のすそが神殿に満ちているのを見た。

その上にセラピムが立ち、おのおの六つの翼を持っていた。その二つをもって顔をおおい、二つをもって足をおおい、二つをもって飛びかけり、互いに呼びかわしていった。

聖なるかな、聖なるかな、聖なるかな、萬軍の主、
その栄光は全地に満つ。

その呼ばわっている者の声によって敷居の基が震え動き、神殿の中に煙が満ちた」（旧約聖書イザヤ書　第六章、一節〜四節）

このセラピムは、もちろんケルビムのことである。

第四番目は、エゼキエル書（BC五九八―五八七）においてである。第一章はまさにUFOの説明である。第十章にはそれが明確にケルビムであることが述べられている。ちなみに筆者の次男にはこのケルビムに因んで「光翼」と命名している。これを聞かれた霊師、手島郁郎先生は殊のほか喜ばれ、翌日の東京永田町での日曜礼拝では「茶谷君がいい名前を付けた」とい

われ、自作のケルビムの歌を約六〇〇名の会衆と共に四回も歌われたものである。
「光の翼　マーラナサ
星の中より　飛んで来る
地球は青く　美しく
風に歓呼の　声のせて
星が結ぶも　胸と胸」(2)

小池辰雄先生も筆者に、霊的科学の推進を勧められたものである。それで筆者も二編ほどの論文を小池辰雄先生主筆の聖書伝道誌『エン・クリスト』に発表したことがある。

ここにその一つを再録すると共に、さらにそれを敷衍《ふえん》してみたいと思う。これは『エン・クリスト』第四八号（一九九一年十月秋季号）に発表したものである。

「このたび一九八九年八月から正味二十カ月、足掛け二年間のソビエトの旅を体験して帰りましたので、皆様にご報告申し上げたいと思います。私は永らく、スラブ系の人々、わけてもソビエトの人々と仕事と共にしながら過ごしてみたいという願いがあったのですが、今回その願いが見事にかなえられ、心ゆくばかりスラブの人々と、生活と仕事を共にすることが出来、神の御名を心から讃美する次第です。

私が滞在した場所はコーカサス山脈の北側の麓に位置し、スタヴロポリスキー州という所でした。ここは今時めくソビエトの大統領ゴルバチョフの生誕地であり、彼の前々任者アンドロポフの故郷でもあります。車で国道を疾走していきますと、当州最大の国際空港ミン・ワディに接近致します。ソビエトは時あたかもペレストロイカのど真中であり、歴史的な興奮をソビエト・ロシアの民衆と共に過ごすことが出来ました。

かかる時をもってソビエト体験の時となさしめて下さった神に、更に感謝したことであります。私は、この旅が私の生涯においても、重要な一時期となることを自覚し、毎日詳細なメモを執ることに致し、結局B5版の大学ノート六冊になりました。私の通訳であり友人のボリス君がやって来て、昨年の八月頃、今西独のコール首相がソビエトに来たり、ゴルバチョフ大統領の故郷の一つであるアルフィーズでドイツ統一について会談中であるなどと話してくれます。

業務としては、スタヴロポリスキー州の工業都市の一つネビノミスク市に酢酸プラントを建設するものであり、規模は年産一五万トン、基本設計は米国の化学会社モンサント社のものであります。三井造船（株）が日本国内の実績を買われて受注したものです。私の担当は配管エンジニア兼マテリアル・コントローラーというものでありました。相手となるソビエト側の工場はアゾット社と称する会社です。

ソビエトの社会は男女共働社会で、男性と同じく女性も同様、共に働いているというのが大きな特徴です。それで毎朝、朝食育児等のおさんどんの仕事を終えた女性達が男性と同じく職場の方へ歩いていく、多くの女性と出会います。日本ですと、ご主人を仕事に送り出した後、朝食の後片付け掃除等、朝の出勤時間帯に女性は余り外に出ないのが普通であります。しかし、ソビエトでは全ての男性と同じく全ての女性が職場へと向かうのです。女性らしく身奇麗にそれぞれお洒落をし、静々と職場へ歩いているのを見るのは壮観です。それぞれの女性がそれぞれの個性でそのように家庭を創っているのか、印象に現われています。新婚間もない女性、中年の家庭の女性、中年を過ぎた女性群、ご主人を職場に子供を学校に送り出した後での女性達の歩みの一歩一歩は何か生活の自信が溢れているような感じがします。そこにはロシアのカチューシャが、ナターシャがあります。

零下二〇度の厳冬の折、分厚いコートを身に羽織り、女性らしいベルベット風の防寒帽を被り、激しい降雪を突いて彫像の如くどっしりとして歩いている姿を見ると、豊穣なる体格を有するロシア女性の本領が成る程とうなづけてまいります。

コーカサス地方はその小コーカサス山脈にアララト山を含める山岳地帯で、美しいアルプス系の山形や温泉が各所に在り、リゾート地、観光地としても、貴重な場所となっています。

ところで、私はエン・クリスト誌に発表させて戴いたように、若き日よりＵＦＯを研究していた者ですが、ＵＦＯを通じてこの複雑な民族の中の一つグルジア国の人々と仲良くなることが出来て、非常に幸せでありました。私が仕事で滞在していたホテルにたまたま同じように仕事で逗留していたグルジア人一行に、私が親しくなってしまったのですが、五〇歳過ぎの一婦人マリーさんを通じて大きな意志疎通が出来たのでした。というのは、グルジア人とはその祖先を遠い遠い人類の歴史の発端に位置するシュメール文明に置く民族だったからです。私は彼女の話を聞きつつ非常に驚くとともに、次々と私が質問を投げかけることによりその理解は更に大きくなっていったのでした。そして私がＵＦＯについて語るとき、彼女の関心は更に大きく、時間を忘れて私達は語り合いました。地球の星系を越えて宇宙の彼方から来た文明の話に。彼女の話によると、グルジア国のある教会の天井には一つの星系の姿が描かれていて、それは地球の域外から見た我々の太陽系の姿だそうです。唖々、シュメール国家、それはどの様な国家であったのでしょうか。

私は彼等がシュメール国家に起因する母国語の言語を話すのを聞いた時、驚きを禁じえませんでした。それは腹部と喉頭と口唇との複合から生ずる不思議な言葉で、世界に現在、言語学的に現存する十七根元語の一つに相当するそうです。私の記憶では、同様にヘブライ語とアラビヤ語が同じような複合発声系を持っている様に思われます。その中国語の韻律に似た響きをききつつ、私はふと、アダムスキーの著書にあった、彼が金星人に初めて会見した時に彼が直感した一つの言語の印象に関する記述、「かつて地球上で話された古代語の一つであったと思われるような言語と中国語との混合のように響いた。ただこのことを事実として知る方法はない。ただ聞いたときの私の反応にしか過ぎない。相手の声は全く音楽のように聞こえた。」（FLY-ING SAUCER HAVE LANDED. 久保田八郎氏訳）の文章を思い出した。そして、同様私は彼等の言葉の中に音楽的な要素があるのに気がついたのである。

それからもう一つ驚くべきことがその後に続いたのである。ＵＦＯの作動原理を説明しつつ、私が更に図面で説明を加えながら、同じくアダムスキーがある日（一九五二年一二月一三日）飛来して来た金星の宇宙機から投下された地球製のネガフィルムを焼き付け処理後、フィルム上に現れた映像を彼等に見せると、彼等の目はまんまるになってしまった。彼等は大声で、「これは我々のアルファベットである」というのである。今度は私が驚いた。「本当か？」。すると彼等は「本当である」という。「何故なら」と言って、彼等はアルファベットの一覧表を示し、一つずつ書きこんでくれたのであった。（これらは本稿に添付図して示します）。勿論完全に一致するものはないであろう。昔は完全に一致していたとしても、地球化した後、シュメール文明の文字は少々変形しているに違いない。しかし驚くべき一致である。そして、この図形の中央にあるシンボルは、アダムスキーとは別個にフランスの考古学者マルセル・オム教授により一九四九年、南米ブラジルでも発見されているのである。これは小池先生が根元キリスト教の原相としてよく黒板に書く、〝⊕〟を思い出させるものである。

　事実、この後、アダムスキーが宇宙船に乗船が許される様になったとき、宇宙人から次の様なコメントが与えられたのである。「私があたなに差し上げたメッセージ（ネガフィルムのこと）が宇宙性質のものであったのはこの理由のためです。あのような文字の解読力は太古に失われた文明（複数）とともに埋没したのですが、あれを翻訳出来る少数の人が現在の地球にも散在しています。その翻訳を見せても絶対に信じようとしない人だけが、依然として信ずることを拒否するのです」（INSIDE THE SPACE SHIP）。

　このシンボルは現在多くのＵＦＯ研究家によって解読が試みられつつあるが、私はスウェーデンボルグの著書を読みつつある時、突然この映像が私の頭脳に現れ解読させてしまったのである。勿論これは聖霊の御働きに依る。詳細は後述に回すことにして、結論的に言えばＵＦＯの原理を基本的に示したもので、周囲に書かれたアルファベットも言語生活の基本原理がＵＦＯの飛行原理と基本的に同一なものである事を示したものである。仏教に念仏なるものがあって、言語生活自体が一つの贖いを形成するという思想があるからである。シュメール文明の言語と文字の画面から私は地球文明の古代が宇宙文明と連結していたという印象を忘れ難い感銘と驚異をもって味わった。そして、唖々神様！　貴神が私を此処に導いて下さったのはこのためだったんですねと、深く感謝した次第である。

「エン・クリスト」誌上に載せられた私の論文の英訳、かつ、以上の発見に基づき、グルジア国のUFOLOGIST協会（ＵＦＯ学協会）の会長ターレス・ショニア氏より私宛に正式な招待状が届いたのである。その文面に曰く、「ＵＦＯ学に関する貴下の研究を相知り、かつこれに関心を抱きました。つきましてはＵＦＯ学センターは、知識を交換するとともに、将来の研究に関する計画を遂行するため、ここに貴下をご招待申し上げます」というものである。このシュメール国家の後裔による招待状は大いなる感激である。将来近いうちに、シュメール文明とＵＦＯにつき更に明確な研究調査をする日が来るでしょう。

さて以上の事実をさらに裏付けるものとして、同じくアダムスキーの著「INSIDE THE

SPACE SHIP」にある次の記述を紹介致したい。訳文は久保田八郎氏のものである。

『以前お話ししたように惑星や太陽系は絶えず形成や崩壊の過程にあります。惑星群からなる一太陽系は万物と全くよく似ています。——一定の期間を経て発達の極みに達し、やがて衰えて分解し始めます。私達の太陽系が形成の過程であるずっと以前に、人間のいた無数の惑星からなる多くの太陽系がありました。当時も今日と同じ様に、各太陽系内や、太陽系間の宇宙旅行がおこなわれていましたが、その旅行の主な目的は宇宙空間のあらゆる面の活動を研究するためです。（中略）新しい惑星が人間の居住に適した段階まで発達したことがわかると、旅行者（研究者）たちはこの事実を他の惑星や別の太陽系の惑星群の住民達に知らせます。そして新世界に進出して開拓しようとする志願者が募られます。そして大母船団にこの志願者と必要な整備一切を積み込んで、新惑星へと輸送します。そのあともたびたびパイオニア達の整備や補給品を必要に応じて運びます。そこへ行った人々は故郷の惑星へ訪問のために帰ることもできます。このようにして表現の新しい経路が開かれ、同時に新しい世界が人間によって住まわれるようになるのです。』

なんと驚くべき物語ではないだろうか。我々はシナントロプス・ペキネンシスやピテカントロプス・エレクトスが直接の先祖ではないのである。エジプトのピラミッドやスフィンクス、各国に伝わる不思議な神話の数々、現存の化学では解読不能な運命学の存在等、我々は考えれば考えるほど不可解なもので囲繞《いにょう》されている。古代文明のシュプールの一つである、シュメール文明、そこに宇宙文明との連繋が明らかに認められたのである。夜空に瞬く星辰を仰ぎ見詰めつつ、私の双眼は涙にあふれる。私は遂に人類の歴史を突き抜け、偉大な宇宙文明に接点を有した古代文明に巨大な接触点を有するに至ったのである。」

ところで、本論文に記載したように、一九五二年十二月十三日、パロマー・ガーデンズへ飛来した金星の宇宙機から投下されたフィルムの映像上に描かれた文字は、グルジア共和国の古代シュメール国家の流れを持つ、グルジア語であることが判明したのである。

グルジア共和国は現在人口約百三十万人で、カフカス山脈に位置し、世界的な長寿国で知られる。イスラエルに対して極めて強い親近感を有している。地理的条件のため、歴史的には数多くの戦乱に巻き込まれた不幸な民族で、彼らの宗教はグルジア正教である。悪名名高いソビエトの首相だった、かのスターリンは、実はこの国の出身である。

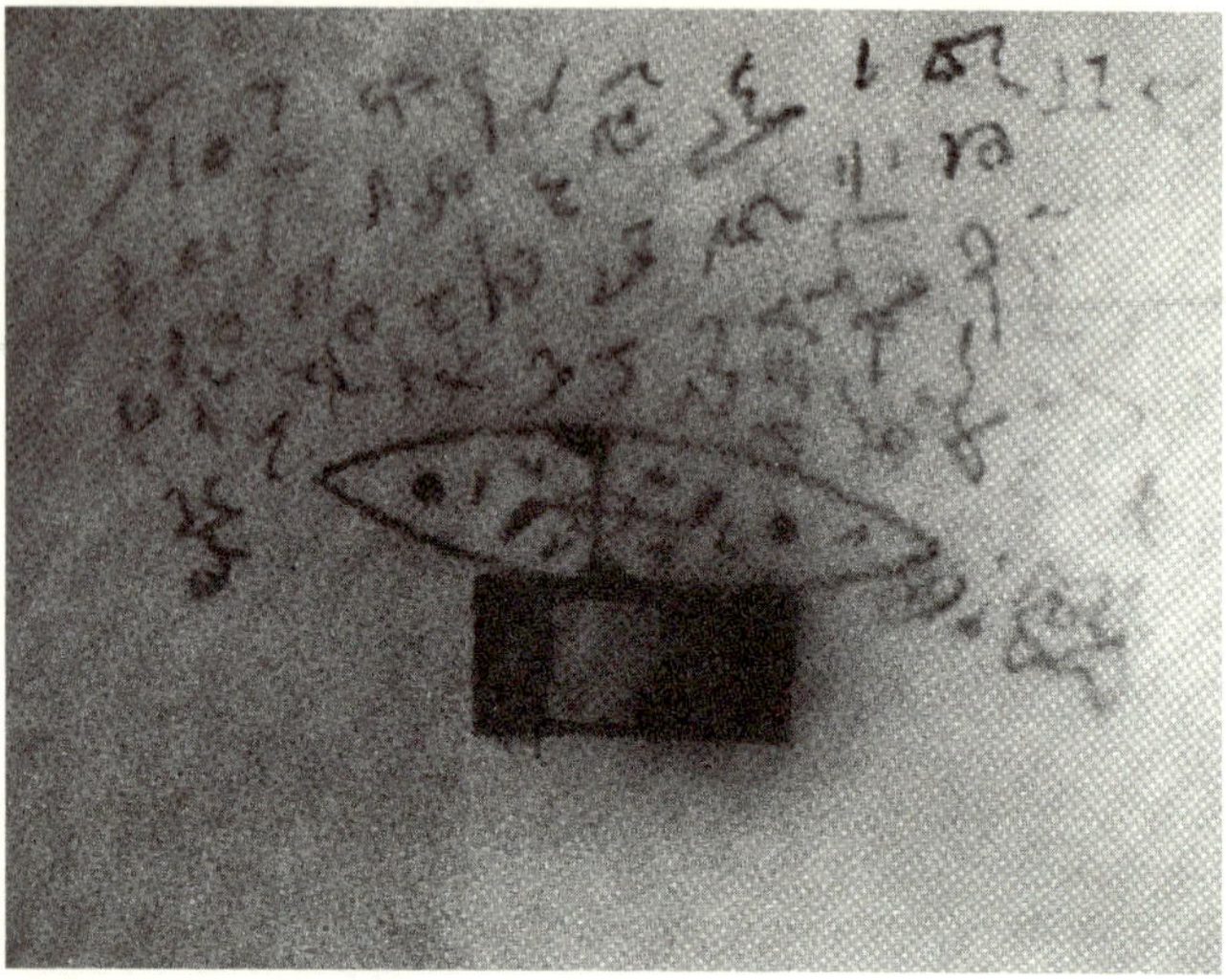

金星人のメッセージ
1952年12月13日、パロマー・ガーデンズへ飛来した金星の円盤が投下したホルダーのネガに奇妙な文字と図が写っていた。

フィルムの映像上に描かれた文字については、前記のようにグルジア共和国の古代シュメール国家の流れを持つ、グルジア語であることが判明したのであるが、肝心の図形のほうの意味合いは、現在今でも世界で未解読のままになっている。

しかし筆者がエマヌエル・スウェーデンボルグの著書を読んでいる途中に、スーッとその謎が解けてしまうという、まことに不思議な体験をした。ところで、この図形を写真の背景のボケを修正して、本質的な部分のみを取り出して構成するとほぼ、413頁の下の図のようになる。

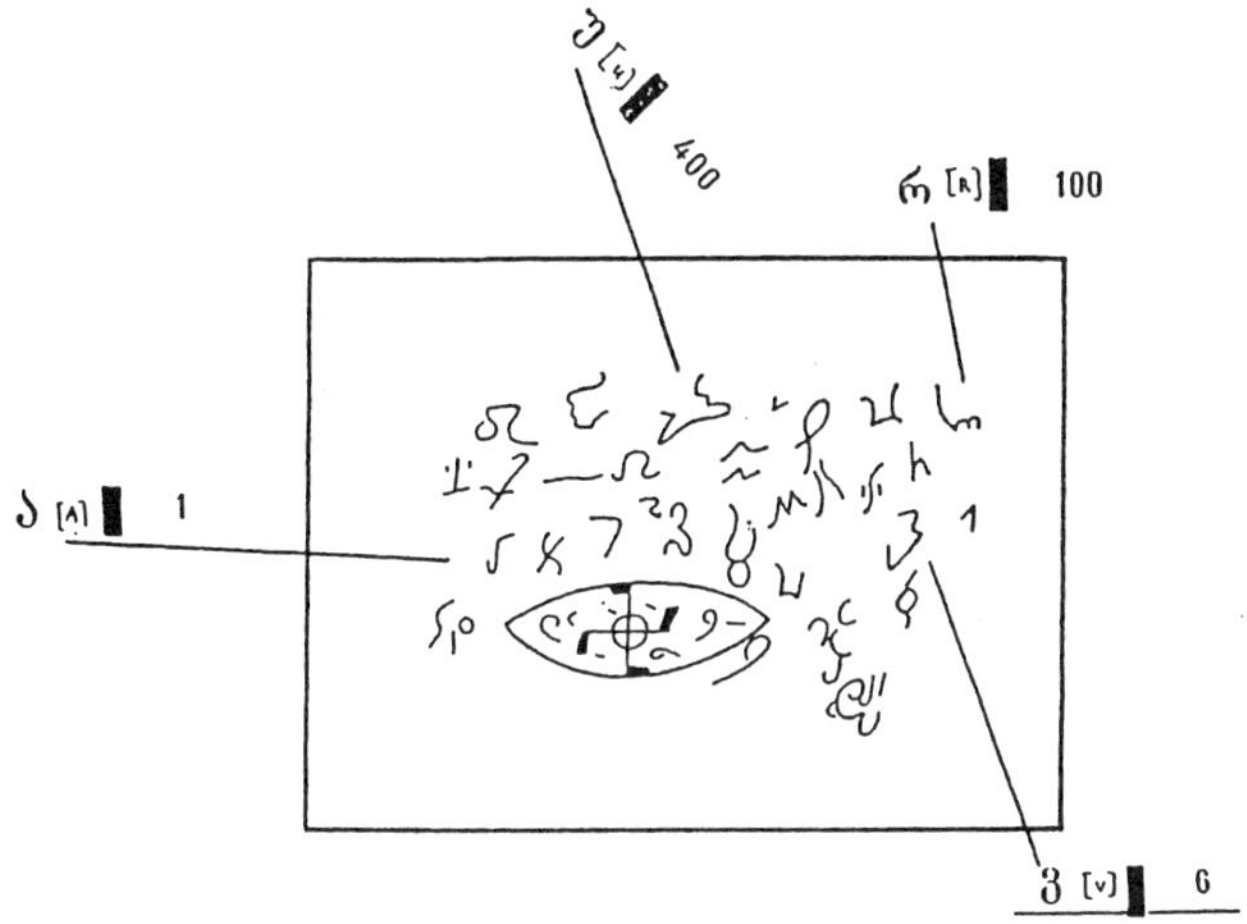

ペドラ・ピンターダの
奇妙な文字と図形

フランスの考古学者マルセル・オム教授が1949年秋に南米ブラジル北部の奥地を探検中に発見したもの。「金星人のメッセージ」とよく似ており、太古に宇宙人が残したのではないかといわれている。オム教授とアダムスキーには全く交流はなかった。

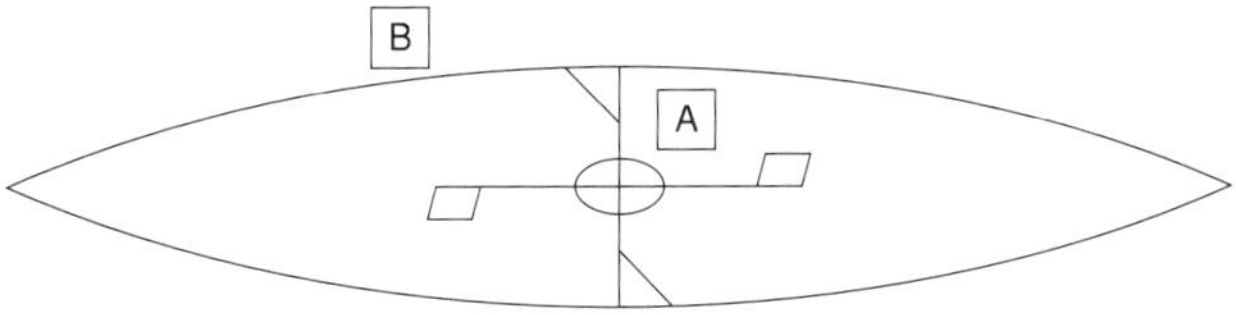

グルジア語のアルファベット

ქართული ანბანი

	Georgian letters	Names of letters	Transcription		Georgian letters	Names of letters	Transcription
1	ა	[an]	[a]	17	რ	[rae]	[r]
2	ბ	[ban]	[b]	18	ს	[san]	[s]
3	გ	[gan]	[g]	19	ტ	[ṭar]	[ṭ]
4	დ	[dɔn]	[d]	20	უ	[un]	[u]
5	ე	[en]	[e]	21	ფ	[par]	[p]
6	ვ	[vin]	[v]	22	ქ	[kan]	[k]
7	ზ	[zen]	[z]	23	ღ	[ɣan]	[ɣ]
8	თ	[tan]	[t]	24	ყ	[qar]	[q]
9	ი	[in]	[i]	25	შ	[šin]	[š]
10	კ	[ḳan]	[ḳ]	26	ჩ	[čin]	[č]
11	ლ	[las]	[l]	27	ც	[can]	[c]
12	მ	[man]	[m]	28	ძ	[ʒil]	[ʒ]
13	ნ	[nar]	[n]	29	წ	[c̣il]	[c̣]
14	ო	[ɔn]	[ɔ]	30	ჭ	[č̣ar]	[č̣]
15	პ	[par]	[p]	31	ხ	[xan]	[x]
16	ჟ	[žan]	[ž]	32	ჯ	[ǯʌn]	[ǯ]
				33	ჰ	[hae]	[h]

この図形の基本構図は、中心の小円Aと周辺を象る長楕円Bである。そして中心の小円Aを中心に十字架のような十文字が貫通している。そして、その先端に何かは他のようなものが付着している。

この図形を見たある友人は、「茶谷さん、UFOの外形図だよ。ごらんよく似ているではないか」と言ったものだが、そんな簡単なものだろうか。

否、そんな簡単なものではない。中心の小円Aは自我、あるいは我執を示しているのである。そして、小円Aを貫通している十文字は自我が居住している空間性である。あるいは時空間といってもいい。

長楕円Bは小円Aの自我から見つめた、自己の未来映像である。自己の未来の地平線といってもいい。しかし自己は我執に囚われている間は、自己の未来の全地平線を見ることができない。その一部だけを見ることができる。ちょうど、上の図のようである。

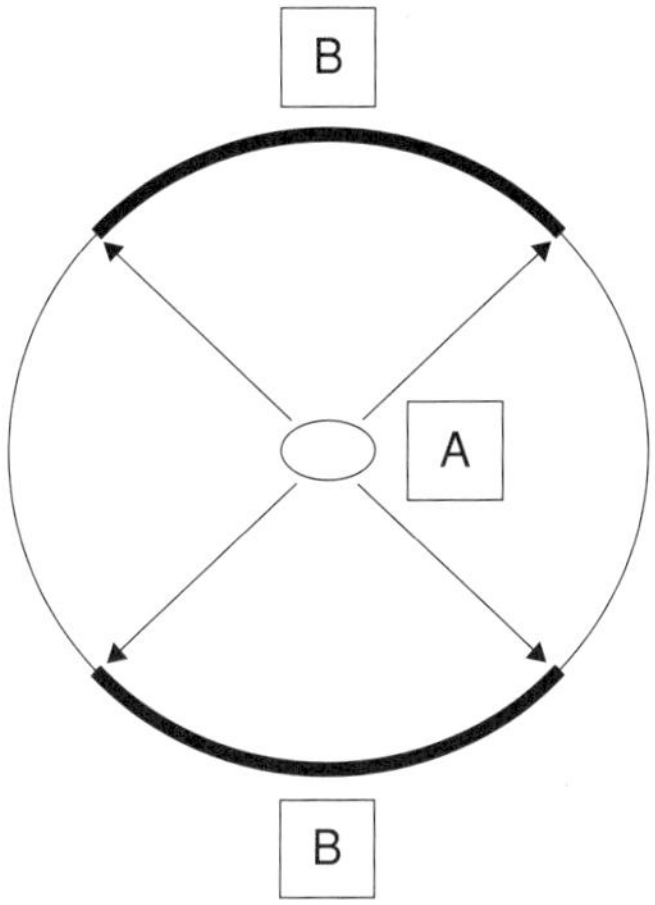

ただし、小円Aの自我が、ある機縁によって魂が目覚め、我執がだんだんだん取り除けられていき、「八正道」を一段一段と上っていくようになると、だんだん未来の全地平線が見られるようになる。

このように自己の未来の全地平線が見られるようになると、そのとき、この未来の全地平線Bがその人の第二の自己となり、小円Aの自我は克服され、その人は第二の自己Bの時空間で人生を営むことができることになる。

するとその第二の自我Bから、改めて覗かれ得る次段階の未来に相当する地平線Cが、新たに見つめられるようになる。

そして修行が進み「八正道」がさらに進展すると、全地平線Cを見つめることができるようになり、ついに第三の自己Cに到達するのである。

後はこの繰り返しで、第四、第五とさらにより高き自己に進化し、遂にはニルヴァーナに相当するより高き宇宙系人類（ホモ・スペリオール）へと矢のように進化していくのである。

以上の展開を総合的に表現すると左図のようになるであろう。


つまり、再び逆ピラミッド型の、宇宙性エネルギー機構が現れてくるのである。

古代オリエント国家群に数多く発見されるいわゆる「ジグラット」は、かかる宇宙性古代エクレシア時代の宇宙性エネルギー機構に基づくものと考えられる。

いみじくもジョージ・アダムスキーが宇宙船に同乗が許されたとき、宇宙人によって「私があなたに差し上げたメッセージは、宇宙的性質のものであったのです。あのような文字の解読力は太古に失われた多くの文明と共に埋没したのですが、あれを翻訳できる少数の人が現在の地球にも散在しています」(3)と述べられたのは、この理由のためであったのである。

この「ジグラット」はもちろんピラミッド型であって、逆ピラミッド型ではないが、この「ジグラット」の周囲には必ず湖水あるいは河川があって、逆ピラミッド型を形成していたのである。これはすでに説明したように、有名なカイロ考古学博物館にも、ピラミッドの周辺に堀を囲繞させた水をたたえた模型が展示してある。

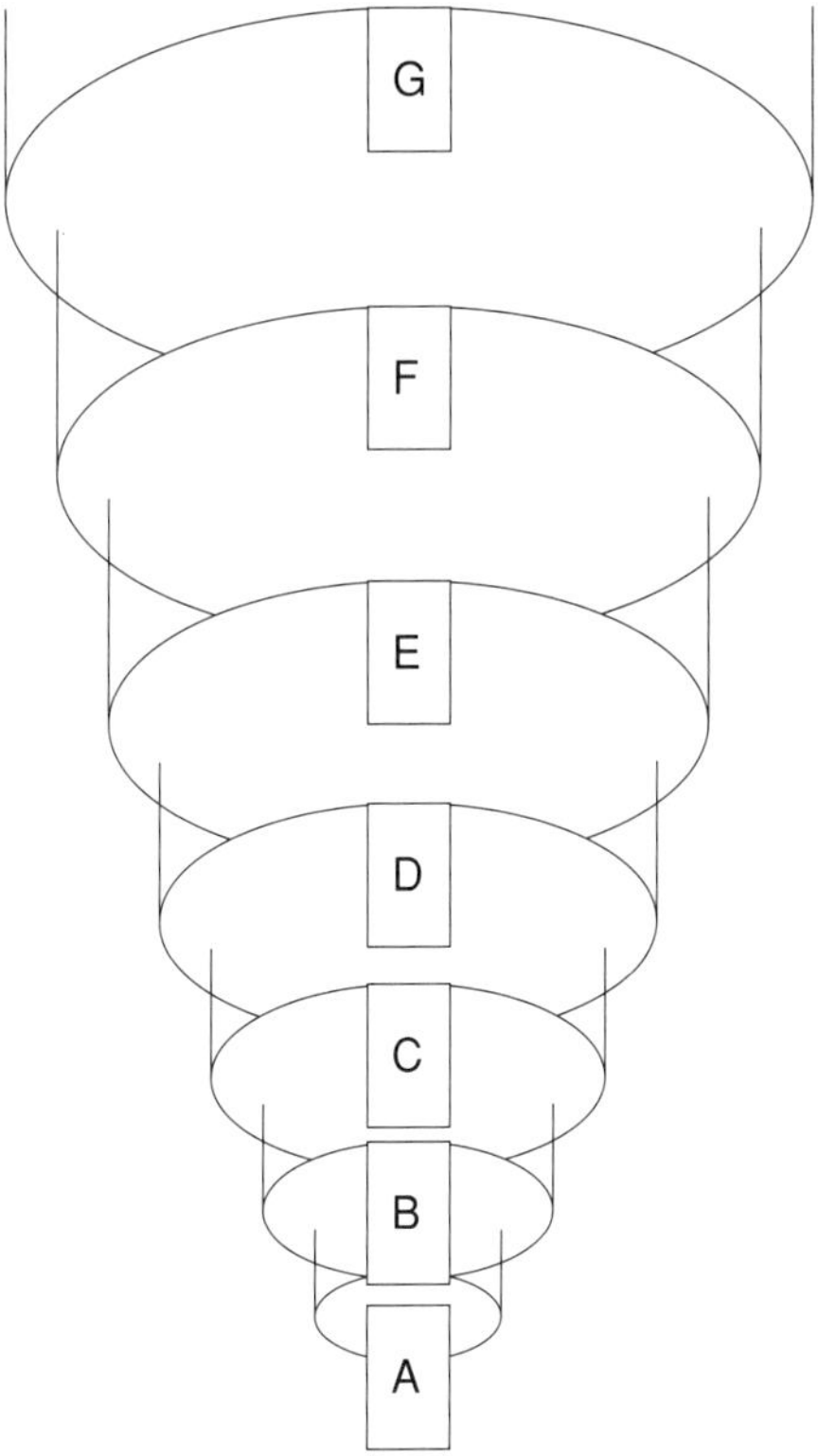

この逆ピラミッド現象については、ベストセラーにもなった、イタリア生まれの科学者、ヘルムート・トリブッチ著、渡辺正訳の『蜃気楼文明』（工作舎）に詳しい説明がある。

ジョージ・アダムスキーによると、金星人の説明による次のような一節がある。

「あなたがたがすでに知っているように、金星人は地球人が見るようには星をほとんど見ないのです。私たちはただ宇宙旅行と研究によって、空の彼方の天界の美を知るだけです。宇宙の法則に従って生活するばかりでなく、金星の大気は、人間の平均寿命を一千年にするのに一因となる要素です。地球もこのような大気を持っていた当時（アダムの宇宙性古代エクレシア時代）は、地球人の年齢も現代よりははるかに長かったのです（因みに、アダムの寿命は九百三十歳、創世記第五章、五節）。

私たちの各惑星を取り巻いている雲は、破壊的な放射線を弱めるフィルターとして作用します。この雲がなければ放射線は大気圏に入るでしょう。地球の聖書に出ているある記録について、あなたの関心を促したいと思います。聖書を注意深く研究されますと、地球上の寿命は、雲が減ってきて人間が初めて宇宙の星々を見たときに短くなり始めたと箇所に気づかれるはずです」

これはノアの洪水を意味している。事実、ノアの洪水の後で、はじめて人類は雲間に虹を見るのである。虹は雲の間に切れ目があって、太陽の光線が差し込まないと発生しないものである。これはまさしく新しい時代の始まりであったのである。

聖書は次のように述べている。

「わたしは雲の中に、にじを置く。これがわたしと地の間の契約のしるしとなる。わたしが雲を地の上に起こすとき、にじは雲の中に現れる。こうして、わたしは、わたしとあなたがた、およびすべて肉なるあらゆる生き物との間に立てた契約を思い起こすゆえ、水はふたたび、すべての肉なるものを滅ぼす洪水とならない。にじが雲の間に現れるとき、わたしはこれを見て、神が地上にあるすべて肉なるあらゆる生き物との間に立てた永遠の契約を思い起こすであろう」(旧約聖書　創世記第九章、一三節〜一六節)

これがまさに地球が金星のように濃厚な水溶性の大気、つまり「蜃気楼」で覆われていた古代大気であったのである。

筆者はこの蜃気楼性、濃厚な水溶性の大気を、すでにオルフェオ・アンジェルッチの著書のところで説明したように、「羊水空間」あるいはユダヤ神学用語を借用して「セキナー空間」と名づけたい。羊水とはもちろん我々が母体の胎内にいたとき、胎児としてその中に浮遊していた空間である。アダムが生息していた宇宙性古代エクレシア時代はこのような「羊水空間」、あるいは「セキナー空間」に地球は囲繞されていたのではないだろうか。

であればこそ、永遠の生命あるいは少なくとも、九百三十歳の長寿をアダムは保ち得たのに違いない。そしてその空間の残影こそが、ヘルムート・トリブッチがその著『蜃気楼文明』において考察した蜃気楼文明の諸局相であったわけである。

「羊水空間」が神エホバの人類に対する判断として、一つの時代を画するものとして、大洪水が発生し、「羊水空間」は雨滴となって崩壊し、雲間に星星が見え始め、にじが雲の間に現れ、新時代の出発点となったのである。

事実ノアは九百五十歳まで生きるが（旧約聖書　創世記第九章、二八節）、その三人の子どもたちになると、寿命はぐんと短くなる。セムは六百歳で死んでいる（旧約聖書　創世記第一一章、一〇節）。
しかし、後代のアブラハムの頃になると（ＢＣ二〇〇〇年頃）、アブラハムの寿命は百七十五歳であり（旧約聖書、創世記第二五章、七節）、出エジプト（ＢＣ一二九〇頃）を指導したモーセは百二十歳で死んでおり（旧約聖書、申命記、第三四章、七節）、有名なダビデ王はその治世が四十年（ＢＣ一〇〇〇～九六一）といわれるから（旧約聖書、列王記上、第二章、一一節）、その年齢はたかだか七十歳である（旧約聖書、サムエル記下、第五章、四節～六節）。

大洪水による、「羊水空間」の破壊の効果はてきめんであったわけである。しかしここで、宇宙人である金星人が気にしている一つのことがある。

「地球の傾きが今でも次第に起こっていることを知れば、あなたの関心を引き起こすかもしれません。これはいつでも起こり得ることなのですが、もし地球がその周期（サイクル）を終えようとして完全に傾くならば、今海底にある土地の多くは隆起するでしょう。そうすると、この水につかっていった土地は長い間蒸発し、このため再び常に雲で覆われる状態、すなわち地球の周りの〝天空〟を作り出すでしょう。そうなれば、寿命はまた延びてきますし、地球人が創造主の法則に従って生きることを学ぶならば、あなたがたも、一人の肉体で一千年に達することができます。

この地球の傾きこそ、わたしたちが絶えず行っている観測の一つの理由なのです。なぜなら、この銀河系内の他の惑星群に対する傾きの関係は、非常に重要であるからです。

一惑星の激烈な傾きは、ある程度全惑星群に影響を与えますし、私たちの宇宙旅行の航路を完全に変えてしまうのです。

これは必ず起こります。人間と、人間の住む惑星の関係を支配する諸法則は、現在のところ地球人に理解されないでしょうが、私が強調したいのは、彼らが始終一貫して歩んできた、誤った道こそが、地球の現在の不安定さを、気づかずにいる原因なのです。

何世紀をも通じて、多くの兆候、前兆などはありましたが、地球人は無視しました。

これらの多くは、地球の聖書に予言として記録されています。しかし地球人は気に留めませんでした。しかも多数の予言は実現しましたが、そのレッスンは学ばれなかったのです。

万物の創造主から離れることは、賢明ではありません。人類は、自分に生命を与えてくれた創造主の手によって、導かれねばならないのです。
もし人間が、大変動を起こさずに生きようと思えば、他人を自分自身とみなし、他人を自分の反映とみなす必要があります（第三の愛である隣人の愛、仁）。人類が創造主の意思にそむいて残酷になり、平気で殺人行為をなすのは、創造主の意思ではありません」

筆者は『蜃気楼文明』に所載しているナスカのパルパに点在する地上絵については、前記「羊水空間」の世界に関係があると考えている。「羊水空間」内でのある種の行動、例えばある種の振動的なエネルギーの放射、あるいはUFOの離着陸時に見られる、振動的なエネルギーの放射の影響などである。この点では、文中にあるエーリッヒ・ファン・デニケンの見解に類似する。(4)

『蜃気楼文明』によると、古代文明のシュメール人の残した粘土板には「メー」という単語がたびたび記してあるということである。考古学者はこれを「万能の神の力」と翻訳したりするらしいが、本当の意味はまだだれも解き明かしていない状況である。ただこれは古代の宗教と文化の核になっている言葉らしく、盛んな論争の種になっているらしい。(5)その中のいくつかの

解釈の例をあげると、

一、特別の自己

二、特別な存在状態

三、今そこにある事実、今行われている活動が、今後どうなるべきかを指し示す規範（シュメール学者カステリーノの見解）

などである。

古代社会の建国譚によると必ずこの「メー」が大きく作用しているようである。事実そうであったのであろう。著者のヘルムート・トリブッチはこれを蜃気楼現象と解釈しているようであるが、筆者も原則としてこの見解に賛成である。

そしてこの見解をさらに進めて、「羊水空間」の立ち上がりと見るものである。宇宙性古代社会においては、人類は高度な「羊水空間」内に生息していたのであり、その中では現在では想像を絶する永遠の生命を軸とする文明が栄えていたのであるから。その残響が「メー」と強いて記述される特殊状態が、文明の強度な確立の土台として必須条件として必要ではなかったのでないだろうか。

すなわち、蜃気楼的な「羊水空間」の立ち上がりであり、ジグラットの逆ピラミッド型構成の、宇宙性エネルギー構造の出現による生活空間の革新であろう。極端な言い方をすると、宇宙文明との振動的共振構造システムの確立とも言うべきものである。これはもちろん人間自体の心霊的革新に準拠するものでなければならない。

第四部　人類の宗教を目指して

第一章　宇宙性キリスト教の問題

キリスト教はすでに論じてきたように、単なる地球のみの問題だけでなく、死後我々が到着する霊域の問題でもあり、かつ宇宙全体の文明に関する問題でもある。

これはエマヌエル・スウェーデンボルグ著の『真の基督教』に十分述べられているのであるが、特にその第十四章、「世の終わり、主の来臨、新しい天界と新しい教会」に詳しい。

実を言うと、この『真の基督教』が完成した後、天界にある主イエス・キリストは、かつての地上における十二弟子であるペテロや、ヨハネ、ヤコブ、アンデレ、ピリポ、トマスなどを身元に集め、翌日彼らを全霊界に遣わし、旧約聖書　ダニエル書　第七章　一三節、一四節にある、

「わたしはまた夜の幻のうちに見ていると、
見よ、人の子のような者が、
天の雲に乗ってきて、
日の老いたる者のもとに来ると、
その前に導かれた。
彼に主権と光栄と国とを賜い、
諸民、諸族、諸国民の者を彼に使えさせた。
その主権は永遠の主権であって、
なくなることがなく、
その国は滅びることがない」

およぴ、新約聖書、黙示録、第一一章、一五節にある、

「第七の御使いが、ラッパを吹き鳴らした。すると、大きな声々が天に起って言った、
この世の国は、

われらの主とそのキリストとの国となった。

主は世々限りなく支配なさるであろう」


という預言に準拠し、次のような新しい福音を全霊界に布告の開始を始められたのである。

その新しい福音の内容は、
一、主なる神イエス・キリストが支配し給うこと、
二、その御国は永遠に限りなく存続すること
三、「小羊の婚礼の祝宴に列なる者は幸いなるかな」（新約聖書　黙示録　第一九章　九節）
という新しい福音の内容であった。


この新しい福音の宣教は、実に一七七〇年六月十九日に開始されたのである。しかもこの事実は、新約聖書、マタイ伝、第二四章、三一節の、

「彼はその御使達を遣わさん、而して彼等は諸々の天の此の端より彼の端に至る迄彼の選民を共に集めん」という、キリストの御言葉の中に預言されていたという。(1)

仮に現在を二〇〇四年三月十九日とすると、それから二七四年九カ月経過していることになる。

第一回目の福音の日本国家への伝達はどうであったろうか。

1）ネストリウス派のキリスト教である景教の場合…天平八年（ＡＤ八三六）遣唐使の随員である景人（景教徒）、皇甫、ペルシャ人、李密医らによる

2）ローマ・カトッリク系キリスト教の場合…ＡＤ一五四九年、イエズス会宣教師、フランシスコ・デ・ザビエルによる

3）プロテスタント系キリスト教…ＡＤ一八五三年、ペリー艦隊の来航による

主イエス・キリストが昇天されたのはおよそＡＤ三〇年ごろと推定されるから、いろいろに分派したキリスト教が日本に到着するのに、八百年から一千八百年かかったことになる。

しかし今回の場合は、全霊界と全銀河系である。範囲が極めて膨大である。しかし霊域である。その伝達速度は極めて速いと想像される。二七四年九カ月経過しているのである。

そろそろ新たに派遣された、彼ら使徒の一人が地球に到着しているころではないだろうか。エマヌエル・スウェーデンボルグによると、この新しい福音の宣教こそ主イエス・キリストの再臨であり、現在はその再臨の経過中にあるということである。

それでは、主イエス・キリストの初臨の時の福音の主題は何であったのであろうか。それは新約聖書　マタイ伝、第四章、一七節にある、「悔い改めよ、天国は近づいた」である。

小池辰雄先生の名訳でもってすれば、「天国に回帰せよ、天国は隣接せり」となる。新約聖書、マルコ伝　第一章、一四節では、「時は満ちた。神の国は近づいた。悔い改めて福音を信ぜよ」である。

この間のいきさつを図解として表現すると４３４頁のようになる。

脱出への福音

ＢＣ四　…主イエス・キリストの初臨
ＡＤ三〇頃…十二使徒の全世界への派遣
福音の主題…「時は満ちた。神の国は近づいた。悔い改めて福音を信ぜよ」
（新約聖書　マルコ伝　第一章　一四節）
「悔い改めよ、天国は近づいた」
（新約聖書　マタイ伝　第四章　一七節）

共存への福音

ＡＤ一七七〇年六月十九日…主イエス・キリストの再臨
ＡＤ一七七〇年六月十九日…十二使徒の全霊界への派遣
福音の主題…一）主なる神イエス・キリストが支配し給うこと
二）その御国は永遠に限りなく存続すること
三）「子羊の婚礼の祝宴に列なる者は幸いなるかな」
（新約聖書　黙示録　第一九章　九節）

一九九五年一月十七日、午前五時四十六分、神戸、大阪地区を襲った、阪神・淡路大震災はマグニチュード七・三で莫大な被害を阪神地区に及ぼしたのであるが、そのとき激震地の中央部では、三〇キログラムほどの安置した家庭のテレビ装置が、水平に空間内を移動したという。ところが、主イエス・キリストの再臨により、マグニチュード二〇ぐらいの激震が空間を貫通するような状態が発生すると想定される。このような状況になると、三〇キログラムほどの安置したテレビ装置が、水平移動どころではなく、ダンスをするような状況が発生するだろう。そして空間の間隙からは、ベートーヴェンの合唱の接音が響いてくるような状況になるであろう。

ただ、エマヌエル・スウェーデンボルグによると再臨の場合は、初臨の場合のようにイエス・キリストが人間の形を取って、村々を歩かれたような形にはならないという。イエス・キリストの再臨はイエス・キリストの身体でなく、イエス・キリストから発し、イエス・キリスト自身である、聖言によって行われるというのが彼の見解である。(2)

この聖言というのは、もちろん聖書の言葉であるが、その内意に「秘釈」、「深秘釈」、「重々深秘釈」を有する多重性構造を内容とする構造言語のことであって、この宇宙性マトリックス多重性構造の一つ一つが全人類の前にひも解かれていき、奥深い空間構造が人類の前に明らかになっていくということである。

そして全人類が、その奥深い空間構造の中で生活することができるようになるということである。

聖言によるイエス・キリストの再臨は聖書の多重性構造言語では「雲に乗って来たり給う」という表現で表示されている。その例をいくつか挙げると左記のようになる。

1）そのとき、人の子のしるしが天に現れるであろう。またそのとき、地のすべての民族は嘆き、そして力と大いなる栄光とをもって、人の子が天の雲に乗って来るのを、人々は見るであろう。（新約聖書　マタイ伝　第二四章　三〇節）

2）イエスは彼に言われた、「あなたの言うとおりである。しかし、わたしは言っておく。あなたがたは、間もなく、人の子が力ある者の右に座し、天の雲に乗って来るのを見るであろう」。（新約聖書　マタイ伝　第二六章　六四節）

3）見よ、彼は、雲に乗ってこられる。すべての人の目、ことに、彼を刺しとおした者たちは、彼を仰ぎ見るであろう。また地上の諸族はみな、彼のゆえに胸を打って嘆くであろう。しかり、アァメン。（新約聖書　黙示録　第一章　七節）

4）また見ていると、見よ、白い雲があって、その雲の上に人の子のような者が座しており、頭には金の冠をいただき、手には鋭いかまを持っていた。（新約聖書　黙示録　第一四章　一四節）

5）わたしはまた夜の幻のうちに見ていると、見よ、人の子のような者が、天の雲に乗ってきて、日の老いたる者のもとに来ると、その前に導かれた。（旧約聖書　ダニエル書　第七章　一三節）

6）彼がまだ話し終えないうちに、たちまち、輝く雲が彼らをおおい、そして雲の中から声がした。「これはわたしの愛する子、わたしの心にかなう者である。これに聞け」。（新約聖書　マタイ伝　第一七章　五節）

7）「エシュルンよ、神に並ぶ者はほかにない。あなたを助けるために天に乗り、／威光をもって空を通られる」（旧約聖書　申命記　第三三章　二六節）

8）神にむかって歌え、そのみ名をほめうたえ。雲に乗られる者にむかって歌声をあげよ。

その名は主、そのみ前に喜び踊れ。（旧約聖書　詩篇　第六八章　四節）
9）　見よ、主は速い雲に乗って、エジプトに来られる。エジプトのもろもろの偶像は、み前に震えおののき、エジプトびとの心は彼らのうちに溶け去る。（旧約聖書　イザヤ書　第一九章　一節）
10）主はケルブに乗って飛び、風の翼をもってかけり。やみをおおいとして、自分のまわりに置き、水を含んだ暗い濃き雲をその幕屋とされました。（旧約聖書　詩篇　第一八章　一〇節、一一節）
11）力を神に帰せよ。その威光はイスラエルの上にあり、その力は雲の中にある。（旧約聖書　詩篇　第六八章　三四節）
12）その時、主はシオンの山のすべての場所と、そのもろもろの集会との上に、昼は雲をつくり、夜は煙と燃える火の輝きとをつくられる。これはすべての栄光の上にある天蓋であり、あずまやであって、昼は暑さをふせぐ陰となり、また暴風と雨を避けて隠れる所となる。（旧約聖書　イザヤ書　第四章　五節、六節）
これらはすべてイエス・キリストの再臨はイエス・キリストの身体でなく、イエス・キリストから発し、イエス・キリスト自身である、聖言によって行われるということを表明している「宇宙性マトリックス多重性構造言語」の聖書の内的意義の特性である。

第二章　自然科学の展開における問題について

しかし、イエス・キリストの再臨が聖言によって行われるといっても、聖言自体を知らない一般の多くの日本人にとって、「聖言、何ソレ?・」という程度に収まってしまう可能性が非常に大きいであろう。

それで、筆者としてはイエス・キリストの再臨は自然科学によって起ころうとしているというのが、最も端的な表現であると思っている。しかり、イエス・キリストの再臨は、現在の政治、経済、社会がその最も根幹的なものを依存している自然科学、および工学によって引き起こされようとしているのである。

これは新約聖書における次のイエス・キリストの言葉によって、確証されているのである。

「いちじくの木からこの譬を学びなさい。その枝が柔らかになり、葉が出るようになると、夏の近いことがわかる。そのように、すべてこれらのことを見たならば、人の子が戸口まで近づいていると知りなさい。

よく聞いておきなさい。これらのことがことごとく起るまでは、この時代は滅びることがない。天地は滅びるであろう。しかしわたしの言葉は滅びることがない。

その日、その時は、だれも知らない。天の御使たちも、また子も知らない、ただ父だけが知っておられる。人の子の現れるのも、ちょうどノアの時のようであろう。

すなわち、洪水の出る前、ノアが箱舟にはいる日まで、人々は食い、飲み、めとり、とつぎなどしていた。

そして洪水が襲ってきて、いっさいのものをさらって行くまで、彼らは気がつかなかった。人の子の現れるのも、そのようであろう」（新約聖書　マタイ伝　第二四章　三二節〜三九節）

この「いちじくの木」というのは自然科学を意味しており、「その枝が柔らかになり、葉が出るようになる」というのは、この自然科学が発展して、霊的科学を形成するような状況にいたる

ことを意味しているのである。(1)

事実、一九〇〇年、ドイツの理論物理学者、マックス・プランクにより、黒体輻射の研究から量子仮説の発見があり、そのプランク常数hを通じて、特に微視的世界を記述する力学として量子力学が著しく発達したことは周知の事実である。

その後、数多くの素粒子論の科学者により、微視的世界の映像の解明は着々と進められ、その経過として、原子爆弾が製造され、広島と長崎にソレが投下されたということは、日本民族としては決して忘れることができない痛恨事である。

このことを通して人類は微視的世界に巨大なエネルギーが秘められていることを体験的に知るようになったのである。

現在はこれら微視的世界の映像はクォークという粒子像まで展開され、さらにウィーク・ボゾンという電弱統一理論を基礎づける高エネルギーの粒子の発見となっている。

ここでもう一度、現在の物理学でまとめられている物質間の基本的な力についておさらいしておこう。現在、自然界における物理的な力として左の四つの力に要約されている。(2)

一、電磁相互作用…電荷を持つすべての粒子間に働く作用、相互作用の及ぶ範囲は無限大で、光子によって媒介。

二、弱い相互作用…核子レベルで中性子が陽子に変わり、その際、電子、反電子、ニュートリーノを放出する現象として現れる。クォーク・レベルでみると、一個のクォークが別のクォークに変わる現象、すなわちクォークの香りの変化を引き起こす相互作用である。レプトンの崩壊反応や、粒子捕獲反応にも関与し、弱い相互作用の前後で、パリティが保存されないのが特徴である。四種の相互作用の中で、到達距離は最も短い（10^{-18}m）。この弱い相互作用はウィーク・ボゾンにより媒介される。

三、強い相互作用…10^{-15}m以下の距離に近づいた粒子間に働く相互作用。この距離内では強い相互作用が電磁相互作用の力を上回り、例えば、原子核内に中性子とともに正の電荷を持つ陽子をひとまとめにしておくことができる。

この強い相互作用は、現在、中性子や陽子を構成するクォーク間に働く「色の力」に基づくと考えられており、この強い相互作用を媒介する粒子をグルーオンという。

湯川博士が発見した中間子もこの部類に入る。

四、重力相互作用…質量を持つすべての粒子間に働く相互作用で、十七世紀、アイザック・ニュートンが発見したものである。
相互作用の常数（万有引力の定数）は四つの相互作用中最小。

しかし、天文学のようなスケールの大きい世界では、電磁相互作用は正と負が相殺されて、主に、重力相互作用のみが残る。

媒介粒子としては、グラビトンが仮想される。


そして現在の最先端の素粒子論においては、前述したように、この四種の力を一種の力に統合する、究極の理論を求めてしのぎを削っているというべきであろう。

事実、一九六七年、スティーブン・ワインバーグとアダブス・サラムによって、前記の第一の電磁相互作用と第二の弱い相互作用は、電弱統一理論として発表され、ウィーク・ボゾン（W粒子とZ0粒子）の存在によって、証明されている。

現在は、これに第三の強い相互作用を含める、大統一理論（GUT＝Grand Unification Theroy）、およびこれに第四の重力相互作用を含める超対称性大統一理論（SUSY―GUT＝Super Symmetry- Grand Unification Theroy）の鋭意研究が進められている。

ところで、現在最終的な物質の基本単位とされているクォークは単独では自然界では発見されないで、常に対になって発見される。

それでこの対になっている両者を一つのひも（ストリング）で結びつけて、これを究極的な物質の基本単位にしようという理論、超弦理論（超ひも理論、スーパーストリング理論）が現れた。

このストリング理論の最初の提唱者の一人は、日本人の理論物理学者、南部陽一郎氏である。彼は、一九七〇年、ベネツィアーノらの双対モデルないし双対振幅が相対論的運動と密接に関係していることを指摘し、ストリング模型を提案した[8]。

このストリング理論は現在、スーパーストリング理論としてさらに展開されている。このスーパーという意味は、フェルミオンとボソンを関係づける超対称性が理論の中に含まれているということに基づいている。

このスーパーストリング理論の現在の旗手は、プリンストン高等研究所のエドワード・ウィッテン、カリフォルニア工科大学のジョン・シュワルツ、そしてマイケル・グリーンなどである[3]。

現在の素粒子論における理論物理学においては、このスーパーストリング理論と電磁相互作用と弱い相互作用を統一した電弱統一理論として成功したゲージ理論が第三の強い相互作用を含める、大統一理論（GUT＝Grand Unification Theroy）、およびこれに第四の重力相互作用を含める超対称性大統一理論（SUSY—GUT＝ Super Symmetry- Grand Unification Theroy）を目指してしのぎを削っている状況といえる。

ここで電弱統一理論として成功したゲージ理論において一つの問題が発生している。それはワインバーグが電弱統一理論において電磁相互作用と弱い相互作用を統一したとき、その統一的記述を行う際、ヒッグス機構を仮定し、ウィーク・ボソンに質量を持たせることができたということである。

このヒッグス機構というのは英国、エジンバラ大学のＰ・ヒッグスが、ヤンとミルズのゲージ理論の矛盾を解決するため、何人かの研究者と共に真空を定義しなおし、従来の真空にも一つ「ヒッグス場」という場を付け加えたものである。

この場を量子化すると「ヒッグス粒子」というものが発生する。この粒子は、真空の対称性が破れて構造が出現するとき、そこに現れる粒子に質量を与えて、自分自身は消えてしまうため、観測にはかからない。したがって、質量をもらったゲージ粒子は、到達距離を制限された短距離力となる。この質量保存のメカニズムを「ヒッグス機構」と称するものである。

現在、素粒子論物理学では、このヒッグス粒子と超対称性粒子を発見するのが次のテーマだとされている。

実は筆者は、二十八歳の若き日、「ヒッグス機構」の導入を、「カイロス空間」の導入という形で論文を手島郁郎先生の主筆する雑誌『生命の光誌』（一九六三年、第一五一号）に、「霊空間論への序説」として発表したことがある。しかしこの論文は、当時、筆者と手島郁郎先生以外は誰も理解できないという超難物であった。

P・ヒッグスがヒッグス機構を提唱したのが一九六四年というから、ほぼ同じころに同様なアイデアが提出されたことになる。

現在世界では、このヒッグス粒子を検出すべく巨大加速器が建設中である。その中にCERNのLHC（Large Hadron Collider）と日本で計画中のJLC（Japan Linear Collider）がある[4]。

しかし、現存の加速器、CERNのLEP2および米国のフェルミ国立加速研究所にあるTEVATRONで一応感触は得られていて、ヒッグス粒子は陽子の約一一〇から二〇〇倍の質量を持つと推定されている。

ＬＨＣは二〇〇五年頃から、ＪＬＣは二〇一〇年ごろから稼動状態に入るとされている。

東京大学理学系研究科の駒宮幸男教授の説明によると、

「ヒッグス粒子がどのような形で見つかるかによって、二十一世紀の素粒子物理学は全くかわってきます。現在は素粒子物理学にとって、分岐点といえる時期です。

ＬＨＣやＪＬＣで、両方の良いところを生かしながら実験を行っていけば、十〜十五年後くらいの素粒子物理学はたいへん面白い時期をむかえることになるでしょう」ということである。(5)

ここでもう一度、素粒子の大きさとエネルギーの関係を次頁で見直してみよう。

この図形で分かるように、物質構造は内部にいくに従って、高エネルギーになっているわけであるが、もし将来ヒッグス粒子が発見されるならば、このエネルギーレベルで無から物質が発生するという。

仏教でいう、「無即有、有即無」が科学的に現実化されたことになる。そしてこのことは我々にどのようなことを意味するのであろうか。どのような思想的現実を生み出すのであろうか。

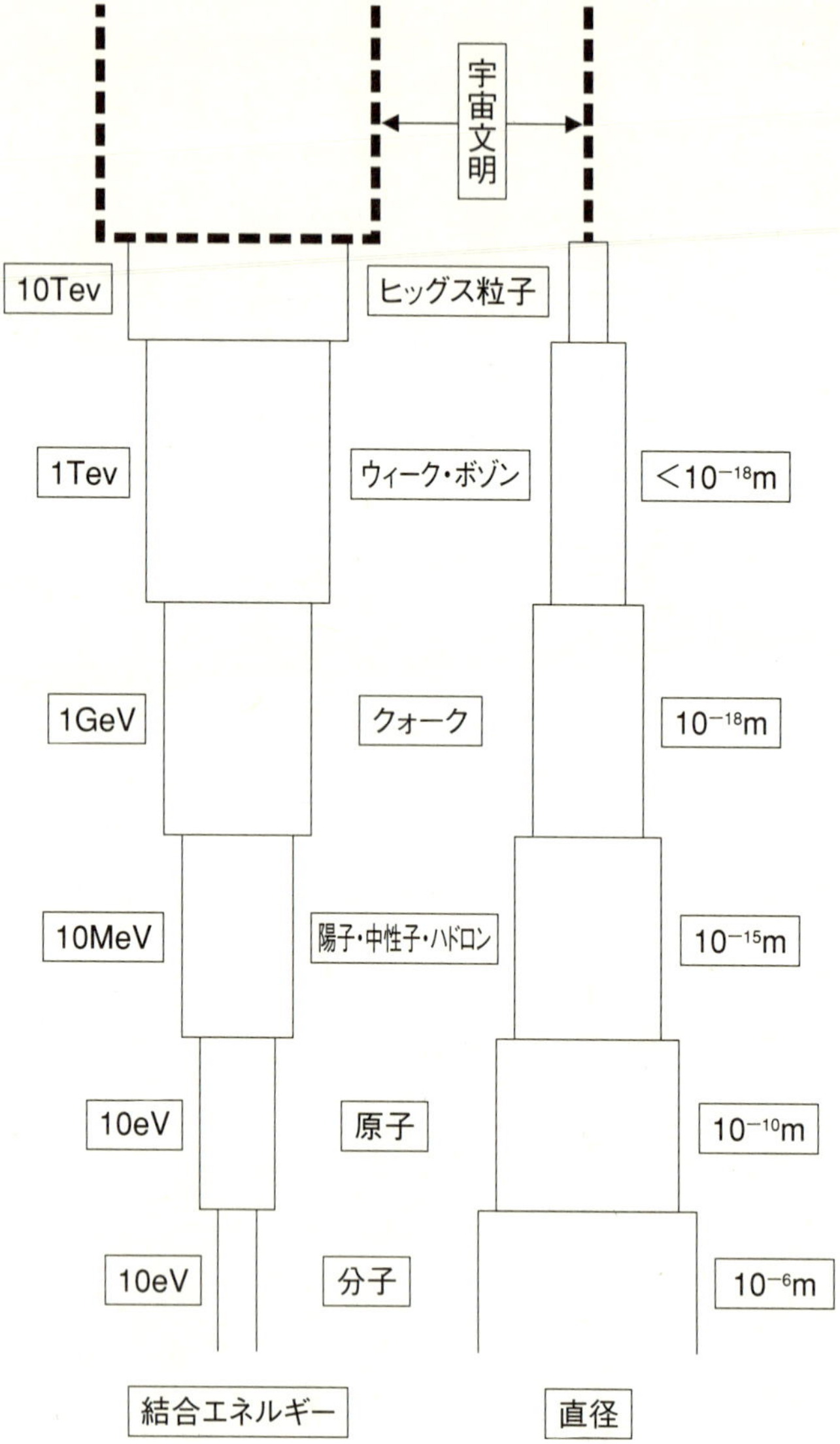
宇宙文明
10Tev
ヒッグス粒子
1Tev
ウィーク・ボゾン
<10⁻¹⁸m
1GeV
クォーク
10⁻¹⁸m
10MeV
陽子・中性子・ハドロン
10⁻¹⁵m
10eV
原子
10⁻¹⁰m
10eV
分子
10⁻⁶m
結合エネルギー
直径

我々は通常、空間は稠密《ちょうみつ》で、連続性を持ち、決して隙間はないものという先入観を持っている。しかしＬＨＣやＪＬＣの稼動によって、ヒッグス粒子が検証されると、我々の空間は、エネルギー的に粗雑なもので、空間的に多くの隙間が開いているということに気づくようになるであろう。

すなわち、我々の空間は決して稠密なものでなく、多くの間隙（穴）が開いている存在であるということである。このことは、地球が丸いという概念の発展とよく似た展開となるであろう。

この地球が丸いという概念の進展を、すこしく振り返ってみると次のような歴史的展開を思い出す。

一四九二年…クリストファー・コロンブス。イタリア出身の探検家・航海者。スペインの女王イサベル一世の支援の下に大西洋をインドへ目指して出向。サン・サルバドル島へ上陸、キューバ島やハイチ島などのカリブ海を探検した。

一五二二年…フェルディナンド・マゼラン。喜望峰を回り世界を一周する。三年余の歳月とその間の冒険と苦難の航海は、十八名の帰還によりヨーロッパ中に熱狂的な反響が起こり、地球は回転する円球で、世界は一つの海で皆つながっていることを立証し、宇宙、天体に関する考え方を変更した。

一五四三年…N・コペルニクス。ポーランド、牧師兼数学・天文学者。『天体の運動の仮説についての概要』にて地動説を発表。

一六一九年…J・ケプラー。ドイツ、ビュルテムベルクで生まれた天文学者で、惑星の運動に関するコペルニクスの説を信じていた。ティコ・ブラーエの惑星に関する二十年にわたる観測結果を入手し、火星の軌道を計算して、第一法則、第二法則、第三の法則を発見した。

一六三二年…G・ガリレイ。イタリア、ピサ生まれの物理学者、天文学者。望遠鏡を作り、太陽の黒点、木星や土星の衛星、金星の満ち欠けを発見した。『天文対話』で地動説を発表し、異端審問を受けた。

一六八七年…I・ニュートン。運動の法則、万有引力の法則から惑星と月の運動や種々の力学現象を説明する『プリンキピア』を著し、地動説を確立。

一九一五年…A・アインシュタイン。一般相対性原理を発表、ニュートン力学を拡張。

一九六九年…七月二十日、アポロ11号の米宇宙飛行士、ニール・A・アームストロングとパイロットのエドウイン・E・オルドリン・ジュニアは、月着陸船イーグルにて月面着陸。月の地平線上に昇った地球の映像を地球に送る。

以上が地球が丸いという概念の歴史的展開のいきさつであるが、現在地球が球形で、しかも自転しているのを疑う人間はほとんどいないであろう。

しかし中世時代をやっと離脱した当時の人間として自分たちが踏みしめている大地が実は動いていて、しかも球形のお互い相対する人間は、それぞれ逆さまに立っているという概念は、なかなか受け入れ難いものであったに違いない。

事実、南米のある一角には一九六九年、アポロ11号の宇宙船より月の地平線上に昇った地球の映像が送ってくるまでは、「地球は平面であり、地球は動いていない」というクラブがあったそうである。

しかしこの映像の前には、もはやなんら釈明の余地はなく、クラブは静かに解散に至ったということである。だがこの間の時間の経過を見てみると、コロンブスの航海から実に四七七年を要している。

巨大な宇宙的事実の一般的認識には、巨大な時間と凄絶を極めた戦いを要するものである。

主イエス・キリストは聖言、すなわち自然科学を通して、現在粛々として再臨しつつあり給う。しかしこれを知り、信ずる者は、いかほどの人になるだろうか。

主イエス・キリストの接近とともに、地球のエネルギーは、徐々に高エネルギー化し、マグニチュード20ぐらいの振動状態となって我々を襲い、自然科学の原理に従い、空間はその本質的な空隙を表現し、空間は開裂を起こすのである。

我々が巨大な土台と考えていた大地自体が、振動を引き起こすのである。すなわちヒッグス粒子効果が入るということである。

現在、我々が自然科学で取り扱っているエネルギーは、極めて高いエネルギーである。我々が日常生活をしている、植物の生育、食品の加工、炊飯あるいは照明といった生活環境のエネルギーは「eV」という特殊な単位で計ると、数eVから数十eVという範囲であるが、原水爆弾になるとこれの百万倍、すなわち1MeVのレベルになる。

これを仮に1「原爆領域」という単位を設け、即ち1ＭｅＶ＝1「原爆領域」とすると、現在素粒子論で扱っている高エネルギーレベルは1ＧｅＶ或いは1ＴｅＶのレベルで、これは、

1ＧｅＶ＝1000ＭｅＶ＝1000「原爆領域」

1ＴｅＶ＝1000ＧｅＶ＝1,000,000ＭｅＶ＝1,000,000「原爆領域」

ということで、一個の素粒子の持っているエネルギーが「原爆領域」単位の一千倍から百万倍に達していることが分かるであろう。(6)

水泳に、シンクロナイズドスイミングというのがある。水泳着に身をまとい、水中で足を逆転してダンスをするものであるが、これに準じて考えると、我々は一種のシンクロナイズドスイミング状態になると考えられる。

高エネルギーの到来と共に、空間構造はヒッグス粒子効果により開裂を始め、我々をシンクロナイズドスイミング状態に誘っていくのである。そして我々は徐々に波動転換を開始し、遠く銀河系宇宙へと旅立ちを始めるのである。

インドネシアの人々が遠く銀河系宇宙へと旅立ちを始めるとき、またフランスのパリの人々

が遠く銀河系宇宙へと旅立ちを始めるとき、日本人がそれを指をくわえて眺めているという状況になるのを、我々は断じて許容することができない。

否、我々こそが他に率先して魂に翼を延べ、波動転換を開始し、遠く銀河系宇宙へと旅立ちを始めたいものである。そのためにこそ、我々は今から準備を開始しなければならない。魂のたき込みを開始しなければならない。

そのために日本人にとって重要なことは「瞑想」と「聖言、すなわち聖書の読み込み」である。聖言、すなわち聖書とはすでに説明したように、その内面に「秘釈」、「深秘釈」、「重々深秘釈」を有する「宇宙性マトリックス多重構造」を内容とする構造言語であって、聖書を読み込む人間に、巨大な感化を与えていくものである。

その証拠に、現在G８として世界の先進国の先頭を切っている国々は、日本を除いて、民族として聖書をそのうちに宿している国々であるということである。

もっとも、その解釈にはすでに述べたように第一屈折、および第二屈折に起因する基本的な重要な問題は残しているものの、少なくとも彼らは日曜ごとに教会に行って聖書を読んでいるのであり、彼らの家庭には必ず聖書が置いてあるのである。

そこから精妙な霊的光線が放射されていて、一千年を超える彼らの聖書の読み込みの中に、民族としての彼らの頭脳における進化の影響を見逃すわけにはいかない。

また、聖書の民として有名なユダヤ人から、ノーベル賞級の卓越した世界的な学者が、多数輩出しているのも疑いのない事実である。

ただ聖書が作成された場所が、残念ながら日本から遠く離れたメソポタミア地方であったがゆえに、文字的な意味上で、煩雑な地名と人名に煩わされる思いがする。その対策として日本基督教団出版局発行の「旧約聖書略解」と「新約聖書略解」を座右に置かれることを筆者はお薦めしたい。

無数にある神学書を読むのは大変である。簡単にその生涯のすべてを食い尽くすだけの数量がある。あくまでも「聖書自体の読み込み」、しかも「民族の魂をもってしての聖書の読み込み」を筆者は推奨したい。

神学書は所詮人間の頭脳の所産であるが、聖言すなわち聖書は神自身が人類のために作成したものであり、霊界にも、すでに述べたように同じものが存在している、創造神御手ずからの所産物であるからである。

「瞑想」については、日本民族は「禅」あるいは「密教」を通じて長い伝統を有している。自分に適したものを発見して、生活の中にそれを持ち込むことが重要である。「瞑想」の参考書としては、桐山靖雄管長が書かれた『求聞持法・瞑想入門』（講談社）は初心者にとり、極めてすぐれた案内書だとは思う。

日本人の「聖書の読み込み」の実例として内村鑑三になる、『内村鑑三全集　四〇巻』（岩波書店）を挙げたい。わが師手島郁郎先生も、これほど価値のある書籍は存在しないと激賞される、我々の古典である。

わが師手島郁郎先生および小池辰雄先生も日本人の魂による「聖書の読み込み」の書籍を、それぞれ数十巻出版しておられる(7)。

なお、筆者も聖書の内面にある「秘釈」、「深秘釈」、「重々深秘釈」を有する「宇宙性マトリックス多重構造」についてさらに数巻、参考になる書籍を出版したく願っているものである。

あとがき

人類は長い間、洋の東西を問わず、恐るべき偽性宗教に埋没されたまま苦悩しながらその中に過ごしてきた。

ヨーロッパ・アメリカ諸国においてはAD三二五年、ニケア公会議に始まる三位一体に基づく三人に分割された神観に立脚する贋性キリスト教に埋没して大略一千七百年経過し、東洋、特に日本と中国にあっては、中国隋王朝の天台宗の第三祖、天台大師「智顗」（AD五三八—五九七）の「五時教判」に基づく非釈迦性の贋性佛教に埋没して、大略一千四百年を経過してきたわけである。

もしヨーロッパにおいて、使徒パウロが説いたような真性キリスト教が定着したならばどうなったであろうか。先ずAD一〇九六年に始まる十字軍は起こらなかったであろうということである。真性キリスト者にとって、聖地エルサレムが誰かに所有されているということはそれほど重要なことではないからである。これは新約聖書におけるイエス・キリストの言葉から明確である。

「女よ、わたしの言うことを信じなさい。あなたがたが、この山でも、またエルサレムでもない所で、父を礼拝する時が来る。あなたがたは自分の知らないものを拝んでいるが、わたしたちは知っているかたを礼拝している。救いはユダヤ人から来るからである。

しかし、まことの礼拝をする者たちが、霊とまこととをもって父を礼拝する時が来る。そうだ、今きている。父は、このような礼拝をする者たちを求めておられるからである。

神は霊であるから、礼拝をする者も、霊とまこととをもって礼拝すべきである」（ヨハネ伝第四章　二一節～二四節）

またAD一三三八年に始まる百年にわたる百年戦争も発生しなかったに違いない。そしてAD六一〇年中近東に突如と発生した、現在もその騒乱の原因の一つになっているイスラム教も発生していなかったに違いない。なぜならイスラム教は、贋性キリスト教に対する修正項であるからである。真性キリスト教が定着しているならば、修正する必要もないからである。かつ、我々が二十世紀に体験したような、第一次、第二次世界大戦も派生しなかったに違いない。これらはキリスト教が存在するとされるヨーロッパから発生したものである。

もし東洋人の我々も釈迦が再発見した八正道に代表される原始仏教にとどまり、それを日本民族のエネルギーとして展開しているならば、真性キリスト教が伝達された時、それを心より喜んで受理し、さらにヨーロッパ人では到達しがたい真性キリスト教の深い側面を解明していったであろう。なぜならば、釈迦が再掬した八正道は中近東からアジアにかけて広がった古代エクレシアにおける古代キリスト教の残遺であったからである。

しかし自然科学の大いなる発達により、宇宙観も大いに改変され、いまや天より、創造神であり、かつ救い主でもあるイエス・キリストが宇宙大艦隊を率いて着々と地球に迫られつつあるわけである。

その接地点は「聖言」といわれる「聖書」であり、そして自然科学である。「聖言」といわれる「聖書」はすでに説明したように多重性構造を有するマトリックス構成体となっている。我々日本民族も、瞑想と精読のうちに、「聖書」を摂取、咀嚼、民族化しておかなければならない。それは創造神イエス・キリストが宇宙大艦隊と共に地上に来臨されたとき、日本民族に接岸していただくためである。イエスキリストは二千年前、新約聖書に次のように予告されている。

「だから、目をさましていなさい。いつの日にあなたがたの主がこられるのか、あなたがたには、わからないからである。このことをわきまえているがよい。家の主人は、盗賊がいつごろ来るかわかっているなら、目をさましていて、自分の家に押し入ることを許さないであろう。だから、あなたがたも用意をしていなさい。思いがけない時に人の子が来るからである。主人がその家の僕《しもべ》たちの上に立てて、時に応じて食物をそなえさせる忠実な思慮深い僕は、いったい、だれであろう。主人が帰ってきたとき、そのようにつとめているのを見られる僕は、さいわいである。よく言っておくが、主人は彼を立てて自分の全財産を管理させるであろう」（マタイ伝　第二四章　四二節～四七節）

元来、人類は宇宙から飛来して来た存在である。確かにシナントロプス・ペキネンシス、ピテカントロプス・エレクトスという系統もあるが、大半は宇宙から飛来して来た存在である。そして「聖書」を含めこれに類する、人間の解脱進化を可能にせしめる人類の聖典と称されるものはすべて、創造神より宇宙を経由して人類に与えられたもので、決して人類の頭脳の所産物ではない。人類の頭脳の所産物は結局人類を超脱する解脱法を確立することもあり得ないからである。進化は確かに存在するであろう。実に被造物全体が神に向かって進化すべくインプリントされているからである（ロマ書　第八章一九節〜二二節）。

日本民族も、宇宙から飛来したという物語を、その神話の中に強く有している民族である。日本民族も再び宇宙性民族たるべく、宇宙に帰還すべき準備を始めなければならない。日本民族よ、我々は再び宇宙性民族として宇宙へ飛び立とうではないか。

本書を執筆するにあたって多くの著書を参考にさせていただいたことを、ここに御礼申し上げなければならない。特に、仏教に関する引用において、阿含宗管長の桐山靖雄先生の著書には大いに御世話になりました。改めて御礼申し上げたい。

また今回、本書が「たま出版」のご厚意により出版の運びに至ったことをありがたく感謝する次第である。

注記

序説

（1）ビスマルク伝　第1巻　エーリッヒ・アイク著、救仁郷繁訳（ぺりかん社）五五ページ
（2）エン・クリスト　第五〇号　「グラッドストーンの如く」

第一部

第一章

（1）一九八〇年　世界キリスト百科事典
（2）フリー百科事典「ウィキペディア（Wikipedia）」
（3）万有百科大事典　第一〇巻　世界地理（小学館）

第二章

（1）生命の光誌　第一五一号

(2) 生命の光誌　第一六〇号
(3) 塚本虎二著作集　続　第一巻「ダンテ・ルーテル・内村鑑三」(聖書知識社)
(4) 生命の光誌　第一四三号
(5) キリスト教封印の世界史　ヘレン・エラーブ著　井沢元彦監修　杉谷浩子訳(徳間書店)四一ページ

第三章

(1) 聖書で人生修養　谷沢永一／渡部昇一著(致知出版社)八〇ページ

第四章

(1) 塚本虎二著作集　続　第一巻「ダンテ・ルーテル・内村鑑三」(聖書知識社)
(2) 生命の光誌　第二八二号　一ページ
(3) 生命の光誌第二八〇号一ページ
(4) 塚本虎二著作集　続　第一巻「先生に蝮の卵と言われた『柏会』」(聖書知識社)
(5) 塚本虎二著作集　続　第一巻「先生に学んだこと」(聖書知識社)
(6) 生命の光誌第二七七号一ページ
(7) 朝日新聞二〇〇三年三月四日付
(8) わが師　手島郁郎　吉村騏一郎著(キリスト聖書塾)一五六ページ

（9）小池辰雄著作集　第十巻（曠野の愛社）三二三ページ
（10）塚本虎二著作集　続　第一巻「先生の「初夢」」（聖書知識社）

第五章

（1）結合の神秘Ⅱ　C・G・ユング著、池田紘一訳（人文書院）　三五〇ページ
（2）阿含仏教　超奇蹟の秘密　桐山靖雄著　（平河出版社）三三二ページ
（3）闇の世界権力はこう動く　中丸薫著　（徳間書店）二〇八ページ
（4）白馬　イマヌエル・スエデンボルグ著　柳瀬芳意訳（静思社）段落項目一六番
天界の秘義　第二七巻　イマヌエル・スエデンボルグ著　柳瀬芳意訳（静思社）段落項目　一〇三二五番
（5）真の基督教　イマヌエル・スエデンボルグ著　柳瀬芳意訳（静思社）段落項目　二一二番
（6）真の基督教　イマヌエル・スエデンボルグ著　柳瀬芳意訳（静思社）段落項目　二三四番
（7）真の基督教　イマヌエル・スエデンボルグ著　柳瀬芳意訳（静思社）段落項目二三五、二三六、二三七、二三八、二三九番
（8）真の基督教　イマヌエル・スエデンボルグ著　柳瀬芳意訳（静思社）段落項目二〇九番
（9）真の基督教　イマヌエル・スエデンボルグ著　柳瀬芳意訳（静思社）段落項目二四一番
（10）真の基督教　イマヌエル・スエデンボルグ著　柳瀬芳意訳（静思社）段落項目　二四二番
（11）真の基督教　イマヌエル・スエデンボルグ著　柳瀬芳意訳（静思社）段落項目二四一、二百七十八番

(12) 真の基督教　イマヌエル・スエデンボルグ著　柳瀬芳意訳（静思社）段落項目二一六
(13) 生命の光誌　一七九号

第六章

(1) 生命の光誌は御親族により五〇〇号を超えて現在も発刊されている。
(2) 生命の光誌　二八二号

第七章

(1) 小池辰雄著作集　第九巻（曠野の愛社）九〇ページ
(2) 真の基督教　イマヌエル・スエデンボルグ著　柳瀬芳意訳（静思社）段落項目一一九番
(3) 真の基督教　イマヌエル・スエデンボルグ著　柳瀬芳意訳（静思社）段落項目一二一（三）（1）番
(4) 真の基督教　イマヌエル・スエデンボルグ著　柳瀬芳意訳（静思社）段落項目番一二三（四）番
(5) 真の基督教　イマヌエル・スエデンボルグ著　柳瀬芳意訳（静思社）段落項目一二一（三）番
(6) 真の基督教　イマヌエル・スエデンボルグ著　柳瀬芳意訳（静思社）段落項目一二一（三）（2）番

第八章

(1) 真の基督教　イマヌエル・スエデンボルグ著　柳瀬芳意訳（静思社）段落項目六五八番

(2)天界の秘義　イマヌエル・スエデンボルグ著　柳瀬芳意訳（静思社）段落項目　五四七〇番、五八四六—五八六六番、五九七六—五九九三番
霊界日記　イマヌエル・スエデンボルグ著　柳瀬芳意訳（静思社）段落項目　三六二五番
(3)真の基督教　イマヌエル・スエデンボルグ著　柳瀬芳意訳（静思社）段落項目四七六—四七八番
(4)真の基督教　イマヌエル・スエデンボルグ著　柳瀬芳意訳（静思社）段落項目四七六番
(5)真の基督教　イマヌエル・スエデンボルグ著　柳瀬芳意訳（静思社）段落項目八〇番
(6)真の基督教　イマヌエル・スエデンボルグ著　柳瀬芳意訳（静思社）段落項目五〇七番
(7)真の基督教　イマヌエル・スエデンボルグ著　柳瀬芳意訳（静思社）段落項目七七一—七七五番
(8)真の基督教　イマヌエル・スエデンボルグ著　柳瀬芳意訳（静思社）段落項目七九八及び四八五—四八八番

第九章

(1)阿含密教いま　桐山靖雄著（平河出版社）五三ページ
(2)阿含密教いま　桐山靖雄著（平河出版社）五六—五八ページ
(3)阿含密教いま　桐山靖雄著（平河出版社）一七八、一九八ページ
(4)阿含密教いま　桐山靖雄著（平河出版社）一九〇—二二四ページ
(5)人間改造の原理と方法　桐山靖雄著（平河出版社）二九九ページ

(6)阿含密教いま　桐山靖雄著（平河出版社）二七二―二七三ページ

(7)阿含密教いま　桐山靖雄著（平河出版社）二二八ページ

第二部

第一章

(1)阿含密教いま　桐山靖雄著（平河出版社）三二ページ

(2)真の基督教　イマヌエル・スエデンボルグ著　柳瀬芳意訳（静思社）段落項目二七九番

(3)人間改造の原理と方法　桐山靖雄著（平河出版社）一一六、一二四ページ

(4)人間改造の原理と方法　桐山靖雄著（平河出版社）一二四ページ

(5)新世紀の大逆転　ラビ・バトラ著　ペマ・ギャルポ　藤原直哉監訳（さんが出版）一四二ページ

(6)人間改造の原理と方法　桐山靖雄著（平河出版社）一二八ページ

(7)わが深宇宙探訪記（上）オスカー・マゴッチ著　関英男監修　石井弘幸訳（加速学園出版部）七〇、七一ページ

第二章

(1)霊界日記　イマヌエル・スエデンボルグ著　柳瀬芳意訳（静思社）段落項目四三九四番

（2）真の基督教　イマヌエル・スエデンボルグ著　柳瀬芳意訳（静思社）段落項目一二一、一二三番
霊界日記　イマヌエル・スエデンボルグ著　柳瀬芳意訳（静思社）段落項目四三九四番
（3）真の基督教　イマヌエル・スエデンボルグ著　柳瀬芳意訳（静思社）段落項目一二四、一二五、一二六番

第三章

（1）阿含密教いま　桐山靖雄著（平河出版社）三二ページ
（2）天界の秘義　イマヌエル・スエデンボルグ著　柳瀬芳意訳（静思社）段落項目三八七五番
（3）天界の秘義　イマヌエル・スエデンボルグ著　柳瀬芳意訳（静思社）段落項目三八七八番
（4）天界の秘義　イマヌエル・スエデンボルグ著　柳瀬芳意訳（静思社）段落項目三八八〇番
（5）天界の秘義　イマヌエル・スエデンボルグ著　柳瀬芳意訳（静思社）段落項目三八八一番
（6）天界の秘義　イマヌエル・スエデンボルグ著　柳瀬芳意訳（静思社）段落項目三八八二番
（7）天界の秘義　イマヌエル・スエデンボルグ著　柳瀬芳意訳（静思社）段落項目三九一三番
（8）天界の秘義　イマヌエル・スエデンボルグ著　柳瀬芳意訳（静思社）段落項目三九二〇番
（9）天界の秘義　イマヌエル・スエデンボルグ著　柳瀬芳意訳（静思社）段落項目三九二三番
（10）天界の秘義　イマヌエル・スエデンボルグ著　柳瀬芳意訳（静思社）段落項目三九二七番
（11）天界の秘義　イマヌエル・スエデンボルグ著　柳瀬芳意訳（静思社）段落項目三九三四、三九三六番
（12）天界の秘義　イマヌエル・スエデンボルグ著　柳瀬芳意訳（静思社）段落項目三九三九番

(13) 天界の秘義　イマヌエル・スエデンボルグ著　柳瀬芳意訳（静思社）段落項目三九三八番
(14) 天界の秘義　イマヌエル・スエデンボルグ著　柳瀬芳意訳（静思社）段落項目三九六七番
(15) 天界の秘義　イマヌエル・スエデンボルグ著　柳瀬芳意訳（静思社）段落項目三九五六番
(16) 天界の秘義　イマヌエル・スエデンボルグ著　柳瀬芳意訳（静思社）段落項目三九六一番
(17) 天界の秘義　イマヌエル・スエデンボルグ著　柳瀬芳意訳（静思社）段落項目三九五八番
(18) 天界の秘義　イマヌエル・スエデンボルグ著　柳瀬芳意訳（静思社）段落項目三九六九番
(19) 天界の秘義　イマヌエル・スエデンボルグ著　柳瀬芳意訳（静思社）段落項目三九五八番
(20) 天界の秘義　イマヌエル・スエデンボルグ著　柳瀬芳意訳（静思社）段落項目四九九二番
(21) 天界の秘義　イマヌエル・スエデンボルグ著　柳瀬芳意訳（静思社）段落項目四五九二番
(22) 天界の秘義　イマヌエル・スエデンボルグ著　柳瀬芳意訳（静思社）段落項目四九九四番

第四章

(1) 真の基督教　イマヌエル・スエデンボルグ著　柳瀬芳意訳（静思社）段落項目二七九番
(2) 孔子演義　丁寅生著　孔健・久米旺生訳（徳間書店）三九八ページ
(3) 孔子演義　丁寅生著　孔健・久米旺生訳（徳間書店）一三一―二〇ページ
(4) 真の基督教　イマヌエル・スエデンボルグ著　柳瀬芳意訳（静思社）段落項目二七八、二七九番
(5) 真の基督教　イマヌエル・スエデンボルグ著　柳瀬芳意訳（静思社）段落項目二七九番

(6)真の基督教　イマヌエル・スエデンボルグ著　柳瀬芳意訳（静思社）段落項目二七九番
(7)白川静＋梅原猛対談　呪の思想（平凡社）六二ページ
(8)白川静＋梅原猛対談　呪の思想（平凡社）一二〇ページ
(9)孔子演義　丁寅生著　孔健・久米旺生訳（徳間書店）二九ページ
(10)白川静＋梅原猛対談　呪の思想（平凡社）一三四ページ
(11)真の基督教　イマヌエル・スエデンボルグ著　柳瀬芳意訳（静思社）段落項目七六〇番
(12)白川静＋梅原猛対談　呪の思想（平凡社）一一四ページ
(13)真の基督教　イマヌエル・スエデンボルグ著　柳瀬芳意訳（静思社）段落項目七六〇番
(14)真の基督教　イマヌエル・スエデンボルグ著　柳瀬芳意訳（静思社）段落項目七六〇番
(15)真の基督教　イマヌエル・スエデンボルグ著　柳瀬芳意訳（静思社）段落項目七六二番
(16)真の基督教　イマヌエル・スエデンボルグ著　柳瀬芳意訳（静思社）段落項目七六〇番
(17)真の基督教　イマヌエル・スエデンボルグ著　柳瀬芳意訳（静思社）段落項目七六〇番
(18)真の基督教　イマヌエル・スエデンボルグ著　柳瀬芳意訳（静思社）段落項目一七九、一八〇番
(19)白川静＋梅原猛対談　呪の思想（平凡社）一三五ページ
(20)白川静＋梅原猛対談　呪の思想（平凡社）一六六ページ

第五章

（1）真の基督教　イマヌエル・スエデンボルグ著　柳瀬芳意訳（静思社）段落項目八三三番

（2）真の基督教　イマヌエル・スエデンボルグ著　柳瀬芳意訳（静思社）段落項目八三一番

（3）天界と地獄　イマヌエル・スエデンボルグ著　柳瀬芳意訳（静思社）段落項目五一四、五一五番

第六章

（1）イエス・キリスト　封印の聖書　サンダー・シング著　林陽編・訳（徳間書店）一六―三〇ページ

（2）イエス・キリスト　封印の聖書　サンダー・シング著　林陽編・訳（徳間書店）一八三―一八四ページ

第三部

第一章

（1）宇宙からの訪問者　ジョージ・アダムスキー著　久保田八郎訳（ユニバース出版社）一六五―一六六ページ

（2）宇宙間の諸地球　イマヌエル・スエデンボルグ著　柳瀬芳意訳（静思社）

（3）宇宙からの訪問者　ジョージ・アダムスキー著　久保田八郎訳（ユニバース出版社）一四五―一四六ペ

ージ

(4)同　一四八ページ

(5)同　二四六ページ

(6)同　一五二ページ

(7)同　一八一ページ

(8)同　二〇〇ページ

(9)同　一八八ページ

(10)日本経済新聞二〇〇三年六月一二日付　三八面

(11)Uコン一〇三号　GAPニューズレター七二号

(12)人魚の系譜　笹間良彦著（五月書房）

(13)生命40億年全史　リチャード・フォーティ著　渡辺政隆訳（草思社）二八一ページ

(14)天界の秘義　イマヌエル・スエデンボルグ著　柳瀬芳意訳（静思社）段落項目四四〇六—四四二一、四五二三—四五三三番

(15)天界の秘義　イマヌエル・スエデンボルグ著　柳瀬芳意訳（静思社）段落項目四六五二—四六六〇番

(16)天界の秘義　イマヌエル・スエデンボルグ著　柳瀬芳意訳（静思社）段落項目四六二五—四六三三番

(17)天界の秘義　イマヌエル・スエデンボルグ著　柳瀬芳意訳（静思社）段落項目四七九三—四八〇五番

(18)最新素粒子論（学習研究社）一五六ページ

(19) 宇宙からの訪問者　ジョージ・アダムスキー著　久保田八郎訳（ユニバース出版社）二六五ページ
(20) 最新素粒子論（学習研究社）一六一ページ

第二章

(1)「The Secret of the Saucers」Orfeo M. Angelucci（AMHEST PRESS 1955）四四ページ
(2)「The Secret of the Saucers」Orfeo M. Angelucci（AMHEST PRESS 1955）九一ページ
(3) 覇権大国アメリカ　読売新聞取材班　（中央公論新社）二二八ページ

第三章

(1) 空飛ぶ円盤と超科学　村田正雄著（白光真宏会出版本部）一九ページ
(2) 幕屋聖歌集　九八番
(3) 空飛ぶ円盤と超科学　村田正雄著（白光真宏会出版本部）三〇ページ

第四章

(1) わが深宇宙探訪記（上）オスカー・マゴッチ著　石井弘幸訳　関　英男監修（加速学園出版部）一三〇ページ
(2) わが深宇宙探訪記（下）オスカー・マゴッチ著　石井弘幸訳　関　英男監修（加速学園出版部）二〇ペー

ジ
（3）わが深宇宙探訪記（上）オスカー・マゴッチ著　石井弘幸訳　関　英男監修（加速学園出版部）一六〇ページ
（4）わが深宇宙探訪記（下）オスカー・マゴッチ著　石井弘幸訳　関　英男監修（加速学園出版部）八六ページ
（5）わが深宇宙探訪記（下）オスカー・マゴッチ著　石井弘幸訳　関　英男監修（加速学園出版部）五三ページ
（6）わが深宇宙探訪記（上）オスカー・マゴッチ著　石井弘幸訳　関　英男監修（加速学園出版部）一三五ページ
（7）宇宙からの訪問者　ジョージ・アダムスキー著　久保田八郎訳（ユニバース出版社）一五五ページ

第五章

（1）週刊幕屋　一九六六年、三一、三二、三六号
（2）幕屋聖歌集　一五九番
（3）宇宙からの訪問者　ジョージ・アダムスキー著　久保田八郎訳（ユニバース出版社）一六一ページ
（4）蜃気楼文明　ヘルムート・トリブッチ著、渡辺正訳（工作舎）三一ページ
（5）同　二三九ページ

第四部

第一章

（1）真の基督教　イマヌエル・スエデンボルグ著　柳瀬芳意訳（静思社）段落項目七九一番
（2）真の基督教　イマヌエル・スエデンボルグ著　柳瀬芳意訳（静思社）段落項目七七六番

第二章

（1）天界の秘義　イマヌエル・スエデンボルグ著　柳瀬芳意訳（静思社）段落項目四二三一番
（2）最新素粒子論　一六一ページ（学習研究社）
（3）最新素粒子論　七〇ページ（学習研究社）
（4）Newton　第二〇巻　第六号　六一ページ
（5）Newton　第二〇巻　第六号　六四ページ
（6）最新素粒子論　三九、四〇ページ（学習研究社）
（7）手島郁郎先生の著作はキリスト聖書塾にて出版　小池辰雄先生の著作は曠野の愛社にて出版
（8）最新素粒子論　六四ページ（学習研究社）

著者略歴

茶谷 好晴（ちゃや よしはる）

1935年（昭和10年）旧満州国、現中国遼寧省撫順市に生まれる。

1960年（昭和35年）九州大學工学部応用化学科卒業。

卒業後約10年間三菱重工業㈱に化学プラントエンジニアとして勤務。

以後独立し、プロジェクト・エンジニアとして世界８カ国に長期滞在し、化学プラントの建設に従事、併せて世界30カ国を歴訪する。


内村鑑三の流れをくむ、原始キリスト福音の提唱者である手島郁郎先生に師事し、20歳の時、クンダリーニを体験する。

手島郁郎先生召天後、藤井武の門下生、小池辰雄先生に聖書を学ぶ。

日本人は神を発見できるか 日本国家と宗教をめぐる考察

2004年11月１日　初版第１刷発行

著　　者　茶谷 好晴
発 行 者　韮澤 潤一郎
発 行 所　株式会社 たま出版
〒160-0004　東京都新宿区四谷４－28－20
☎03-5369-3051（代表）
http://www.tamabook.com
振替　00130-5-94804

印 刷 所　図書印刷株式会社

ISBN4-8127-0176-7 C0011